«A veces escribo como si trazase un boceto»

Los escritos de Remedios Varo

Edith Mendoza Bolio

TECNOLÓGICO DE MONTERREY®

«A veces escribo como si trazase un boceto»

Los escritos de Remedios Varo

Edith Mendoza Bolio

Iberoamericana • Vervuert • Bonilla Artigas • 2010

Amor de Dios, 1 – E-28014 Madrid
Tel.: +34 91 429 35 22
Fax: +34 91 429 53 97
info@iberoamericanalibros.com
www.ibero-americana.net

Elisabethenstr. 3-9 – D-60594 Frankfurt am Main
Tel.: +49 69 597 46 17
Fax: +49 69 597 87 43
info@iberoamericanalibros.com
www.ibero-americana.net

Cerro Tres Marías # 354
Col. Campestre Churubusco, C.P. 04200
México, D. F.

Instituto Tecnológico y de Estudios Superiores de Monterrey
Av. Eugenio Garza Sada 2501, Col. Tecnológico, C.P. 64849
Monterrey, Nuevo León, México

ISBN 978-84-8489-525-1 (Iberoamericana)
ISBN 978-3-86527-557-8 (Vervuert)
ISBN 978-607-7588-22-1 (Bonilla Artigas)

Depósito Legal: SE-1456-2010

Cubierta: Juan Carlos García Cabrera
Imagen de la cubierta: Remedios Varo: *Encuentro* © Catálogo Gruen/Ovalle 1998
Impreso en España por
The paper on which this book is printed meets the requirements of ISO 9706

ÍNDICE

PARTE II
EDICIÓN CRÍTICA DE LOS ESCRITOS DE REMEDIOS VARO

PARTE III
EDICIÓN GENÉTICA DE LOS ESCRITOS DE REMEDIOS VARO

ANEXOS

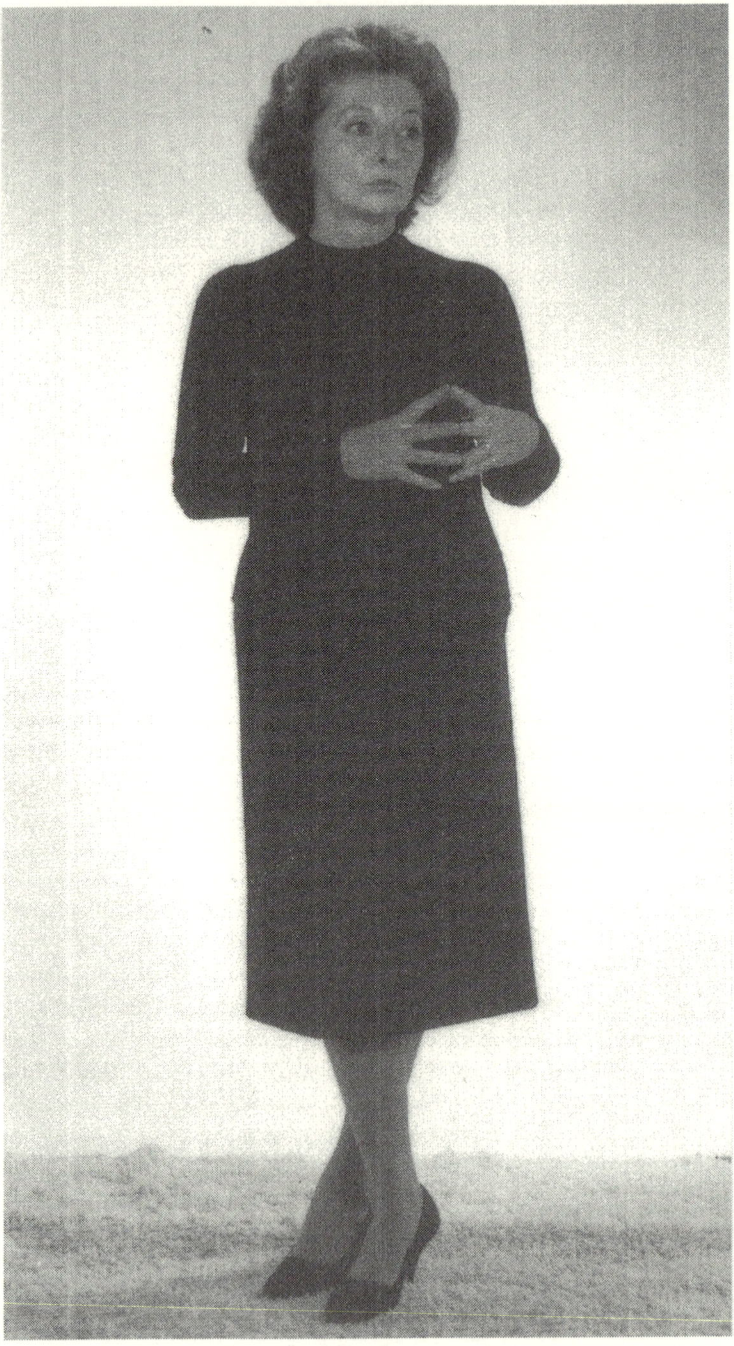

Remedios Varo (1959). Fotografía de Kati Horna (Gruen/Ovalle 1998: 35)

AGRADECIMIENTOS

El resultado de este trabajo no habría sido posible sin el apoyo de los señores Alexandra y Walter Gruen, a quienes dirijo mi más sincero agradecimiento.

De igual manera, reconozco la valiosísima guía de la Dra. Judith Farré Vidal y el estímulo constante de la Dra. Blanca López de Mariscal, directora del programa de Maestría y Doctorado en Estudios Humanísticos del Instituto Tecnológico de Monterrey; así como a la Dra. Inés Sáenz Negrete y al Dr. Javier Rubiera Fernández por su lectura y sugerencias de mejora.

Debo mi gratitud y cariño a los profesores de la Universitat Pompeu Fabra, el Dr. Amador Vega Esquerra, la Dra. Victoria Cirlot y el Dr. José María Micó, cuyos seminarios inspiraron este proyecto de investigación.

También quiero agradecer a mi esposo Ramón Paz Vega y a mis hijas, Edith Gabriela y Lorena, por su constante y entusiasta apoyo; son ellos quienes me han ayudado a encontrar en mi trabajo cotidiano su sentido más profundo.

PRÓLOGO

VARO LUDENS

> *Poiesis* es una función lúdica. Se desenvuelve en un campo de juego del espíritu, en un mundo propio que el espíritu se crea. En él, las cosas tienen otro aspecto que en la «vida corriente» y están unidas por vínculos muy distintos de los lógicos.
>
> JOHAN HUIZINGA, *Homo ludens*

En 1955 Remedios Varo participaba como pintora en su primera exposición colectiva en la Galería Diana de la ciudad de México y, al año siguiente, llevaba a cabo una exposición individual, la primera de una serie que pronto le granjearía una entusiasta acogida por parte del público y la crítica («¡ay cómo me encanta la pintura de esta señora!», llegaría a exclamar Diego Rivera en 1956). Tras los años de aprendizaje y de acercamiento al grupo surrealista francés, la década de los años cincuenta significa para ella el inicio de una vertiginosa carrera que, además de consagrarla en la pintura de caballete, la conduciría a la búsqueda de nuevas formas de expresión artística. Muestra de ello es *De Homo Rodans* (1959), un constructo creativo compuesto por una escultura con huesos de pollo y pavo, y un texto de diez folios manuscritos, considerados el primer escrito hecho público por la pintora y con un destino comercial. Sorprendida y «pasmada» ante el éxito de la «figurita» y el «manuscrito», en una carta a su madre fechada en 1959, Varo destaca, por encima de todo, que «está hecho y escrito en broma» y que «el conjunto resultaba gracioso».

De Homo Rodans se presenta como una parodia del discurso científico y pretende demostrar, con neologismos, falsas citas de autoridades y pasajes en un latín inventado, que es el antecesor del *homo sapiens*. Éstos son rasgos que pueden ejemplificar bien la naturaleza de los escritos de Remedios Varo: brevedad, ironía, juego y sentido del humor. A este respecto, el riguroso trabajo llevado a cabo por Edith Mendoza, y al que acompañan estas breves líneas, consigue sistematizar los rasgos que definen los escritos de Varo, situarlos en el contexto de su época, pero también en el conjunto de su obra pictórica así como en su biografía. Por ello, el presente libro acierta al plantear dos aspectos clave sobre los que encauzar su marco de análisis y que, como queda demostrado desde el capítulo de introducción, también aparecen en el resto de producciones artísticas de la autora: por un lado, su relación con el surrealismo y, por otro, su condición de exiliada.

Al igual que muchos de los intelectuales y creadores de esa generación, y tal como ya han puesto de manifiesto estudiosos de su producción artística, como Janet Kaplan, Varo se inició en el surrealismo, un movimiento con el que pudo estimular su tendencia hacia lo imaginativo y proporcionarle una actitud de búsqueda, de experimentación y llena de ironía. Como afirma Mendoza, la influencia surrealista

> es perceptible tanto en el conjunto de su obra pictórica como en la escrita, especialmente en su vertiente relacionada con los temas oníricos, la alquimia y la ciencia, así como en las relaciones incongruentes o absurdas, la imaginación desbordada, «el ascenso a lo maravilloso y el descenso a lo aparentemente insondable, la objetivación verbal de representaciones mentales no concertables por la lógica» –en palabras de Gonzalo Sobejano–, por mencionar sólo algunas.

Una muestra de ese tipo de lógica absurda nos la proporciona, por ejemplo, el comentario escrito al reverso de una de las fotografías de sus cuadros que mandaba a su hermano Rodrigo, *La tejedora de Verona* (1956): «Lo que aquí sucede es evidente: esa señora que está tejiendo punto inglés, fabrica personajes animados que salen volando por la ventana».

A pesar de este inicial acercamiento al universo surrealista, Varo, como muchos otros compañeros de generación, terminará por distanciarse y ostentar una postura desligada e independiente de las premisas del movimiento liderado por Breton. En el capítulo dedicado a la relación de Varo y el surrealismo, Mendoza aporta como nota al pie unas declaraciones de Luis Buñuel realizadas en 1953 durante una entrevista. Las palabras del cineasta condensan muy bien el sentir de muchos de los intelectuales de la época respecto al movimiento surrealista y pueden también aplicarse a la trayectoria de Remedios Varo:

> Yo ya no soy surrealista porque no pertenezco a ningún grupo. El cambio de la vida y las necesidades han hecho que no me interese pertenecer a ningún

> grupo. La reacción surrealista correspondió a una determinada realidad; ahora comprendo que no se puede enfrentar la realidad exclusivamente con el surrealismo. Pero aunque ya no pertenezco a grupo alguno, la educación, la disciplina surrealista están en mí [...].

El segundo aspecto clave sobre el que Edith Mendoza plantea su estudio es el del exilio en México, a donde llegó, procedente de Casablanca y en compañía de Benjamin Péret, en 1941. Resulta ésta una cuestión fundamental en la trayectoria de la artista, no sólo por la experiencia que implica descubrir un nuevo país –de otro modo no podrían entenderse, por ejemplo, los *zopilotes, tacos, piñatas* y *botellas de tequila* vacías de su obra de teatro– y, además, en las condiciones de huida que imponía el exilio, sino también porque supuso que entrara en contacto con un grupo de intelectuales con los que establecería profundos lazos de amistad: Leonora Carrington, Wolfang Pealen, Esteban Francés, Gerardo Lizárraga, Gordon Onslow-Ford, César Moro, Eva Sulzer, Octavio Paz, Kati y José Horna, Gunther Gerzs, Chiki Weisz, Walter Gruen, entre otros. De entre todos ellos, además de Walter Gruen, destaca la figura de su 'alma gemela en la pintura', Leonora Carrington. La amistad con la pintora inglesa nos permite retomar ahora una de las nociones con las que iniciábamos estas líneas de presentación: el juego. Las dos establecieron un profundo afecto que trajo consigo un fructífero intercambio creativo.

Prueba de este juego de amistades es la obra de teatro que escribieron en colaboración y en la que Kati Horna también participó al anotar que «[c]ualquier parecido del público con algún personaje es pura coincidencia. Esta obra está hecha solamente para diversión de los actores. El público es puro accidente». Cabe recordar que la lista de personajes incluye los nombres de los actores que representarían los papeles: Chiki Weisz, esposo de Carrington, sería la reina Nesfatalina; José Horna, esposo de Kati Horna, aparecería en escena como la princesa Pelomiel; Remedios Varo sería Scatijeras, el científico de la corte; y Carrington, el fiel asistente de la Reina, Perico Verde.

La premisa inicial sobre la que gira el argumento de la obra teatral es la invención del «Santo Cuerpo Grasoso», una fórmula oleosa ideada por Scatijeras que permite que, al aplicarla sobre los glúteos, se separe el alma del cuerpo y así se conozca la forma del alma del que ha sido untado. La reina Nesfatalina, que vive en el extinto volcán del Oripipí, pretende usarla para saber con quién debe casar a su hija, la princesa Pelomiel. La pieza, llena de equívocos e insólitas imágenes, resulta hilarante, pero, además, muestra coincidencias evidentes respecto a la iconografía pictórica de Varo. Por ejemplo, Scatijeras, el personaje que ella representa, es descrito en una acotación de la siguiente manera: «*llega completamente disfrazado, la barba ya no es roja, es negra y partida en dos con las puntas hacia arriba*», rasgos que aparecen, por ejemplo, en cuadros como *Locomoción capilar.*

También en el relato [Días de meditación], por ejemplo, sus protagonistas apuntan directamente hacia las dos amigas: Ellen Rambsbotton, una inglesa que se interesa por los «fenómenos somniotelepáticos», y Felina Caprino Mandrágora, que se transforma en una cabra cuando duerme. Y el texto incorpora referencias a otros amigos comunes: Benjamin Pérez que vive en el paseo de la Retorta (Benjamin Péret) o los traficantes de corsés (Gurdjieff, fundador de la corriente esotérica «El cuarto camino»).

,El análisis que lleva a cabo Edith Mendoza, además, precede a la primera edición crítica de todos los escritos conservados de Remedios Varo, una tarea llevada a cabo por la autora con entusiasmo y tenacidad a partir de los cuadernos originales del archivo personal de Walter y Alexandra Gruen. La mayoría de dichos escritos parecen ser la última copia en limpio, a excepción de la pieza teatral que escribió Varo en colaboración con Leonora Carrington, inédita hasta la fecha, y *El caballero Martín de Vilboa.* Ambos textos, tal y como precisa Mendoza, mostraban ciertas marcas indicativas de distintas fases en el proceso de redacción –tales como tachaduras, enmiendas o notas al margen–, por lo que el libro ofrece también una edición genética de los mismos. Ello hace posible observar las distintas fases del proceso de redacción.

El presente volumen se organiza en torno a dos grandes apartados, el estudio y la edición, que, a su vez, consideran la clasificación de los autógrafos en función de si fueron hechos públicos por Remedios Varo o no. Tras tomar como punto de partida la circulación de los textos, la autora se plantea el conjunto de la producción escrita de Varo observando las cualidades que imponen su tipología genérica y cronología. Nos hallamos, pues, frente a una referencia indispensable para todo lector que pretenda conocer el universo creativo de Remedios Varo y, de paso, asomarse al de la ciudad de México de mediados del siglo XX, lugar de encuentro de un nutrido grupo de intelectuales en el exilio.

Judith Farré

INTRODUCCIÓN

Cuando en una entrevista le preguntaron a Remedios Varo[1]: «¿Es usted escritor así como es pintor?», ella respondió: «A veces escribo como si trazase un boceto» (Castells 1997: 68). Esta respuesta puede contener las claves para interpretar el significado que tenía la escritura en su universo creativo. El trazo de un boceto es un ejercicio inacabado y libre que apunta a convertirse, tras horas de trabajo, en una pintura. La mayoría de los escritos de Remedios Varo mantienen esas dos cualidades: la libertad en su creación y su carácter privado, pues no los consideraba como trabajos terminados.

Los escritos de Remedios Varo se encuentran depositados en el Archivo Gruen, propiedad de Alexandra y Walter Gruen a quienes visité en el año de 2004. Su generosidad y profundo interés por el estudio de la obra de Varo me permitieron el acceso a los manuscritos y a partir de entonces se inició el proceso de consulta para llevar a cabo el presente estudio. Dado que la mayoría de los escritos conservados presentan solamente una versión, aparentemente la última copia en limpio, definimos los criterios de edición tomando como base los principios para establecer un texto depurado de errores y erratas[2]. Asimismo, algunos manuscritos, específicamente el escrito inédito de la pieza teatral y otro más, *El caballero Casildo Martín de Vilboa*, presentaban ciertas marcas indicativas de distintas fases en el proceso de redacción, tales como tachaduras, enmiendas o notas al margen, lo cual determinó el presentar inicialmente la edición genética[3] de dichos escritos, pues sus preceptos metodológicos nos permitieron organizar los diversos testimonios conserva-

---

[1] En el Anexo 1 nos ocupamos del bosquejo biográfico de Remedios Varo basándonos en los estudios de Janet Kaplan (1998a) y Walter Gruen y Ricardo Ovalle (1998).

[2] Para la edición crítica de los textos se siguieron algunos de los postulados de Alberto Blecua.

[3] Para la edición genética de estos dos textos se siguieron algunos de los postulados de Almouth Grésillon (1994) y de Élida Lois (2001).

dos de los manuscritos en función de la cronología de sus etapas sucesivas y, posteriormente, presentar también su edición crítica. Finalmente, entre los escritos de Remedios Varo estaban aquéllos que, aun habiendo sido publicados, no contaban con una edición crítica, de manera que, tras haber realizado la investigación bibliográfica pertinente y la consulta de todas las ediciones conservadas, seleccionamos el texto base de las fuentes más autorizadas en las cuales estos escritos habían sido publicados.

Una vez establecidos los criterios de edición, la siguiente etapa de la investigación consistió en la clasificación de los escritos de Remedios Varo, agrupándolos de acuerdo con su destino, caracterizado, como señalábamos inicialmente, por su muy limitada circulación y, en la mayoría de éstos, por el carácter privado que mantenían. Bajo esta premisa, resultaron tres apartados generales: el primero, integrado por los textos autógrafos que hizo públicos la misma artista, es decir, aquellos escritos que fueron dados a conocer por su autora; el segundo conjunto se integra por los textos que Varo mantuvo en la esfera íntima de lo privado, en sus cuadernos; y un tercero, el manuscrito inédito de una obra de teatro escrita en colaboración por Remedios Varo y Leonora Carrington. Luego, realizamos la consideración de los textos observando sus cualidades genéricas y, en la medida de lo posible, siguiendo una línea hipotética de datación vinculada con la biografía de la autora y con su obra pictórica.

Así pues, habiendo agrupado los escritos según género, cronología y circulación, y conscientes de que su clasificación, en sí misma, es una aproximación hermenéutica, la metodología que hemos definido para su análisis consta, en términos generales, de dos partes. En la primera de ellas se describen las características físicas de los manuscritos, al tiempo que los contextualizamos en la obra total de su autora. En la segunda, proponemos una lectura de los textos con el objetivo de destacar sus estrategias literarias dominantes, para lo cual se revisaron diferentes propuestas teóricas dada la diversidad y la indefinición genérica de algunos de los escritos y la relación de la autora con el surrealismo.

El resultado del trabajo de investigación antes descrito se sometió a la lectura y evaluación de profesores expertos en el área y en mayo del 2008, el jurado de la defensa de la tesis, integrado por la Dra. Inés Sáenz Negrete y el Dr. Javier Rubiera Fernández, recomendó la publicación de este trabajo. Esta sugerencia fue acogida con beneplácito por la Cátedra de Investigación «Memoria, Literatura y Discurso» y por la Dirección de Investigación y Posgrado del campus Monterrey a cargo del Dr. Francisco Cantú Ortiz. El Instituto Tecnológico de Monterrey en cooperación con la editorial Iberoamericana/Vervuert, en su interés por promover y difundir la investigación especializada, han hecho posible la culminación de este proyecto.

Parte I

Estudio de los escritos de Remedios Varo

CAPÍTULO 1

REMEDIOS VARO Y SU RELACIÓN CON EL SURREALISMO: ENCUENTROS Y DESENCUENTROS

> Huir no sin soñar, multiplicando
> lo que la vida pudo ser, por norma
> y sin la realidad que la deforma
> se vive con el ocio trabajando.
> (Pellicer 1997: 95)[1]

Remedios Varo llegó a México en el año de 1941 después de haber sufrido los horrores de la violencia generada por la guerra, primero en España y posteriormente en Francia. Varo, huyendo de la Guerra Civil, se había marchado de Barcelona hacia París en compañía de Benjamin Péret[2], uno de los poetas más comprometidos con el surrealismo. Esta relación, además de su profundo interés por involucrarse con este movimiento artístico, coadyuvaron a que Varo conociera de manera cercana la ideología de los surrealistas más destacados, experimentara diversas técnicas para la creación pictórica y participara con sus obras en exposiciones y publicaciones. En el presente capítulo se ofrece una semblanza biográfica de Remedios Varo que tiene como hilo conductor la relación que mantuvo con el surrealismo, a partir de una breve reseña de la evolución del movimiento surgida de la consideración de sus manifiestos.

EL FENÓMENO DEL SURREALISMO

El objetivo de este primer capítulo es enmarcar la trayectoria vital de Remedios Varo a partir de su relación con el surrealismo, un fenómeno cultural

---

[1] Fragmento del texto «Paseo sin pie. Homenaje a Remedios Varo» escrito por el poeta mexicano Carlos Pellicer en 1964, publicado por Clara Bargellini.

[2] Benjamin Péret (Rezé, 1899-París 1959), poeta y narrador: «Péret was a poet and political activist [...]. He contributed to all the groups collective declarations, joining the Communist Party in 1926. In the early 1930s he traveled in South America as a supporter of Trotsky, and subsequently fought for the Republicans in the Civil War in Spain» (Caws 2004: 295).

cuya comprensión difícilmente podría reducirse a la definición que lo contiene[3]. Es por ello que no pretendemos realizar un estudio en extenso del movimiento sino más bien trazar las distintas etapas en las que Varo aceptó o rechazó los postulados surrealistas.

De manera general, puede decirse que su análisis puede realizarse a través de los manifiestos[4] redactados por su líder intelectual André Breton[5], pues es en el *Primer Manifiesto* donde se empezó a construir la historia y los postulados teóricos del movimiento.

> En 1923 Breton y sus amigos ya habían comenzado a experimentar con las técnicas del automatismo, derivado de las terapias psicoanalíticas, y aplicado al ámbito de la literatura. Tan sólo un año más tarde Breton redactaría el *Primer Manifiesto del Surrealismo*, con el que estableció la tan ansiada vía teórica del nuevo movimiento (Cirlot 1990: 73).

En él se mencionan los integrantes y simpatizantes más representativos, se señalan los principios básicos del ser y del hacer surrealista: su experimentación con lo onírico, la imaginación, el automatismo psíquico en la escritura, la evocación de imágenes, entre otros. Para los surrealistas captar las fuerzas

---

[3] «SURREALISMO: s.m. Automatismo psíquico puro por cuyo medio se intenta expresar tanto verbalmente como por escrito o de cualquier otro modo el funcionamiento real del pensamiento. Dictado del pensamiento, con exclusión de todo control ejercido por la razón y al margen de cualquier preocupación estética o moral. ENCICLOPEDIA: Filos. El surrealismo se basa en la creencia en la realidad superior de ciertas formas de asociación que habían sido desestimadas, en la omnipotencia del sueño, en la actividad desinteresada del pensamiento. Tiende a provocar la ruina definitiva de todos los otros mecanismos psíquicos, y a suplantarlos en los principales problemas de la vida» (Breton 2001: 44).

[4] El manifiesto, a decir de Lourdes Cirlot, era «la forma elegida por grupos de artistas distintos en el seno de movimientos diferentes, [que] se convirtió en el principal difusor de una ideología determinada»; y agrega: «[En] los manifiestos del surrealismo, el texto resultaba complejo y sin contar con un determinado bagaje era prácticamente inaccesible» (1999: 8).

[5] André Breton (Tinchebray 1896-París 1966) «[w]as a poet and essayist and the leading theoretician and organizer of the surrealist movement. Influenced in his youth by the Symbolist generation, by 1913 he was acquainted with the poets Guillaume Apollinaire and Paul Valéry. In 1917 while working in psychiatric wards with soldiers traumatized by war, at Saint Dizier and Val-de Grâce hospitals, Paris, he met Louis Aragon and Philippe Soupault. Together they founded the review *Littérature* in 1919. On Tristan Tzara's arrival in Paris in 1920 he abandoned medicine and joined the Dada movement, which overlapped with the incipient Surrealism over the next four years. He published the *Manifeste du surréalisme* in 1924 and the *Second manifeste du surréalisme* in 1929» (Caws 2004: 286).

de la imaginación e identificar esas fuentes eran algunos de sus propósitos fundamentales. El *Primer Manifiesto* puede considerarse como un documento de crítica al racionalismo y al clero de la época y, en sí mismo, un ejemplo de expresión surrealista dado su estilo «apasionado, violento, de frases incisivas, arrebatadas, de ritmo cambiante, a ratos sereno, a ratos agitado por una extraña vitalidad» (Pellegrini 2001: 11).

El punto de partida del *Primer Manifiesto*, a decir de Octavio Paz, es la reflexión acerca de la inspiración que «se manifiesta o actualiza en imágenes» (1983: 70). De ahí que muchas de las actividades realizadas por los surrealistas hayan estado encaminadas a descubrir nuevas vías de estimulación de la inspiración y, por tanto, también de la imaginación, como la escritura automática y los relatos de sueños que intentaron expresar en diferentes manifestaciones artísticas. Inicialmente «fue la vertiente literaria la que tuvo más importancia en el seno del movimiento; sin embargo, en la segunda mitad de los años veinte hubo muchos artistas que se adscribieron al mismo» (Cirlot 1999: 8). El mismo Paz señala que «[l]os primeros años de la actividad surrealista fueron muy ricos. No solamente modificaron la sensibilidad de la época sino que hicieron surgir una nueva poesía y una nueva pintura. Pero no se trataba de crear un nuevo arte sino un hombre nuevo» (1983: 38).

En 1930 se publicó el *Segundo Manifiesto* del surrealismo. En éste se refleja un tono de discordia, ya que gran parte de su discurso se centra en refutar las críticas a las que el grupo surrealista había estado sometido, además de destacar las diferencias existentes entre algunos de sus participantes. Breton escribe: «Combatimos contra la indiferencia poética, la limitación del arte, la investigación erudita y la especialización pura en todas sus formas, y no queremos tener nada en común con los que pretenden debilitar el espíritu» (2001: 168). Sin embargo, más allá de las críticas al movimiento que provocaron las expulsiones de algunos de sus miembros fundadores, el documento vaticinaba que «el surrealismo vivirá incluso cuando no quede ni uno sólo de aquellos que fueron los primeros en percatarse de las oportunidades de expresión y de hallazgo de verdad que les ofrecía» (ibíd.). Efectivamente, con el paso del tiempo, las propuestas del surrealismo trascendieron a los propios iniciadores del movimiento y sus ideas tuvieron resonancia entre literatos y artistas plásticos de diferentes partes del mundo[6]. Es posible considerar que

[6] En la introducción del catálogo de la exposición, *Fantastic Art, Dada, Surrealism* presentada en el Museo de Arte Moderno de Nueva York, en diciembre de 1936 y enero de 1937,

> de la lectura de los manifiestos surge claramente que el surrealismo no es simplemente una escuela literaria o artística; representa ante todo una concepción del mundo. En esa concepción son los valores vitales del hombre los que se jerarquizan en más alto grado, y entre éstos, la imaginación, con sus resultantes, la acción creadora y el amor (Pellegrini 2001: 9).

A la relación anterior sólo restaría agregar el valor de la libertad espiritual. «Depende de nosotros –dice Breton– no hacer de ella un uso equivocado» (Breton 2001: 21).

Remedios Varo y el surrealismo

Remedios Varo realizó sus estudios formales de pintura en la Academia de Bellas Artes de San Fernando en Madrid[7] de 1924 a 1930. Se trata, curiosamente, de los años que enmarcan la publicación de los Manifiestos Surrealistas. Aún cuando la estricta formación técnica de la Academia no daba lugar a la experimentación, Varo comentó: «Todo lo que yo aprendía, lo aprovechaba para pintar por mi cuenta las cosas que me interesaban, que es lo que podemos llamar, unida a la técnica, la iniciación a la personalidad» (Kaplan 1998a: 29). Una vez concluidos sus estudios, Varo y su marido, el pintor Gerardo Lizárraga[8], se marcharon a vivir a París «para buscar la vanguardia

publicada bajo el título «A Brief Guide to the Exhibition of Fantastic Art, Dada, Surrealism», se lee: «Apparently the movement is growing: under the name of Surrealism it is now active in a dozen countries of Europe, in North and South America, in Japan; it is influencing artists outside the movement as well as designers of decorative and commercial art» (Barr/Hugnet 1947: 13).

[7] La Academia de San Fernando, según señala Kaplan, «era una escuela famosa por su enseñanza perfeccionista [...] con un rígido plan de estudios, con varios años de aprendizaje riguroso en el que se concedía mucha importancia a la anatomía, a la composición, a la perspectiva, a la teoría del color y al estudio de las formas arquitectónicas, así como al dibujo de figuras, ropajes, naturalezas muertas y ornamentación, pintura de bodegones y de paisajes y a la pintura decorativa» (1998a: 29).

[8] Gerardo Lizárraga (Pamplona 1905-México D.F. ¿1984?): «Durante sus años de estudiante en la Academia ganó varios premios y se dedicó a actividades sumamente variadas, realizando más tarde retratos, ilustraciones comerciales, carteles políticos y murales populares [...]. Gerardo era anarquista y fue uno de los primeros en presentarse como voluntario para defender la República durante la Guerra Civil» (Kaplan 1998a: 30).

en su propia fuente» (ibíd.: 35). Poco se conoce de sus actividades en París, Kaplan menciona que durante este año «trabajaban a salto de mata, llevaban la vida de bohemia pobre, desenfadada y despreocupada» (ibíd.).

Concluida su etapa de estudios formales de pintura, en 1932, Varo y Lizárraga se instalaron en Barcelona, en donde trabajaron para la agencia publicitaria Thompson. Posteriormente, Varo conoció al artista catalán Esteban Francés[9] con quien compartiría su estudio y el interés por relacionarse con los artistas surrealistas de la época. Las obras pictóricas que Remedios Varo produjo en Barcelona, a decir de Kaplan, «demuestran que ya había desarrollado la capacidad necesaria para comprender la imaginería y los propósitos del surrealismo» (2008a: 37).

El artista y escritor francés Marcel Jean[10], integrante del grupo surrealista parisino, visitó Barcelona en el verano de 1935, momento en el que conoció a Remedios Varo y a Esteban Francés, pues los tres eran amigos comunes del pintor mallorquín Óscar Domínguez[11]. Juntos se dedicaban a realizar experimentos creativos que llamaron «cadáveres exquisitos»[12]. El mismo Marcel lo relata en el fragmento siguiente:

> Entre los surrealistas, un importante remedio contra el aburrimiento había sido siempre el dibujar lo que llamábamos «cadáveres exquisitos» –una variante del famoso juego de «las consecuencias»– y en Barcelona pronto nos dedicamos a ese famoso entretenimiento, introduciendo, sin embargo, una técnica distinta: a las sorpresas de la colaboración a ciegas añadimos el encanto del «collage» (Kaplan 2008a: 40).

---

[9] Esteban Francés (Girona 1913-Barcelona 1976), pintor: «He studied in Barcelona [...]. He fought on the Republican side in the Spanish Civil War. Exile in 1937, he joined the surrealist group in Paris [...]. After the war he returned to Spain» (Caws 2004: 288). A decir de Kaplan, «formaría parte de la vida de Varo en España, en Francia y también en México» (1998a: 36).

[10] Marcel Jean (La Charité-sur-Loire 1900-Louveciennes 1993), pintor y escritor: «He joined the surrealist group in 1933; his artworks include objects, decalcomania images and Surrealist reinterpretations of heraldic signs» (Caws 2004: 289).

[11] Óscar Domínguez (La Laguna, Tenerife 1906-París 1957), pintor y escultor –«In 1936 he introduced the decalcomania technique into Surrealism» (Caws 2004: 287)–, fue una figura muy influyente en la vida de Varo, él fue quien la presentó con Péret y años más tarde, en 1940, la ayudó a huir de París.

[12] En el *Catálogo razonado* editado por Gruen y Ovalle están reproducidos algunos «cadáveres exquisitos» de esta época (1998: 239-243 y Addenda IV).

El proceso de creación de los «cadáveres exquisitos», según la descripción de Marcel Jean, consistía en recortar imágenes de revistas antiguas y pegarlas en hojas de papel; después, cada participante del «juego» tapaba lo que había realizado y lo pasaba al siguiente jugador, con lo que lograban «inesperadas y alegres imágenes» (ibíd.) resultantes de esta obra colectiva[13] realizada «en colaboración a ciegas».

En mayo de 1936, Varo participó con tres de sus trabajos en la exposición organizada por el grupo llamado «Lógicofobistas»[14]. Al respecto, escribió a Marcel Jean lo siguiente:

> Querido Marcel [...] se celebra ahora en Barcelona una exposición colectiva de pintura y escultura con los elementos más próximos al surrealismo que han podido encontrarse. Nos han pedido a mí y a Esteban [Francés] nuestra colaboración y hemos expuesto algunos cuadros con ellos, dado que aquí por el momento no hay suficientes elementos absolutamente surrealistas como para formar un grupo. Pero queremos que sepas que, puesto que se trata de un grupo que no es absolutamente surrealista, estamos al margen y somos del todo independientes de él [...] aceptamos toda vuestra disciplina y estamos dispuestos a firmar vuestros manifiestos, y quisiéramos seguir en contacto contigo y seguir vuestras actividades (Kaplan 2008a: 44).

Como puede observarse en el fragmento de la carta anterior, Remedios Varo se declara muy interesada en el movimiento surrealista y, de alguna manera, se adscribe a él, aun cuando para aquel entonces, el año de 1936, el surrealismo, a decir de Paul Ilie, se percibía en España como modalidad esté-

---

[13] Remedios Varo continuó con la práctica de la creación en colaboración «para combatir el aburrimiento», como se puede apreciar en la obra de teatro escrita por ella misma y por Leonora Carrington, de la cual nos ocupamos en las páginas siguientes.

[14] Jaime Brihuega consideró que esta exposición fue «el último rescoldo surrealista de la España anterior a la Guerra Civil» (Kaplan 1998a: 44, n. 17). En el suplemento «Remedios Varo incendiaria de la imaginación» se lee: «Remedios Varo participó en la Exposición Logicofobista de las Galerías Catalonia en Barcelona en 1936. Compartía sala con Artur Carbonell, Leandre Cristófol, Angel Ferrant, Esteve Francés, A. Gamboa-Rothowss, A. García Lamolla, Ramón Marinel·lo, Joan Masanat, Maruja Mallo, Angel Planells, Jaume Sants, Nàdia Sokalova y Joan Ismael. Fue la última gran exposición surrealista española antes de la Guerra Civil, en su catalogo afirman: "El Surrealismo es a la vez nueva noción de la poesía y un método de conocimiento". Entre todos exponen más de 30 obras bajo el patrocinio del ADLAN (Amics de l'Art Nou)» (Marín Silvestre 2000: 3).

tica[15] principalmente, pues aunque «para los secuaces de Breton seguía siendo una ortodoxia estrictamente definida» (Ilie 1975: 110) existían artistas que «practicaban las técnicas surrealistas sin comprometerse con París» (ibíd.). Hasta este momento es evidente que Varo, desde Barcelona, sí deseaba involucrarse con el movimiento parisino y su interés la llevó a estrechar relaciones con artistas considerados como surrealistas. En el mes de octubre de 1936, Varo conoció, gracias a la intervención de un amigo común, el pintor Óscar Domínguez, al poeta y narrador Benjamin Péret, integrante del grupo surrealista francés y uno de los amigos más cercanos de André Breton. Péret había llegado a Barcelona, en agosto de ese mismo año, como activista político; a partir de entonces, Varo y Péret iniciaron un «asunto amoroso», como el mismo Péret lo comenta en una carta dirigida a Breton: «Estoy metido en un asunto amoroso que me retiene aquí hasta que la joven pueda acompañarme a París, así que nada puedo decir de mi vuelta» (Kaplan 1998a: 53).

En la primavera de 1937, la inseguridad y violencia generadas en España por la Guerra Civil[16], obligaron a Varo a huir para refugiarse en París y con ello iniciaría, sin ella imaginarlo siquiera, su vida como exiliada. En París entabló amistad con artistas de la vanguardia como Víctor Brauner[17], Wolfgang Paalen[18], entre otros; también conoció a Max Ernst[19] y a Leonora

---

[15] Paul Ilie, en su artículo «El Surrealismo español como modalidad», señala: «Según el concepto de modalidad, un movimiento determinado se manifiesta en formas divergentes en distintos países. Estos modos, no obstante sus características comunes, surgen de un peculiar trasfondo literario e histórico, separándose de éste de una manera semejante a la aparición de escritores reconocibles como miembros del movimiento. [...] Pero cada grupo nacional refleja su peculiaridad colectiva, la cual denominamos la forma nacional o modo del movimiento surrealista. Y este modo se diferencia del trasfondo o ambiente literario en nivel colectivo, pero según mecanismos evolutivos parecidos al nivel individual de los escritores. Cada diferenciación nacional muestra rasgos propios, pero el modo surrealista participa en el movimiento total, descubriendo características con otros modos nacionales» (1975: 111).

[16] Véase, por ejemplo, la obra de Clara Lida, *Inmigración y exilio. Reflexiones sobre el caso español* (1997), que incluye una amplia bibliografía al respecto.

[17] Víctor Brauner (Piatra Neamt 1903-París 1966), pintor y escultor: «officially joined the Surrealists in 1932. In 1947 abandoned Surrealism in protest at Breton's exclusion of Roberto Matta» (Caws 2004: 286).

[18] Wolfgang Paalen (Viena 1905-Taxco 1959), pintor, escultor y escritor: «He was aligned with the surrealist movement from 1935 to 1942, and again from 1951. [...] Contributing his *fumage* technique to surrealist painting» (Caws 2004: 291).

[19] Max Ernst (Brühl 1891-París 1976), pintor, escultor y creador de *collages*: «He moved to Paris in 1922, exhibiting his first surrealist paintings [...]. In 1925 he Developer his *frottage* technique, a parallel practice to automatism» (Caws 2004: 288).

Carrington[20]. Durante esta época experimentó con diversos temas y materiales que incorporó y adaptó a su trabajo creativo.

> La relación de Varo con el movimiento surrealista fue de enorme importancia para ella como pintora. En un momento crucial de su desarrollo artístico, cuando estaba buscando una orientación para sus técnicas, adquiridas tan laboriosamente, el surrealismo le estimuló su tendencia hacia lo imaginativo y la incitó a adoptar una actitud de búsqueda, de experimentación y de ironía (Kaplan 1998a: 69).

Entre sus creaciones plásticas de estos años se puede apreciar el uso de diversas técnicas como la tinta, la acuarela, el pastel, la parafina y el óleo; con estas obras participó en varias exposiciones colectivas tales como la Exposición Internacional del Surrealismo en Tokio (1937), en la galería de Bellas Artes en París (1938), en la Galería Robert en Ámsterdam (1938) y en México, en la Galería de Arte Mexicano (1940). Estos años en París fueron de intensa actividad creadora[21]. Sin embargo, esta situación pronto se vio interrumpida. En julio de 1940, los nazis ocuparon París[22]. Varo huyó gracias a la ayuda de su amigo Óscar Domínguez, y se instaló en Canet-Plage en un albergue organizado por otro surrealista, Jacques Hérold[23]. En julio del mismo año se refugió temporalmente en la Villa Air-Bel en Marsella, a la espera de poder arreglar su viaje hacia tierras americanas.

Un año más tarde, el 20 de noviembre de 1941, partió, en compañía de Benjamin Péret, de Casablanca rumbo a México[24]. Las circunstancias e implicaciones de este viaje pueden seguirse a través de una carta escrita por Varo, fechada en 1946 (Varo 1990: 215-218), dirigida a sus amigas, las hermanas Martín Retortillo, compañeras de la niñez que radicaban en Madrid, a quienes les comenta:

---

[20] Leonora Carrington (Lancashire 1917), pintora y escritora; actualmente radica en la ciudad de México: «She studied in England, Florence and Paris before meeting Max Ernst in London in 1937, moving with him to Paris, then to St. Martin D'Ardèche» (Caws 2004: 287).

[21] En el *Catálogo razonado* editado por Gruen y Ovalle se incluyen algunas de las principales obras de esta época.

[22] Janet Kaplan se ocupa ampliamente de esta época de la vida de Varo en el capítulo «Entre los surrealistas. París y Marsella» (1998a: 55-83).

[23] Jacques Hérold (Piatra Neamt 1920-París 1987), pintor surrealista.

[24] Para más detalles, véase el artículo publicado por Mendoza y Farré, «Pies en polvorosa. Travesía hacia México de Remedios Varo» (2006) que se ocupa del relato de este viaje.

> Una vez que me vi embarcada, respiré, pero el viajecito era de los de órdago también; como el barco llevaba unas cuatro veces más viajeros de los que cabían normalmente, nos aglomeraron en las bodegas. Para qué os voy a contar lo que es estar en una bodega con otras cien personas y con unas temperaturas tropicales, sin contar el mareo, yo no lo pude aguantar y agarré mi colchoneta y me subí a cubierta, donde hice todo el viaje; estuve en las islas Bermudas, en Santo Domingo y Cuba; sólo en Cuba me pude bajar del barco a dar un vistazo a La Habana, que me pareció un lugar suculento y paradisíaco. Llegué a Veracruz en los huesos y de allí trepé a esta ciudad de México (ibíd.: 217).

Una vez terminado tan difícil viaje, se instalaron en la ciudad de México[25]. Varo y Péret consideraban su estancia como un refugio temporal, de manera que, más que integrarse a los círculos sociales e intelectuales mexicanos de la época, procuraban la convivencia con los europeos con los que compartían un pasado común y con los que formaron un grupo muy cercano y solidario[26]. Uno de los encuentros más felices y productivos para Varo fue el que tuvo con Leonora Carrington, que llegó a México en 1942[27]; con ella estableció una profunda amistad. Varo veía en Carrington «un alma gemela que no necesitaría explicaciones, una aliada que no trataría de explicar sus angustias con una lógica fácil, o socavar sus visiones a base de sentido común» (Kaplan 1998a: 93).

Entre 1942 y 1949, Remedios Varo desempeñó diversas actividades: trabajó como decoradora de muebles finos, participó con Marc Chagall en los diseños de sombreros y otros tocados de cabeza para el ballet de Léonid Massine, *Aleko*, que se estrenó en el Palacio de Bellas Artes (Gruen/Ovalle 1998: 45), entre otras; aunque los ingresos económicos más estables de Varo procedían

---

[25] Con respecto al arribo de Varo y Péret, Juan Somolinos escribió: «Silenciosamente en 1942, el matrimonio Péret llegó a México [...]. Los efectos de la guerra callaron a esta productiva pareja que permaneció en mutismo; sobre todo el mismo Péret cuyo paso por este país fue casi anónimo» (1973: 73).

[26] Esta situación la ratifica José Emilio Pacheco en «La batalla del surrealismo...» en donde se lee: «En los cuarentas, la ciudad de México se convierte en un centro surrealista gracias a la presencia de poetas como Benjamin Péret y César Moro, cineastas como Luis Buñuel, pintores como Leonora Carrington, Remedios Varo y Wolfgang Paalen» (1975: 49).

[27] En una entrevista a Leonora Carrington, publicada en «México su apuesta por la cultura», le preguntaron: «¿Qué extraña de aquella época? Extraño a Remedios. Era muy inteligente. Nos conocimos en París, en una reunión llena de gente. Aquí nos volvimos a encontrar» (Ponce 2003: 75).

de los dibujos publicitarios de la casa Bayer (Kaplan 1998a: 97 y ss.)[28]. Benjamin Péret, por su parte, trabajaba como traductor y profesor de francés (Tibol 2001: 120). En 1947, Varo y Péret decidieron separarse, según señala Kaplan, «después de continuas fricciones sobre si debían marcharse de México y reanudar su vida en Francia» (1998a: 112). Péret regresó a Francia y Varo se mudó a vivir, en la misma ciudad de México, a la casa de José y Kati Horna[29], en donde permaneció una corta temporada antes de marcharse a Venezuela.

Como hemos mencionado en las líneas precedentes, las actividades artísticas realizadas por Varo en el primer lustro de su estancia en México fueron muy variadas: decoración de muebles, diseño de vestuario y creación de los carteles publicitarios para la compañía farmacéutica Bayer. Es muy probable que uno de sus primeros escritos, la obra de teatro realizada en colaboración con Leonora Carrington, corresponda a este momento de la vida de Varo.

El mismo año de 1947, realizó, junto con su nuevo compañero sentimental, el piloto francés Jean Nicolle[30], un viaje a Venezuela, país en el que radicaba la madre de Varo, su hermano Rodrigo y la familia de éste. Dicha estancia se prolongaría hasta principios de 1949, momento en que decidió regresar para establecerse en México.

Años más tarde, en 1952, Varo se unió con Walter Gruen (Gruen/Ovalle 1998: 46) y, a partir de entonces, se dedicó a la pintura de caballete. El año de 1955 marcó el inicio formal de la exposición de su obra pictórica, con la que inauguró una vertiginosa y exitosa carrera[31]. La crítica y el público la aco-

---

[28] Esta etapa, como la época de París en la primavera de 1937, resulta muy interesante por la diversidad de labores creativas que Varo pone en práctica. Si anteriormente destacábamos su experimentación con diferentes técnicas pictóricas, en esta ocasión llama la atención la variedad en sus ocupaciones. De éstas, debe señalarse este primer acercamiento de Varo hacia el espectáculo teatral con el diseño del vestuario para un ballet, lo que sin duda apunta hacia la obra de teatro que más tarde escribiría junto a Carrington, así como a su participación en el diseño de las máscaras para la puesta en escena del auto sacramental *El gran teatro del mundo*, dirigida por Álvaro Custodio en 1958.

[29] José Horna era un escultor español que Varo había conocido en la Academia de Madrid, y su esposa, Kati Horna, era una fotógrafa húngara. Véase Sánchez Mejorada (2001).

[30] A decir de Kati Horna, Jean Nicolle «era un hombre carismático para las mujeres, tan simpático, con todos sus planes, bromas y juegos que atrajo la atención de Varo» (Kaplan 1998a: 111). Nicolle representaría a Jon von Aguilota, un personaje de la obra de teatro que escribió Varo en colaboración con Carrington, de la que nos ocupamos en las páginas siguientes.

[31] «Para ella fue una sorpresa enorme que vendiera todo en la primera exposición que hizo. Después le pedían trabajos, hacía algunas cosas, no todas. Hay bastantes cuadros de ella

gieron con entusiasmo, como se puede apreciar en el siguiente fragmento de un reportaje realizado por Raquel Tibol en 1957.

> Cuando en 1955 exhibe sus obras en una exposición colectiva de la Galería Diana [...] quienes gustan de los refinamientos artesanales y de la imaginería, conjugados en un plano de rigor y exquisitez, se sorprenden muchísimo, sorpresa que se acrecienta cuando la misma galería ofrece en 1956 una muestra individual de la artista. Desde entonces Remedios Varo, la de la excepcional sensibilidad y del inconfundible estilo, sólo retiene en su casa el cuadro que está pintando con lentitud de miniaturista (Tibol 2001: 127).

Hacia 1957, desde México y a veinte años de distancia de su primer acercamiento al grupo surrealista francés, Varo señaló:

> Sí, yo asistía a aquellas reuniones donde se hablaba mucho y se aprendían varias cosas; alguna vez concurrí con obras en sus exposiciones; mi posición era la tímida y humilde del oyente, no tenía la edad ni el aplomo para enfrentarme con ellos, con un Paul Éluard, un Benjamin Péret o un André Breton; yo estaba con la boca abierta dentro de ese grupo de personas brillantes y dotadas. Estuve junto a ellos porque sentía cierta afinidad. Hoy no pertenezco a ningún grupo; pinto lo que se me ocurre y se acabó. No quiero hablar de mí porque tengo muy arraigada la creencia de que lo que importa es la obra, pero no la persona. No me interesa la polémica ni ninguna actitud, soy sencillamente pacífica, necesito la paz (Tibol 2001: 127).

Con esta declaración Varo ratificaba que su participación dentro del grupo surrealista significaba para ella una etapa de aprendizaje y, al mismo tiempo, se declaraba independiente de cualquier movimiento artístico[32]. En 1958, Varo viajó a Francia para encontrarse con su madre y con Benjamin Péret, que estaba enfermo, y desde allá escribió una carta a Walter Gruen en la que le decía:

---

pero no tantos como podían haber sido, tenía una demanda muy superior a lo que ella podía producir» (comentario de Juan Soriano en Vértiz 2006).

[32] En 1953, cuatro años antes de estas declaraciones de Varo, Luis Buñuel, en una entrevista realizada por Tibol, había expresado: «Yo ya no soy surrealista porque no pertenezco a ningún grupo. El cambio de la vida y las necesidades han hecho que no me interese pertenecer a ningún grupo. La reacción surrealista correspondió a determinada realidad; ahora comprendo que no se puede enfrentar la realidad exclusivamente con el surrealismo. Pero aunque ya no pertenezco a grupo alguno, la educación, la disciplina surrealista están en mí...» (Tibol 2001: 125).

> Hoy hace ocho días que salí [de México], ¡Dios mío!, qué deseos tengo de regresar, aunque ya no me siento tan mal, sin embargo veo que definitivamente he dejado de pertenecer a estas gentes y a estas cosas, que no me interesan gran cosa y que mi vida, no sólo material o sentimental sino también intelectual, está ahí, en esa tierra que sinceramente amo con todas sus fallas, defectos y calamidades... (Gruen/Ovalle 1998: 47).

En el fragmento anterior se observa que Varo es aun más incisiva al declararse independiente tanto en lo material, como en lo sentimental e intelectual: «veo –dice– que definitivamente he dejado de pertenecer a estas gentes y a estas cosas». Sin embargo, a pesar de sus declaraciones, la influencia del surrealismo es perceptible tanto en el conjunto de su obra pictórica[33] como en la escrita, especialmente en su vertiente relacionada con los temas oníricos, la alquimia y la ciencia, así como en las relaciones incongruentes o absurdas, la imaginación desbordada, «el ascenso a lo maravilloso y el descenso a lo aparentemente insondable, la objetivación verbal de representaciones mentales no concertables por la lógica» (Sobejano 1975: 132), por mencionar sólo algunas.

En 1959, Varo hace público su constructo creativo *De Homo Rodans*, que consta de un escrito, a manera de manuscrito de un discurso científico, y de una escultura, y con el que inauguraba su faceta como escritora, mantenida hasta entonces en el ámbito de lo íntimo e incluso de lo estrictamente personal y privado. Quizá la inusitada aceptación en el mercado del arte de este objeto surrealista contribuyó a que Remedios Varo conservara diversos escritos en sus cuadernos. Emmanuel Guigon afirmó: «Remedios parece no haberse podido limitar a un único modo de expresión. Para ella los medios del pintor y los del escritor son solidarios en el quebrantamiento de nuestras costumbres visuales e intelectuales» (1991: 17).

A la luz de este sintético apartado biográfico es posible observar una primera etapa en la relación de Varo con el movimiento surrealista, la cual se caracteriza por su deseo de afiliación, inicialmente desde Barcelona en donde estrecha su contacto con algunos de los integrantes de éste: Jean Marcel, Óscar Domínguez y Benjamin Péret. Este momento se concatena con su estancia en París, en donde predomina su experimentación con diversas téc-

[33] Caws considera que Varo «developed a form of figurative painting which drew together diverse bodies of reference, from science and psychoanalysis to alchemy and mythology» (2004: 292).

nicas eminentemente surrealistas como el *collage*, la decalcomanía, el *fumage* y otras, así como su participación en exposiciones pictóricas que marcan su integración al movimiento.

La segunda etapa, que podría llamarse su etapa mexicana, está marcada por su viaje de exilio a México, en donde mantuvo convivencia con artistas extranjeros, algunos de los cuales modificaron, como ella misma lo hizo, su postura hacia el movimiento surrealista, entre los que se encontraban Wolfgang Paalen[34], el cineasta Luis Buñuel y el mismo Octavio Paz[35]. Adicionalmente, la estancia en México conllevó a Varo a decidir separarse de Benjamin Péret y establecerse definitivamente en donde había encontrado un nuevo lenguaje, una forma de relacionarse con el mundo a través de sus cuadros, esculturas y escritos.

Es posible considerar que la relación de Varo con el surrealismo presenta una postura dual: adhesión y rechazo; dependencia e individualismo. Particularmente en lo que se refiere a su producción pictórica se ha comentado que:

> La relación con el surrealismo, que jugó un papel importantísimo en la vida de la pintora, parece algo contradictorio: por un lado, su arte coincide puntualmente con los postulados surrealistas expresando consecuente y exclusivamente el mundo interior, el mundo de los sueños y de las imágenes de la fantasía infantil; por otro, la ejecución técnica controlada y perfeccionista, se opone al ideal surrealista nunca abandonado del automatismo psíquico. La técnica de Remedios Varo sugiere más un estado de «supra-conciencia» que la influencia inmediata de la «subconciencia» (Klengel 1991: 25).

Janet Kaplan, en un artículo que podría considerarse como una actualización a su primer trabajo sobre Remedios Varo, afirma que ésta creó

---

[34] Véase el artículo de Juan Pascual Gay y Philippe Roland «La revista *Dyn* (1942-1944)», en el cual Paalen ratifica su disidencia del movimiento surrealista con la publicación de la revista *Dyn* (2004: 68).

[35] En el ensayo «André Breton o la búsqueda del comienzo», Octavio Paz, al hacer referencia a la figura de Breton, señala: «Todos los que lo tratamos sentimos el movimiento dual del vértigo: la fascinación y el impulso centrífugo. Confieso que durante mucho tiempo me desveló la idea de hacer o decir algo que pudiese provocar su reprobación. Creo que muchos de sus amigos experimentaron algo semejante. [...] A pesar de mi amistad hacia su persona, mis actividades dentro del grupo surrealista fueron más bien tangenciales» (1983: 61).

> una visión y una versión alternativas del surrealismo que incluyen una crítica inherente (y a veces abierta) de la teoría y la práctica surrealistas. Entre sus estrategias estaba la de emplear técnicas surrealistas pero utilizarlas de manera contraria a la intención surrealista. En varios cuadros utiliza la decalcomanía, técnica que consiste en manchar el lienzo con pintura diluida o untada en un pedazo de papel para lograr efectos accidentales... pero en cada uno, los diseños casuales servían sólo como punto de partida a partir de los cuales elaborar imágenes muy detalladas, controladas y planificadas. Así, volvía a la técnica surrealista contra ella misma, invitando al azar sólo para controlarlo (Kaplan 1998b: 36).

Sin embargo hay que considerar que «distancias inconmensurables caben dentro de lo surrealista y cómo no es posible generalizar para englobar en una sola forma de dictamen el conjunto de las aspiraciones y de la realidad creacional de este movimiento» (Cirlot 2006: 638). Hasta este momento parece que el surrealismo en Varo es más que sólo una influencia temporal y menos que la definición de su iconografía tanto pictórica como escrita; pero resulta evidente que en sus creaciones artísticas Varo utiliza las técnicas surrealistas para la parcial representación de sus visiones, para mostrar, apenas, su «otro» mundo quizá porque consideraba que el surrealismo era «un sentimiento inherente al hombre» (Castells 1997: 67) y como tal, sujeto a los vaivenes de la propia vida.

CAPÍTULO 2

ESTUDIO DE LOS TEXTOS AUTÓGRAFOS QUE HIZO PÚBLICOS LA MISMA REMEDIOS VARO

For reading is an activity of subjective nature.
BAL (1997: 4)

Una característica común que presentan los textos autógrafos que hizo públicos Remedios Varo es que su creación estuvo vinculada con algún otro lenguaje artístico. Entre éstos se encuentran la nota escrita al reverso de un dibujo, así como los comentarios anotados en las treinta y una fotografías de sus cuadros que enviaba a su hermano Rodrigo; *De Homo Rodans*, redactado a manera de discurso científico en conjunto con una escultura y, finalmente, *El caballero Casildo Martín de Vilboa,* texto que acompañaba un retrato que realizó para regalar a su galerista Juan Martín (ver Tabla 1). Dicho aspecto sugiere, en principio, la búsqueda de cierta complementariedad entre ellos para alcanzar una mejor comprensión de su propuesta creativa. Estos escritos, aun cuando fueron redactados en fechas y según propósitos diversos, integran *constructos creativos* en los que su autora aglutina, como un todo, los lenguajes utilizados presentándolos como unidad significativa.

TABLA 1
Textos autógrafos que hizo públicos Remedios Varo

Fecha de redacción	**Textos autógrafos que hizo públicos Remedios Varo**	**Constructo creativo**
1952	Nota a Juan Soriano, escrito al reverso de dibujo	Escrito + Dibujo
1955-1961	Notas a Rodrigo Varo, escritas al reverso de fotografías de sus pinturas	Escrito + Fotografías
1959	*De Homo Rodans*	Escrito + Escultura
1960	El caballero Casildo Martín de Vilboa	Escrito + Retrato

Deben distinguirse, además, incluso tratándose de textos que Remedios Varo hizo públicos, dos circuitos propiamente dichos de publicación: uno más privado, que se sitúa en un círculo más íntimo y familiar, y otro más amplio, como el de *De Homo Rodans*, único escrito que tuvo un destino comercial. En los siguientes apartados nos ocuparemos del análisis de cada uno de ellos.

1. Notas escritas al reverso del dibujo para Juan Soriano y de las fotografías de los cuadros que Remedios Varo enviaba a Rodrigo Varo

Entre la producción escrita de Remedios Varo se encuentran tanto la nota que escribió al reverso de un dibujo como los apuntes en las fotografías de algunas de sus pinturas que enviaba a su hermano Rodrigo. Estas últimas han tenido especial interés entre los estudiosos de su labor como pintora, pues es posible leer, intercalados en sus ensayos, fragmentos de estos escritos que anclan algunas de sus opiniones acerca de la obra pictórica de la artista que nos ocupa[1]. Consideramos que la importancia de estas notas va más allá de erigirse en posibles claves para la interpretación de sus cuadros, por encerrar en sí mismas, en el mismo lenguaje escrito, un valor estético que invita a reflexionar en torno a ellas, así como a la luz de la totalidad de su producción escrita.

La nota redactada al reverso de un dibujo para Juan Soriano está fechada en el año de 1952. Este constructo se publicó por primera y única vez en *Viajes inesperados* en el año de 1988 (Kaplan 1988a: 136) y fue realizado como un regalo para el pintor y escultor mexicano Juan Soriano[2], quien formaba parte del círculo de amigos de Remedios Varo. El *Retrato del Barón Ángelo Milfastos de niño* mide 12,2 × 15 cm, según consta en el catálogo razonado de la obra de Remedios Varo (Gruen/Ovalle 1998: 254).

---

[1] Como puede observarse en el Catálogo de la exposición *Remedios Varo*, en el que participaron Octavio Paz, Juliana González, Roger Caillois, en México (1969) o en *Viajes inesperados* de Janet Kaplan (1988a), en donde aparecen reiteradamente este tipo de comentarios. En el caso de Kaplan, particularmente en lo que se refiere a la nota escrita para Juan Soriano, puede leerse: «Éste era el tipo de retratos que a Varo le divertía hacer: el de un tipo inventado que enviaba en broma como felicitación a un amigo» (1988a: 139).

[2] Juan Soriano (Guadalajara 1920-México D.F. 2006), artista plástico mexicano. Véase: <http://www.juansoriano.net/index.html>.

Asimismo entre los años comprendidos entre 1955 y 1961, Remedios Varo envió fotografías de sus cuadros a su hermano Rodrigo, y en su reverso anotaba algún comentario explicativo a manera de paráfrasis de la pintura. Al igual que la nota a Juan Soriano, la génesis de estos textos nos obliga, inicialmente, a considerar el soporte-papel utilizado que se limitaba a un espacio en blanco equivalente a una postal (aproximadamente 10 × 15 cm).

En la segunda parte de este estudio, correspondiente a la edición de los escritos, se presentan, por primera vez, estos constructos creativos, es decir, la nota y la pintura como unidad significativa. Hemos considerado como título y fecha de los escritos aquéllos que corresponden a la pintura a la que el texto hace referencia, de acuerdo con Gruen y Ovalle (1998: 51-60), incluyendo la nota a *Robo de sustancia* que sólo está publicada en *Remedios Varo en el centro del microcosmos* (ibíd.: 235) y no aparece en el catálogo mencionado.

1.1. *Hacia una lectura de las notas escritas al reverso*

Las dimensiones de estas notas sugieren, inicialmente, que la extensión del texto se supeditaba a las medidas del soporte-papel utilizado. A pesar de este condicionante material, en lo que se refiere al tamaño y al propósito de Remedios Varo de asociar el texto a la imagen, la consideración de estos escritos nos permite sostener que muestran una serie de rasgos característicos presentes en el resto de sus escritos y que, por tanto, resulta imprescindible llevar a cabo su análisis como parte del resto de su producción escrita, así como bajo la perspectiva general de su producción pictórica.

Respecto a las particularidades que presentan estos escritos al reverso de las fotografías de sus cuadros, puede tomarse como punto de partida lo que Lauro Zavala califica como «textos con características posmodernas» (2001: 9), pues es posible identificar en ellos algunos de sus rasgos genéricos, entre los que menciona: «brevedad extrema (una extensión entre 200 y 2000 palabras), hibridación genérica (ninguno de ellos es un cuento en el sentido tradicional) y tono lúdico (evidente en múltiples estrategias de humor e ironía)» (ibíd.: 9). Bajo esta óptica de análisis, vemos que, efectivamente, estos textos poseen «brevedad extrema», ya que la mayoría de ellos están por debajo de las 200 palabras. La cuestión referente a la «hibridación genérica» que, según explica Zavala, alude a que no son cuentos «en el sentido tradicional», también podría aplicarse a estos escritos: contienen elementos que, si bien los vinculan indefectiblemente a la pintura de que se ocupan, como se puede observar por el uso de deícticos, la paráfrasis resultante podría considerarse como una nueva forma de narración, originada en la descripción-interpretación de la pintura, la cual posee cualidades estéticas propias y trata los espacios, los personajes y las acciones presentados. Para este punto, también cabe tener en cuenta que Varo redacta sus escritos *a posteriori*, y esta diferencia de tiempos en su producción artística nos conduce a contemplar la distinción entre dos obras diferentes con lenguajes artísticos distintos que, aunque complementarios por formar parte de un mismo universo artístico, se rigen por mecanismos y propósitos diferenciados de creación.

Además, la misma Varo, en una carta dirigida al Dr. Alberca, quien era amigo de su hermano Rodrigo y radicaba en Murcia (España), sugiere lo que consideramos como el contrato inicial de lectura. En un fragmento de ésta se lee:

> Estimado doctor Alberca,
>
> He recibido una carta de mi hermano Rodrigo donde me dice que le interesaron a usted unas fotografías de cuadros míos y los comentarios que hago de ellos. También que desearía usted utilizar algunos incluyéndolos en un libro que prepara y en una conferencia. Yo, por supuesto, no tengo ningún inconveniente, pero no recuerdo muy bien el tono en que hice los comentarios *y no sé si, por tratarse de algo dirigido a mi hermano, no tendrán un carácter demasiado íntimo.* Esto no tendría la menor importancia si no fuera porque todos esos cuadros pertenecen a diferentes personas que se sentirían ultrajadas si de repente se enteran de que yo he dicho: «éste es el peor cuadro que he pintado» o «¡qué lástima que no me decidí a pintar al Doctor Chávez con una hermosa cabeza de halcón, como es la suya!», etcétera. Me remito a su buen juicio para suprimir en mis comentarios cualquier frase de esa naturaleza, que además, no tiene gran cosa que ver con lo esencial del texto (Castells 1997: 64; énfasis nuestro).

El contrato inicial de lectura sugerido por Remedios Varo contempla cada uno de estos textos y las fotografías de las pinturas a las que hacen referencia como un todo, como unidad significativa a la que hemos considerado como un constructo creativo, en el que es posible percibir la sinergia generada por los dos lenguajes utilizados por la artista: el pictórico y el escrito.

Así pues, se trata de creaciones complementarias, aunque debe tenerse en cuenta que se formulan bajo distintos lenguajes artísticos y que, además, son producciones correlativas en tiempo. Siguiendo esta perspectiva, nuestro propósito se centrará en el análisis de las técnicas características de la escritura de Remedios Varo presentes en los constructos creativos de las notas escritas al reverso de las fotografías de sus cuadros, incluyendo la que aparece al reverso del dibujo para Juan Soriano.

Iniciaremos con *El retrato del barón Ángelo Milfastos de niño*, cuyo escrito principia como una cálida felicitación, «Juanito, muchas felicidades». Su destinatario, Juan Soriano, comentaría años más tarde: «[Remedios] me hacía dibujos de historias que le contaba sobre mi familia»[3]. A través del escrito Varo atribuye al sencillo dibujo un valor que va más allá de sus cualidades estéticas: «No te importe –le dice– que este dibujo sea tan malo, porque es un documento de gran valor histórico. Se trata del único retrato que existe del barón Ángelo Milfastos cuando era niño». Con el texto la autora revela la «verdadera» historia del personaje central, quien, por cortar las cabezas de sus tías, moriría en la horca. Finalmente, Varo denuncia la injusticia de la que el barón fue objeto, pues él «[n]o era ningún criminal sino el inventor de un nuevo y magnífico aparato para afilar cuchillos; al cortar cabezas sólo se proponía probar el aparato». Cabe destacar de esta nota que, a pesar de la brevedad, logra configurar un personaje a través de sus acciones principales: inventar un aparato para afilar cuchillos, probar su filo al cortar las cabezas y morir en la horca. El dibujo, por su parte, se ocupa del espacio: presenta un frágil barco de vela en el cual se encuentra un niño, una cabeza humana y un fino cuchillo. Otro aspecto que nos interesa mencionar es que, aun cuando el asunto de la ficción es de corte biográfico, contiene un tópico que será recurrente en la obra pictórica y escrita de Varo posterior a esta nota y que está relacionado con la invención tecnológica, la cual es presentada bajo una perspectiva irónica, también presente en otras de las notas escritas al reverso de las fotografías de sus cuadros. Entre el dibujo y el escrito resulta evidente la complementariedad entre los lenguajes utilizados, ya que su reciprocidad potencia su sentido, de ahí la noción de constructo creativo.

En los constructos integrados por las fotografías de los cuadros y las notas escritas al reverso, si bien parecería que la imagen del cuadro es más elocuente que lo anotado al reverso de la fotografía, al leer el escrito se amplía la percepción de los detalles y se incrementa la comprensión de los símbolos de la

[3] Comentario de Juan Soriano en una entrevista realizada en el 2003, publicada en: <http://www.noticias-oax.com.mx>.

imagen. Sin embargo, incluso apoyándonos en ambos lenguajes aún quedan elementos silenciados y algunos más, un tanto ambiguos. Los constructos creativos de Remedios Varo, parafraseando a Guigon[4], quiebran nuestras costumbres visuales e intelectuales, pues su apreciación obliga a realizar una lectura que va de la pintura hacia el texto y viceversa, proceso que implica una profunda observación.

El constructo *La revelación*, fechado en 1955 y uno de los primeros de la etapa mexicana de Varo, inicia haciendo referencia explícita a la temática de la pintura, «Aquí se trata del tiempo»; posteriormente describe los elementos que utiliza para su representación: el personaje principal, el relojero, iluminado y asombrado, que es un símbolo en sí mismo, pues «representa el tiempo ordinario nuestro» y la «revelación», una figura circular y transparente que envuelta en humo entra por la ventana, a la cual Varo considera como una fuente de comprensión de «muchísimas cosas»[5]; y, para terminar, define el espacio que rodea al personaje central «a su alrededor hay cantidad de relojes…». Sin embargo, aun cuando su texto es eminentemente descriptivo, se declara como una expresa alegoría del tiempo: «Cada reloj tiene una ventana con rejas, como en una cárcel».

Asimismo, Varo se ocupó principalmente de la temática de la pintura en el constructo *Ermitaño*, también de 1955. Empieza haciendo referencia al personaje central, «Éste es un ermitaño. Ya está fuera del tiempo y espacio comunes», y continúa explicando los símbolos que utilizó para la configuración de su cuerpo: una estrella de seis puntas, «símbolo del tiempo y del espacio en las antiguas enseñanzas esotéricas», y «dentro del pecho tiene a *Yan[g]* y *Yin*, el más hermoso símbolo a mi juicio de la unidad interior, pues el símbolo está ya rodeado de un círculo y se ha convertido en unidad». Como se puede observar, el énfasis en este texto está relacionado con la lectura simbólica del mismo.

En el constructo *Tailleur pour dames* de 1957, el texto inicia con la descripción del espacio, «Esto es el salón de un modista para señoras», y continúa con un recuento detallado de los modelos que se presentan a una clienta: «un modelo es para viaje», otro para «*cocktail party*» y el tercero «para viuda».

[4] «Remedios parece no haberse podido limitar a un único modo de expresión. Para ella los medios del pintor y los del escritor son solidarios en el quebrantamiento de nuestras costumbres visuales e intelectuales» (Guigon 1991: 17).

[5] Nótese la ambigüedad a la que hacíamos referencia.

Con los componentes de cada uno de los trajes, Varo introduce diversos elementos fantásticos tales como vehículos con distintas aplicaciones, transformaciones alquímicas y comentarios que mueven a risa, como «[el traje] termina en una cola de reptil muy favorecedora». Asimismo, Varo destaca una serie de detalles de la pintura que a simple vista podrían pasar desapercibidos, al decir, por ejemplo: «El sastre tiene una cara dibujada en forma de tijeras, su sombra es tan rebelde que hay que sujetarla al techo con un alfiler». Adicionalmente, va señalando las claves para interpretar el simbolismo del cuadro: «La clienta que contempla los modelos se despliega en dos personas más no sabe cuál de los tres modelos elegir, y las repeticiones de ella, a cada lado y algo transparentes, representan la duda en que se encuentra». Varo, a través de este constructo creativo, refleja irónicamente las prácticas de consumo de la sociedad y ridiculiza los excesos de la moda.

Varo retoma este mismo asunto, con ciertas variantes, en el constructo *Au bonheur de dames*[6], de 1956, en el cual los personajes de la pintura –«Criaturas caídas en la peor mecanización» según anota en el texto– se dirigen hacia un almacén[7]. Cabe destacar que con los personajes de este constructo en los cuales «todas las partes de su cuerpo son ya ruedecillas»[8], Varo recupera un elemento que se observa en un dibujo realizado en 1938, en el que las ruedas sustituían a los pies (Kaplan 1998a: 60), y que también se aprecia en algunas de sus pinturas y escritos posteriores. Con este constructo Varo termina haciendo patente su visión crítica de la sociedad de su tiempo: «Criaturas de nuestra época, sin ideas propias, mecanizadas y próximas a pasar al estado de insectos, hormigas en particular». Las ruedas son, pues, una metáfora que simboliza la mecanización a la que alude Varo en algunos de sus contemporáneos.

Los artilugios mecánicos, presentes en los constructos anteriores, se pueden observar en otras de sus pinturas y escritos, tal es el caso de *Vagabundo*, datado en 1957, en el cual se ocupa de un singular modelo de traje. El texto

[6] El título de este constructo coincide con el de la novela de Émile Zola, escrita en 1883, en la que se ocupa de la transformación que sufre el pequeño comercio a raíz de la apertura de las grandes tiendas departamentales.

[7] En la pintura el almacén se llama *«Au bonheur des citoyens»*.

[8] Remedios Varo retoma el motivo de las figuras que tienen ruedas en lugar de pies en *De Homo Rodans*, otro de los escritos que hizo públicos, fechado en 1959, que analizamos en este mismo apartado.

inicia con la apreciación que Varo tiene de esta pintura –«Este cuadro es a mi juicio uno de los mejores que he pintado»– y continúa con una detallada descripción de la indumentaria del personaje central, un vagabundo «no liberado». El modelo de traje, calificado de «práctico y cómodo», es un artefacto mecánico que para trasladarse cuenta con «tracción delantera» y con un dispositivo a manera de sistema de frenos del que señala: «si levanta el bastón se detiene». Este traje funciona a manera de casa rodante: «se puede cerrar herméticamente por la noche, tiene una puertecilla que se puede cerrar con llave; algunas partes del traje son de madera [...]. En un lado del traje hay un recoveco que equivale a la sala, allí hay un retrato colgado con tres libros». Finalmente indica: «en el pecho lleva una maceta donde cultiva una rosa», alegoría con la que reitera su apego a ciertos objetos que coartan su libertad, «pero necesita el retrato, la rosa –añoranza de un jardincito en una casa– y su gato. No es verdaderamente libre». Asimismo, en *Roulotte*, constructo fechado en 1955, describe al carricoche, motivo central de la pintura, el cual «representa un hogar verdadero y armonioso». Este tópico está presente también en *Locomoción capilar*, constructo de 1958, del que anota: «Estos señores son unos detectives bien disfrazados para pasar desapercibidos; las barbas también les sirven de medio de locomoción. El hombre que se asoma a la ventana usa su barba para raptar a esa pobre joven asustada, que está a la vuelta de la esquina». En esta nota en particular, resulta interesante observar la aparición de un elemento, las barbas, que funcionan simultáneamente como parte de la caracterización de los personajes y al que Varo ya había recurrido para la configuración de los personajes de la obra de teatro escrita años antes.

Además de la creación de los singulares vehículos, también utilizados a veces como casas, los constructos describen situaciones fantásticas que Varo presenta como si se tratara de acciones de la vida cotidiana. Tal es el caso de *La tejedora de Verona*, de 1956: «Lo que aquí sucede es evidente: esa señora que está tejiendo punto inglés fabrica personajes animados que salen por la ventana»; o de *Sea usted breve*, realizada en 1958: «Aquí no sucede nada de muy particular». Sin embargo, al ocuparse del personaje central señala: «Esa señora se pasea con un talismán en la mano; el sombrero es una nubecilla que va dejando trozos tras de sí; en el primer piso de la casa de atrás, a la derecha, vive un caballo». Varo considera como algo natural el hecho de usar un sombrero en forma de nube o que un caballo viva en un piso cualquiera; en estos constructos el lenguaje denota la intención lúdica de sus comentarios.

La representación del desarrollo espiritual es otro de los tópicos recurrentes que se puede observar en el constructo *Hallazgo*, de 1955, y en *Ascensión al monte*, de 1959, en los cuales el motivo del viaje se ha convertido en un símbolo. En el primero, Varo presenta a los personajes de la pintura: «Esos viajeros después de mucho ir y venir encuentran por fin esa especie de perla gruesa en el bosquecillo al fondo»; posteriormente, explica el simbolismo de un elemento del paisaje: «Esa esferita luminosa o perla representa la unidad interior»; y, finalmente, se ocupa de la alegoría del viaje al señalar que «los viajeros representan gentes que buscan llegar a un nivel más alto espiritual». Este motivo lo retoma en *Ascensión al monte*, en el que la pintura presenta un personaje masculino que lucha contra corriente para alcanzar el crecimiento espiritual. La nota se inicia con un referente a la mirada: «Como veis, ese personaje está remontando la corriente solo, sobre un fragilísimo trocito de madera, y sus propios vestidos le sirven de vela. Es el esfuerzo de aquellos que tratan de subir a otro nivel espiritual».

A partir de 1960, Remedios Varo introduce una serie de obras relacionadas con el ejercicio de las ciencias, quizás como una secuela ante el éxito del constructo *De Homo Rodans*; entre éstas se encuentran el constructo *Mujer saliendo del psicoanalista*, en cuya nota señala: «Esta señora sale del psicoanalista arrojando a un pozo la cabeza de su padre –como es correcto al salir del psicoanalista–. En el cesto lleva desperdicios psicológicos: un reloj, símbolo del temor de llegar tarde, etcétera. El doctor se llama Dr. FJA (Freud, Jung, Adler)». Nuevamente, a través de la nota, Varo amplía la capacidad para la percepción de los detalles de la pintura y señala algunas claves para la interpretación simbólica. En otro constructo de esta serie *Descubrimiento de un geólogo mutante*, Varo se ocupa de la descripción: «En un paisaje devastado por la bomba atómica, un geólogo, mutante por las radiaciones, examina una gigantesca flor. El geólogo está cargado con un instrumento-laboratorio muy interesante». Del mismo modo, *Planta insumisa* se ocupa de un científico «perplejo» ante la rebeldía de una planta la cual «insiste en dar una flor» en vez de fórmulas matemáticas; la nota termina explicando que «[c]ada pelo del científico es una fórmula matemática». En *Fenómeno de ingravidez* anota que «[l]a tierra se escapa de su eje y su centro de gravedad al grandísimo asombro del astrónomo que trata de conservar su equilibrio encontrándose con el pie izquierdo en una dimensión y con el derecho en otra». Con esta serie Varo ironiza sobre los alcances y excesos de la investigación científica.

Finalmente, nos ocuparemos de un constructo de estructura singular. En 1960, Remedios pinta *Hacia la torre* y, en 1961, dos obras más: *Bordando el manto terrestre* y *La huida*, que asocia a la primera a manera de tríptico. De tal suerte que el análisis de este *constructo* involucra tres cuadros y tres textos, que forman una *unidad* (ver Fig. 1).

La idea de unidad que ofrece el tríptico, aun conformado por obras aparentemente independientes, sugiere considerar la lectura de los textos de cada uno de los paneles como un todo. El texto final quedaría de la manera siguiente:

> Las muchachas salen de su casa-colmenar para ir al trabajo. Están guardadas por los pájaros para que ninguna se pueda fugar. Tienen la mirada como hipnotizada, llevan sus agujas de tejer como manubrio. Sólo la muchacha del primer término se resiste a la hipnosis. Bajo las órdenes del Gran Maestro, bordan el manto terrestre, mares, montañas y seres vivos. Sólo la muchacha ha tejido una trampa en la que se le ve junto a su bienamado. Como consecuencia de su trampa consigue fugarse con su amado y se encaminan en un vehículo especial, a través de un desierto, hacia una gruta.

Para lograr la cohesión entre los textos Varo utiliza la misma estructura para referirse a una de las jóvenes señalando: «sólo la muchacha...». En el texto correspondiente al primer panel se lee que «Sólo la muchacha del primer término se resiste a la hipnosis», mientras que el panel central menciona que «Sólo la muchacha ha tendido una trampa en la que se le ve junto a su bienamado»; lo que hace suponer al lector que la muchacha que se resiste a la hipnosis es la misma que teje la trampa. Por lo tanto, la «trampa» se torna también un elemento de interconexión con el texto del tercer panel «como consecuencia de su trampa consigue fugarse con su amado...», logrando de esta manera establecer la cohesión y señalar la secuencia del tríptico. La indumentaria de las muchachas juega un papel predominante en la concatenación de las imágenes, haciendo la función de conector visual. Si bien Varo narra en un presente eterno –«las muchachas salen», «están guardadas», «tienen la mirada como hipnotizada», «bordan el manto terrestre»–, la distribución espacial de los paneles permite identificar un antes y un después, o sea, la secuencia de los eventos.

No obstante, en este constructo creativo tríptico es posible observar la primacía del panel central *Bordando el manto terrestre*, cuyo texto está integrado por dos enunciados. El primero –«Bajo las órdenes del Gran Maestro,

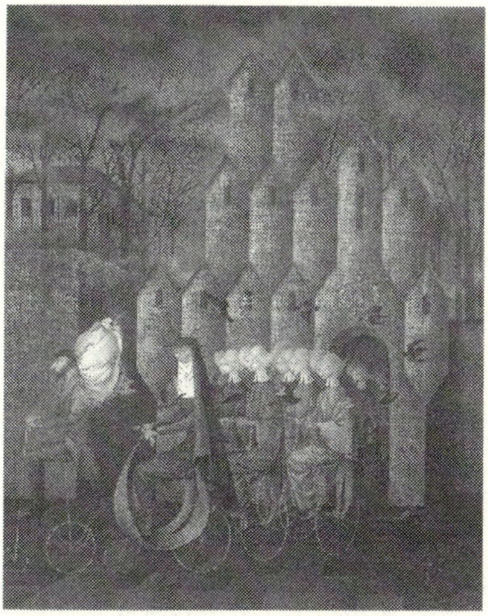

1. *Hacia la torre*
Las muchachas salen de su casa-colmenar para ir al trabajo. Están guardadas por los pájaros para que ninguna se pueda fugar. Tienen la mirada como hipnotizada, llevan sus agujas de tejer como manubrio. Sólo la muchacha del primer término se resiste a la hipnosis.

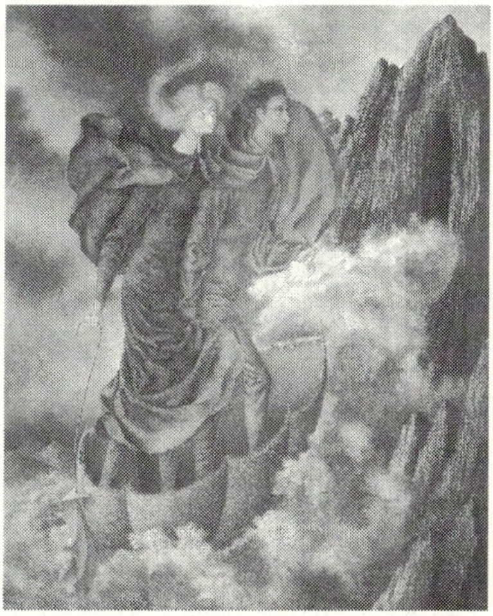

3. *La huida*
Como consecuencia de su trampa consigue fugarse con su amado y se encaminan en un vehículo especial, a través de un desierto, hacia una gruta.

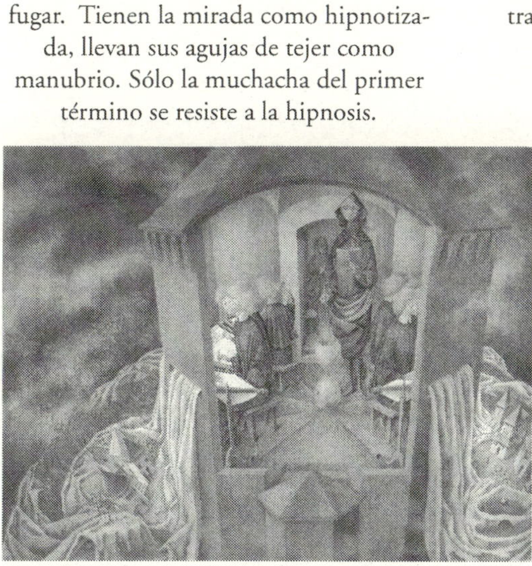

2. *Bordando el manto terrestre*
Bajo las órdenes del Gran Maestro, bordan el manto terrestre, mares, montañas y seres vivos. Sólo la muchacha ha tejido una trampa en la que se le ve junto a su bienamado.

FIGURA 1. Tríptico: *Hacia la torre, Bordando el manto terrestre* y *La huida* (Gruen/Ovalle 1998: 193-195)[9]

---

[9] Fichas Técnicas: Primer panel del tríptico: *Hacia la torre.* (1960) óleo/*masonite* 1.23h × 1.00a Firmado: R. Varo (Gruen/Ovalle 1983: 193). Panel central del tríptico: *Bordando el manto terrestre.* (1961) óleo/*masonite* 1.00h × 1.23 a. Firmado: R. Varo (ibíd.: 194). Tercer panel del tríptico: *La huida.* (1961) óleo/*masonite* 1.23h × 98a Firmado: R. Varo (ibíd.: 195).

bordan el manto terrestre, mares, montañas y seres vivos– puede interpretarse como una cosmogonía, una propuesta de la creación del universo, y simultáneamente indica la relación con el primer panel *Hacia la torre*, que en su texto e imágenes nos permite comprender que «[l]as muchachas que salen de su casa-colmenar para ir al trabajo...» son las mismas que bordan el manto terrestre. El segundo –«Sólo la muchacha ha tejido una trampa en la que se le ve junto a su bienamado»– alude tanto a la joven del primer término que se resiste a la hipnosis como a la muchacha que huye con su amado. Consideramos que el panel *La huida* marcaría el final aunque señala, al mismo tiempo, un comienzo. La lectura del texto escrito nos obliga a llevar la mirada de un panel a otro para conseguir la comprensión del conjunto.

De la misma manera que en los ejemplos anteriores, la imagen del cuadro aparenta ser más elocuente que lo anotado al reverso de las fotografías, pero el escrito amplía la percepción de los detalles e incrementa la comprensión de algunos de los símbolos de la imagen. En este constructo creativo Varo se ocupa de los misterios de la existencia humana –creación y destino– y nos habla de ellos aunque no en un diálogo abierto y fácil, pues aun apoyándonos en ambos lenguajes, quedan elementos silenciados tales como la gruta o el desierto, por mencionar sólo algunos, los cuales requieren una interpretación simbólica más profunda.

Tras las reflexiones anteriores en torno a los constructos creativos, podemos concluir que los textos escritos al reverso del dibujo o de las fotografías, si bien poseen cualidades estéticas y poéticas propias, adquieren una dimensión ampliada tras la interrelación con el lenguaje pictórico, la cual genera una sinergia en la percepción del sentido; de ahí que consideremos que su lectura e interpretación deberán contemplar el constructo creativo como un todo. En todos ellos, como será una constante en los escritos de Varo, no hay descripciones físicas de los personajes; el interés se centra en pequeños detalles que pueden constituirse como metonimias del significado simbólico del constructo.

2. *De Homo Rodans*

2.1. *Acerca del manuscrito*

En 1955, Remedios Varo participó en su primera muestra pictórica colectiva en la Galería Diana de la ciudad de México, exposición que, a decir de Walter Gruen, fue recibida con gran entusiasmo: «En 1955 la obra pictórica de Remedios causa sensación entre el público y la crítica» (Gruen/Ovalle 1998: 47). Al año siguiente, expuso individualmente con tanto éxito que incluso Diego Rivera comentó: «México tiene la suerte de que vivan entre nosotros tres pintoras que indudablemente son de los artistas más importantes del mundo: Remedios Varo ¡ay cómo me encanta la pintura de esta señora!, Leonora Carrington y Alicia Rahon» (Kaplan 1998a: 133). En medio de su creciente éxito como pintora, en el año 1959, Remedios Varo realizó la escultura «Homo Rodans» (ver Fig. 2) y redactó un texto titulado *De Homo Rodans*, escrito a mano, con 10 folios tamaño carta, sin numerar. Además, creó diferentes dibujos con el mismo tema (Gruen/Ovalle 1998: 180-181). Por tal motivo, *De Homo Rodans* se considera como su primer escrito público con destino comercial, el cual, al igual que la escultura, forma parte de una colección privada.

En una carta dirigida a su madre de 1959, Remedios Varo comenta lo siguiente de estas obras:

> Eso de la figurita que dicen es una cosa que no te había contado porque no sabía bien cómo explicártelo, ya que se trata de antropología y no de pintura. Resulta que hice con huesos de pescuezo de pollo y de pavo, después de limpiarlos muy bien, una figura, y escribí un pequeño tratado de antropología (imitando un viejo manuscrito) para demostrar que el antecesor del *homo sapiens* fue esa figurita que hice, a la que llamo *homo rodans* (porque termina en rueda). Se me ocurrió llevar el manuscrito y la figurita a la librería de un amigo, y resulta que vino un señor, lo vio y le encantó y le hizo mucha gracia (todo está hecho y escrito en broma). Este señor, que resultó ser secretario de un ministro, fue a buscar al ministro, lo llevó a la librería, y tanto le gustaron la figura y el manuscrito que los compró, nada menos que para ofrecérselo como regalo de Navidad al presidente de la República. Ya te puedes figurar que me quedé pasmada. No te doy detalles de lo que escribí o de la figura, pues todo está hecho imitando las cosas y palabras científicas que casi nadie entiende y muchas partes del escrito están en un latín inventado que ni yo misma entiendo, pero el conjunto resultaba gracioso (Varo 1990: 227-228).

Remedios Varo parece mostrarse gratamente sorprendida por la acogida de este proyecto escultórico-literario que había elaborado a manera de parodia de un discurso científico y que ella misma definía como «un pequeño tratado de antropología», «hecho y escrito en broma» y que «imitaba un viejo manuscrito». Con este constructo creativo que considera un «conjunto [...]

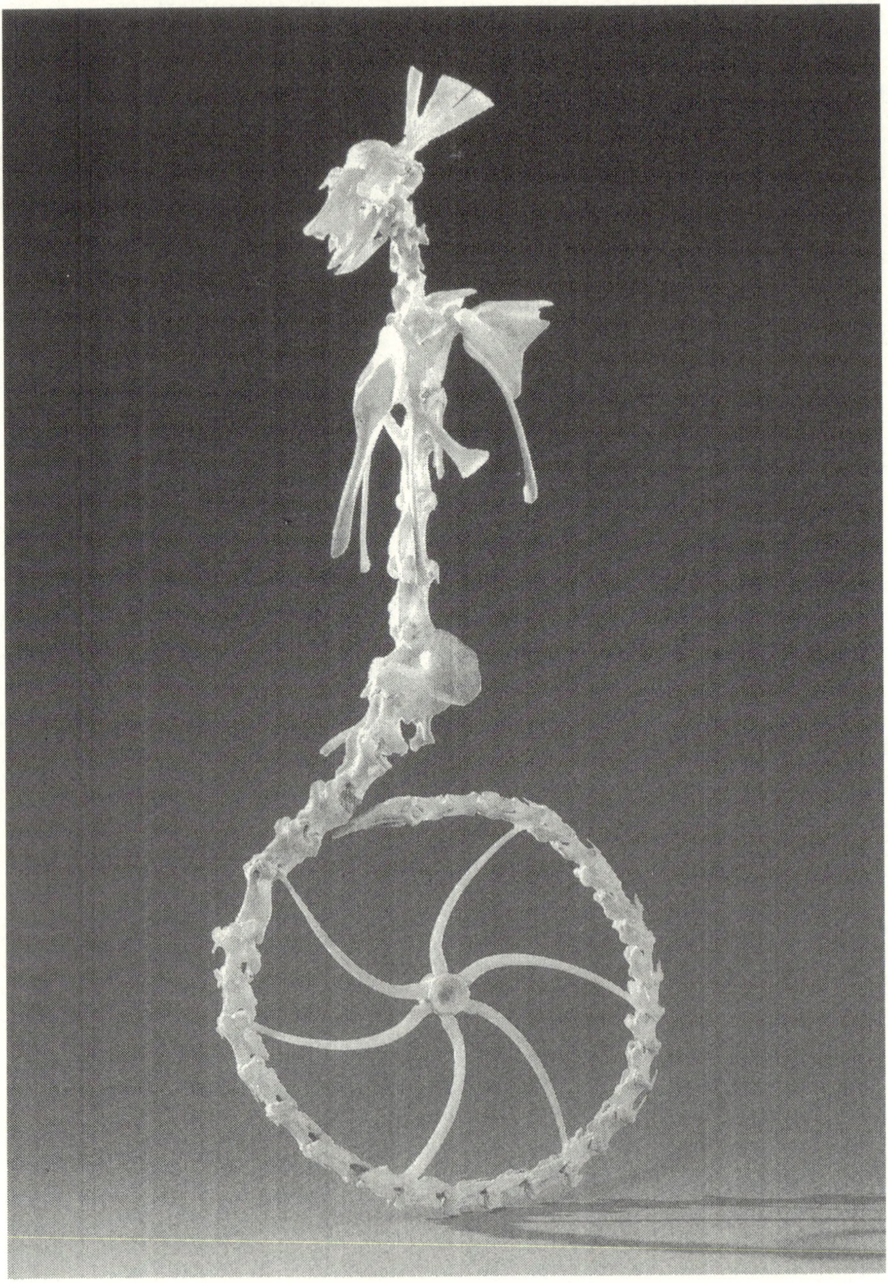

FIGURA 2. *De Homo Rodans* (Gruen/Ovalle 1998: 179)

gracioso» continuaba con la práctica de crear dos objetos artísticos cuya complementariedad los enriquecía. La escultura, elaborada con huesos de pollo y pavo[10], y el escrito que había realizado eran para Varo una parodia lúdica, lo que podría explicar su «pasmo» ante la buena acogida.

En una carta redactada en francés –«execrable [*sic*] français» a su decir– y dirigida a uno de los clientes de sus pinturas, Remedios explica la situación que la llevó a realizar este escrito:

> ma cinquième vertebra lumbaire était tres rebelle et dolorouse, cela ma empeché de faire de la peinture mais j'ai profité pour écrire certaines notes antropologiques très documentées car il y a dejà longtemps que je voulais signaler le fait jusqu'a present ignore que l'anteceseur de l'Homo Sapiens etait l'Homo Rodans, je ne sais pas si vous aurez de l'interet pour connaître ces notes, mais dans le cas ou il en serais ainsi et puisqu'il s'agit seulement de quelques pages, je le ferais traduire et vous l'enverrais, de toutes façons je vous envoie une photografie de l'Homo Rodans que peut être vous interesera etant donné que vous étés un homme de science (Varo 1990: 231; ortografía del original)[11].

Tras la lectura de este fragmento podemos destacar que ante la imposibilidad de pintar, la escritura y la escultura fueron para Remedios una vía alterna que le permitía manifestar su creatividad artística. Además, resulta curiosa la coincidencia entre su dolencia en la vértebra lumbar y la elaboración de una escultura, precisamente, de huesos.

En 1965, dos años después de la muerte de Remedios Varo, el Dr. Juan Somolinos prologó la primera edición facsimilar de *De Homo Rodans*, con un tiraje de 150 ejemplares numerados. Posteriormente, en 1970, se hizo una segunda reedición, numerada también, de 250 ejemplares. En noviembre de 1991, se publicó la transcripción del manuscrito a partir de la edición facsimi-

---

[10] Wolfgang Paalen, otro de los amigos surrealistas de Varo, utilizó también huesos de pollo en la escultura *El genio de las especies* realizada en 1938 (Kaplan 2008a: 258).

[11] Traducción de Beatriz Varo: «Mi quinta vértebra lumbar se mostraba muy rebelde y dolorosa. Esto me impedía pintar, pero he aprovechado para escribir unas notas antropológicas muy documentadas, pues hace ya tiempo que quería señalar el hecho, ignorado hasta el presente, de que el antecesor del Homo Sapiens es el Homo Rodans. No sé si tendrá usted interés en conocer estas notas, pero, en el caso de que sea así, ya que se trata solamente de unas cuantas páginas, se lo haré traducir y se lo enviaré. De todas maneras le enviaré una fotografía del Homo Rodans, que quizás le interesará, siendo usted un hombre de ciencia» (1990: 231-232).

lar de 1965, en el catálogo *Remedios Varo. Arte y Literatura* de la exposición realizada en el Museo de Teruel, España (VV. AA. 1991: 45-49); y, en 1997, Isabel Castells, tomando como texto base la misma edición del 65, lo incluyó en su obra. En la segunda parte de este estudio presentamos la edición crítica de *De Homo Rodans* para la cual hemos utilizado como texto base la edición facsimilar de 1965, que presenta la reproducción del manuscrito original (ver Anexo 2), diseñado a manera de «viejo manuscrito», en el que la letra a mano juega un papel predominante: caligrafía cursiva, realizada con pluma fuente, destacando los intertextos[12] con un tipo de letra más recta visiblemente diferente.

2.2. *Hacia una lectura de* De Homo Rodans

2.2.1. Resumen del argumento

Hälikcio von Fuhrängschmidt redactó una serie de notas con el objetivo de aclarar algunas diferencias surgidas tras la lectura de un tratado al que califica como «lascivo e inexacto», escrito por un antropólogo llamado W. H. Strudlees. Las notas hacen referencia a diferentes temas entre los que destacan la aclaración del uso de algunos conceptos como el de mito, mirto y evolución, para la que hace alusión a múltiples fuentes bibliográficas, especialmente al *Multimirto Cadencioso*, que supuestamente presenta una teoría de la evolución humana según la cual antes de la existencia del *Homo Sapiens* no existió el *Homo Reptans*, sino el *Homo Rodans*, al cual describe y remite a un dibujo que incluye en el manuscrito. Un segundo propósito de este escrito de von Fuhrängschmidt es dar a conocer algunas recomendaciones a Mr. Frederik Zathergille, quien llevará a cabo una expedición arqueológica en Eritrarquia, para clasificar sus hallazgos. Finalmente hace votos para que se cumpla la profecía de Augurusthus que cita a manera de colofón.

---

[12] Entendemos «intertextos» en el sentido que le da Gérard Genette en *Palimpsestos*: «Por mi parte defino la intertextualidad, de manera restrictiva, como una relación de copresencia entre dos o más textos, es decir, eidéticamente y frecuentemente, como la presencia efectiva de un texto en otro. Su forma más explícita y literal es la práctica tradicional de la cita (con comillas con o sin referencia precisa)» (1989: 10).

2.2.2. La estructura básica de *De Homo Rodans*

De Homo Rodans posee características similares a las de un discurso científico. Varo convierte su texto «en un puro simulacro formal, es decir, introduce "citas" apócrifas, entonces se ofrece al lector la ficción de una ficción dentro de otra ficción» (Moraza 1999: 7), ya que a manera de parodia plantea su tesis fundamental en la que propone una nueva cadena de la evolución del ser humano, y, para probarlo, introduce «citas de autoridad» y escribe en un «latín inventado» –o macarrónico[13]–. A través de Hälikcio von Fuhrängschmidt y con la simulación de las citas da voz a autores, cuya nacionalidad marca con su onomástica, como el cardenal «italiano» Avelino de Portocarriere, el «sabio árabe» Abencifar ebn el Mull y Algecífaro[14], Jean François de la Croupiette, de resonancia francesa, y el profeta Augurusthus. En el discurso hace referencia a las obras *Narraciones Tórbidas* de Quintiliano y especialmente al antiquísimo anónimo persa de un conjunto de poemas del *Multimirto Cadencioso* (particularmente el Libro V) con tal precisión y contundencia que logra, con este juego ficcional, desdibujar las fronteras entre lo ficticio y lo real (ver Tabla 2).

2.2.3. *De Homo Rodans* como imitación del discurso científico: ironía surrealista

Si consideramos el señalamiento de Clifford en el que comenta que «André Breton insistía a menudo en que el surrealismo no era un cuerpo de doctrina o una idea definible sino una actividad» (1995: 149), Remedios Varo la ejercitó con pasión en la realización de este constructo creativo.

Nuevamente, en este escrito «científico», Varo muestra lo que Octavio Paz afirmara acerca del surrealismo:

> [El surrealismo] tampoco considera el mundo a la manera del hombre de ciencia puro, es decir, como un objeto o grupo de objetos desnudos de todo

[13] Antonio Torres Alcalá señala: «para que un latín sea macarrónico, tiene que ajustarse a las siguientes convenciones: tiene que ser un híbrido lingüístico, tiene que basarse en errores morfológicos, léxicos, semánticos y/o sintácticos consistentes, y, primordialmente, debe ser voluntario. Una cuarta cualidad es que el latín macarrónico debe ejercer una función paródica» (citado en Lozano Marco 1984: 584).

[14] Puede referirse a Algecífaro ben el Abed, quien es el personaje-autor en otro de sus escritos *Recetas y consejos…* que estudiamos en las páginas siguientes.

TABLA 2

Relación de la intertextualidad en *De Homo Rodas*

Autor	Obra/Evento	Descripción	Cita textual
Conocido antropólogo W. H. Strudlees	Cofradía de Antropólogos vieneses	Tratado sobre huesos lumbares hallados en el Sur de los Cárpatos. Plantea la existencia del *Homo Reptans* anterior al *Homo Sapiens.*	
Venerable y sabio cardenal Avelino di Portocarriere	Evento: Concilio de Melusia		*«... et de fragmentus oseus lumbaris non verbalem non pemsarem, conditionce humanitas Luciférica est. Et de pensarem ou parlarem lumbarismus pericoloso et cogitandum est...»*
Erudito y sabio Abencifar ebn el Mull	Tratado *«Mirtitrología Necrófüa»*	Disertación del Mirto titulado: *«De los usos ambarinos en los pueblos de Tulzur»*	
Tivio Tercio	Hace referencia al discurso de Algecífaro		

TABLA 2 (Cont.)

Autor	Obra/Evento	Descripción	Cita textual
Quintiliano	*Narraciones Tórbidas*		«*... et procer venerabile et vetustus caminandum naturæ vislumbratum virgo impúdica virgo tórbida et ornata duobus globis durissimos et homo vetustus appetitum venere ardencens luxuria et sudore suæ atque recondidit membra simulacris voluptatem consumatum est*».
Jean François de la Croupiette			
Anónimo Persa	Libro V *Multimirto Cadencioso*	Conjunto de poemas y cantares del año 2300 antes de Cristo	«*... et de materiæ petreus, nefanda et scabrosissima trascendentia producerese, et de tiernam elastiqua materiæ movimiento petrificatore adrivate. Tempora murallis separatum duos et rebotandum majesticamentæ con fungoide luminaria, petreus materiæ et elastiqua substanciæ, ocuparem suos lugarem naturalis ad majorem comprensionibus mutua per milenariæ tempora...*»
Augurusthus			

> valor, desprendidos del espectador. Nunca es posible ver el objeto en sí: siempre está iluminado por el ojo que lo mira, siempre está moldeado por la mano que lo acaricia, lo oprime o lo empuña... Su propósito [el de los métodos surrealistas] es subversivo: abolir esta realidad que una civilización vacilante nos ha impuesto como la sola y única verdadera (1983: 33-34).

Remedios Varo, con *De Homo Rodans*, al escribir como un científico, no sólo planteó su postura ante la modernidad dominada por la racionalidad, sino que mostró su capacidad de contemplación irónica de la sociedad. *De Homo Rodans* revela una observación profunda y crítica de la realidad ante la cual Varo contestó con humor, pues vivía el surrealismo a través de la fórmula «el máximo de precisión para el máximo de desvarío» (Paz 1983: 15). Dichos rasgos son reconocibles también en su producción pictórica en la que con un trabajo detallado lograba proyectar imágenes que «retrataban» la labor de los científicos, como en *Descubrimiento de un geólogo mutante* (Gruen/ Ovalle 1998: 197), *Planta insumisa* (ibíd.: 199) y *Fenómeno de ingravidez* (ibíd.: 230), entre otros.

La ironía en la escritura de Remedios Varo, particularmente en *De Homo Rodans*, posibilita al lector identificar algunas huellas de su agudeza crítica y de la constante lúdica que envolvió su proceso creativo. La ironía en la narrativa moderna, a decir de Lauro Zavala,

> puede ser entendida, cada vez con mayor certeza, como un índice de afirmación del mundo, como un desafío al absurdo de la condición humana y como parte de una escritura que no se conforma con un mero compromiso estético, sino que implica ya un compromiso existencial, por lo que exige un lector igualmente comprometido con su propia búsqueda [...]. Se trata, entonces, de una ironía que exige un lector que reconozca en ella la necesidad de ser aceptada como la manera más satisfactoria de reconocer las contradicciones del mundo y de la literatura (1993: 56).

La estrategia literaria con la que logra el tono irónico en su discurso está patente en las citas, que a manera de juegos de palabras y neologismos, enmascara alusiones sexuales como las que atribuye al autor Quintiliano, homónimo del padre de la retórica, quien en sus *Narraciones Tórbidas* escribió:

> [...] *et procer venerabile et vetustus caminandum naturæ vislumbratum virgo impúdica virgo tórbida et ornata duobus globis durissimos et homo vetustus appetitum*

venere ardencens luxuria et sudore suæ atque recondidit membra simulacris voluptatem consumatum est.

A partir de este latín simulado se podría reconstruir la cita de la siguiente manera: «un anciano venerable que en su camino vislumbra a una mujer impúdica y turbadora, adornada con un par de turgentes globos que provoca que su apetito sensual arda en lujuria...»; sin embargo, el hecho de incluir las citas de autoridad en «latín» intensifica el tono humorístico utilizado por Varo, así como su intención explícita de presentar un escrito a manera de broma.

Finalmente, el texto *De Homo Rodans* rebasa sus propias fronteras, pues una vez terminado el escrito, Remedios Varo redactó en uno de sus cuadernos –conservado en el Archivo Gruen– un *addendum* que indicaba la modalización enunciativa para la lectura de *De Homo Rodans* en voz alta:

> 1ª. Lectura, con voz de tenor, ante 25 auditores numerados de 1 a 25. 2ª. Lectura, con voz de falsete, ante 130 auditores numerados de 26 a 155. 3ª. Lectura, con voz gangosa, ante 260 auditores numerados de 156 a 415. 4ª. Lectura, con voz melosa ante una comisión de la prensa compuesta de 11 miembros numerados de A a K (Kaplan 1998a: 143).

Lo anterior ratifica la intención irónica de la autora. Si «para considerar a un texto humorístico como irónico es suficiente con reconocerle una intención crítica, una verdad, una utilidad cualquiera» (Zavala 1993: 200), con *De Homo Rodans*, Varo logró mostrarnos su visión crítica de la sociedad y mofarse de los excesos discursivos del mundo de los científicos, una constante en su obra escrita, que plasma también en sus cuadros.

3. *El caballero Casildo Martín de Vilboa*

3.1. *Acerca del manuscrito*

Remedios Varo redactó el texto en tres cuartillas manuscritas, bajo el título *El caballero Casildo Martín de Vilboa* y lo ilustró con un dibujo, a manera de un emblema heráldico, que encabeza la carátula. Este escrito acompañaba la obra pictórica *Retrato de Juan Martín* datada en 1960, según se lee en la ficha técnica de la pintura (Gruen/Ovalle 1998: 298). Este conjunto creativo lo

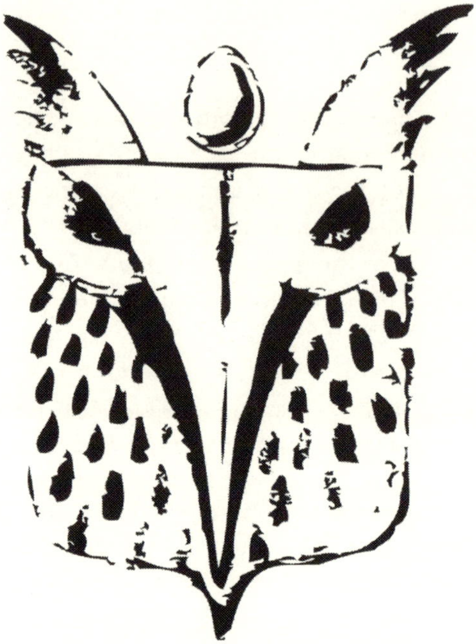

FIGURA 3. Ilustración de la carátula de *El caballero Casildo Martín de Vilboa* (Archivo Gruen)

realizó Varo para regalárselo a Juan Martín, dueño de la galería de arte que comercializó algunas de sus obras. Janet Kaplan, en el estudio sobre la vida y obra de la artista, *Viajes inesperados...*, hace referencia a la relación entre Juan Martín y Remedios Varo:

> Martín había empezado haciendo exposiciones de arte como complemento de una librería francesa que tenía instalada en un local alquilado en la parte de detrás de la tienda de discos de Walter Gruen. Cuando conoció a Varo, vendió algunas obras suyas y, animado por su éxito, abrió una galería aparte. La nueva asociación resultó un éxito muy grande y la Galería Juan Martín pronto ganó mucho prestigio, en buena parte porque representaba a Remedios Varo. En 1962, ésta celebró allí su segunda exposición individual en la que expuso quince obras (1998a: 145).

En el Archivo Gruen se conservan dos versiones en borrador de este relato. El primero, en un cuaderno con espiral, de forma vertical, mide 22 cm de largo × 16 cm de ancho, está escrito con tinta muestra enmiendas y tachaduras que revelan su proceso de elaboración. El segundo, que se encuentra en otro de sus cuadernos, de las mismas medidas que el anterior y escrito también con tinta, presenta la versión depurada del primero; una versión casi en limpio, en la que omite las tachaduras, incluye algunas enmiendas y un dibujo de un ave que ilustraría la carátula (ver Fig. 3).

El trabajo de edición de *El caballero Casildo Martín de Vilboa*, lo presentamos tanto en su versión genética como en la crítica, pues en el Archivo Gruen se conservan dos escritos que muestran etapas diferentes del proceso de creación de este texto. Ante la imposibilidad de acceder al manuscrito final, se ha tomado como texto base el último borrador en limpio conservado en el Archivo Gruen.

3.2. *Hacia una lectura de* El caballero Casildo Martín de Vilboa

El texto de *El caballero Casildo Martín de Vilboa*, enlazado estrechamente al retrato (ver Fig. 4), nos habla de la complementariedad de los lenguajes utilizados por la artista. Si bien la pintura y el texto, como un todo creativo, se cargan de significado, al mismo tiempo, cada uno de manera independiente posee atributos particulares. La apariencia de arcaísmo es la característica evidente en ambas creaciones: en la pintura utiliza el craquelado, técnica que permite dar al óleo un aspecto antiguo y envejecido, al reproducir finas grietas imitando aquéllas que se forman a menudo en la superficie de viejas pinturas ajadas por el paso del tiempo; en cuanto a la versión final del escrito, Varo imitó la apariencia de un manuscrito antiguo y con la caligrafía logró armonizarlo con el retrato al que hacía referencia. *Casildo Martín de Vilboa* es la figura principal del relato y en la pintura es el personaje retratado, como si se tratase de alguno de los ancestros de Juan Martín. Según Kaplan, a Remedios «no le gustaba nada pintar retratos», los cuales «nada tenían del modelo tradicional»[15], y «después de 1957 rechazaba todas las peticiones de retratos» (1998a: 135). Lo anterior nos lleva a afirmar que a Remedios Varo le intere-

[15] Kaplan (1998a) incluye tres retratos fechados todos ellos en 1957: el de los niños Andrea y Lorenzo Villaseñor, el de las hijas de la familia Arnouz y el del Dr. Ignacio Chávez. Gruen y Ovalle datan el retrato de los niños Andrea y Lorenzo Villaseñor en 1956 (1998: 136-139).

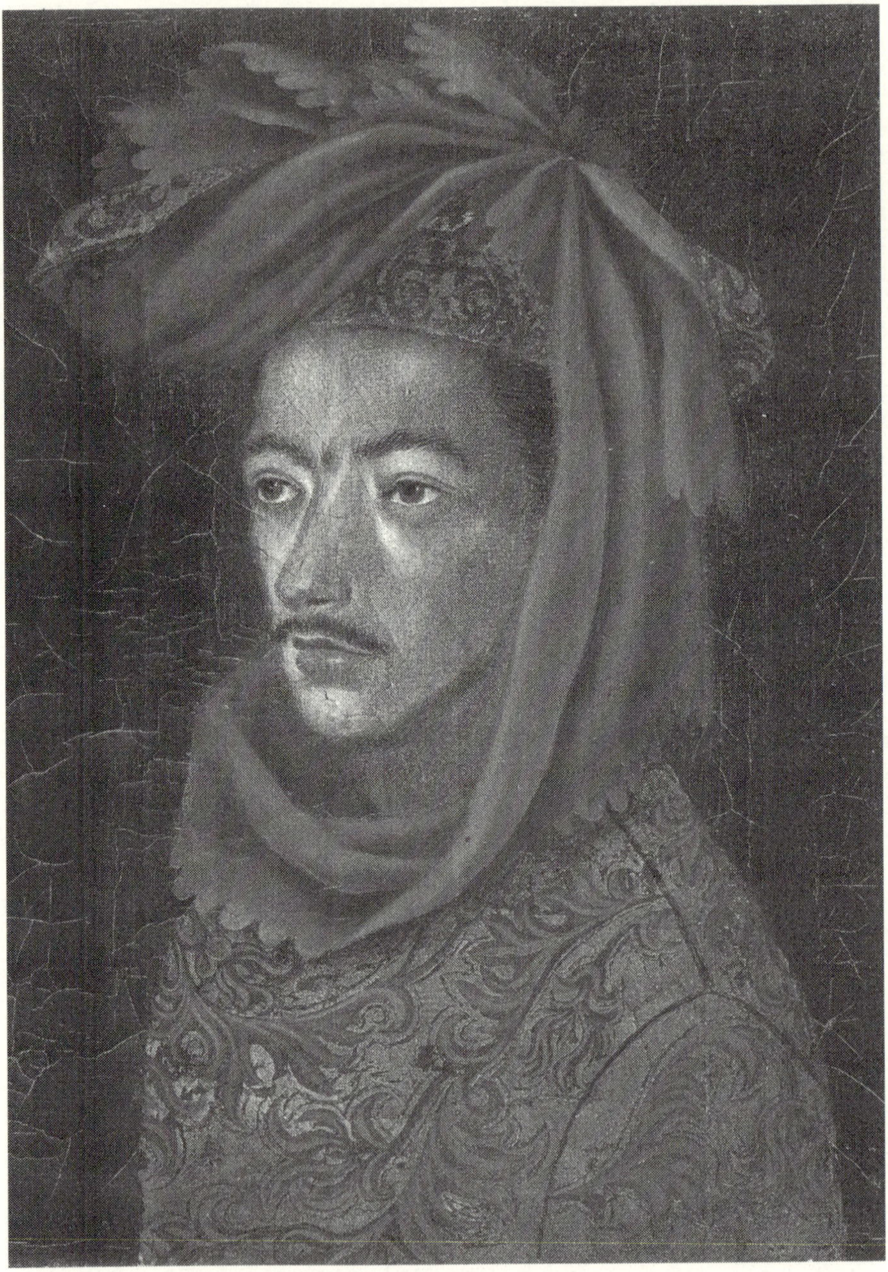

FIGURA 4. *Retrato de Juan Martín* (Gruen/Ovalle 1998: 191)

saba, más que el retrato o el texto en sí mismos, el juego ficcional que implicaba su elaboración, combinando, una vez más, la escritura y la pintura. Aunado a lo anterior, la vinculación de la autora con el surrealismo, identificado por su necesidad de jugar con las convenciones sociales y estéticas (Zavala 1993: 116), nos permite comprender estos rasgos manifiestos en la mayoría de su producción escrita.

3.2.1. Resumen del argumento

Se trata de una reseña de la razón que llevó a Amarraco IX a armar caballero a Casildo Martín de Vilboa en el año de 1462. Casildo era un ornitólogo que realizaba expediciones para capturar aves. En uno de sus viajes se ocultaron tres ladrones en su barco donde enfermaron de fiebres muy altas. En dicho viaje llegaron a unas islas donde encontraron los búhos parlantes que le interesaban al estudioso. Él y su secretaria Dulcifrís capturaron una pareja de éstos y un centenar de huevos.

Como los polizones yacían inmóviles a causa de su enfermedad, colocaron los huevos entre ellos para que los empollaran. Éstos, al sentirse al borde de la muerte, rezaron durante todo el viaje de regreso, lo que provocó que las aves adultas y los polluelos que nacieron en el trayecto se aprendieran las oraciones.

Dado que en el reino de Vilboa se había perdido la tradición de rezar, la «Espiral Sonora de la Oración» no llegó al cielo regularmente, causando por ello tempestades. Al arribar a tierra el ornitólogo con sus búhos orantes, la «Espiral» se regularizó, pues éstos no paraban de orar y los habitantes del reino, avergonzados, recuperaron sus antiguos hábitos espirituales, motivo por el cual se nombró caballero al científico. Finalmente, el escrito hace referencia a la autoría del retrato.

3.2.2. La estrategia literaria

La autora, en su estrategia literaria para crear el efecto de antigüedad que deseaba proyectar, utilizó diversas técnicas visibles tanto en la temática como en la selección léxica, la disposición sintáctica y en la onomástica de los personajes. Es posible observar un cierto paralelismo entre el estilo de *El caballero Casildo Martín de Vilboa* y aquél utilizado por Fernán Pérez de Guzmán en su tratado *Generaciones y semblanzas*, de 1450. En el estudio introductorio de esta obra se menciona que estos escritos «no son exactamente historia ni biografía; son retratos, o más bien, bocetos de personas a quienes el autor conoció y observó, y a muchas de las cuales amó y odió cordialmente» (Domínguez Bordona 1924: 21). El autor presenta, con la «graçia de la brevedad» (Pérez de Guzman 1924: 108), las semblanzas de «algunos grandes señores, perlados y caualleros» (ibíd.: 8), en los que incluye datos relacionados con el oficio y linaje, hace referencia a la descripción física[16] y enumera algunos de los vicios y virtudes[17], así como las hazañas más importantes hasta terminar con información relacionada con su muerte[18]; todo esto con la intención de escribir «como en manera de registro o memorial» (ibíd.).

Dada la similitud entre las semblanzas de Pérez de Guzmán y *El caballero Casildo Martín de Vilboa*, se podría emitir la hipótesis de que Varo redactó su escrito como si se tratara de uno de los bocetos de este antiguo tratado, ocupándose solamente de las hazañas del caballero, ya que la pintura se encargaba de su descripción física. De ahí también la noción de constructo creativo.

Otra de las técnicas literarias utilizadas por Remedios Varo está relacionada con los nombres de los personajes. Al protagonista, lo llama Casildo Mar-

[16] Véase, por ejemplo, la semblanza de don Alvar Perez de Osorio en la que se lee: «Fue este Alvar Perez Osorio alto de cuerpo, feo e mal guarnido, de poca administraçion e hordenança en su fazienda; de una dolencia que ouo de perlesia quedo tullido del medio cuerpo, ainsi que no podia andar sino sofriendose sobre otro...» (Pérez de Guzmán 1924; 80).

[17] Véase, por ejemplo, la semblanza de don Enrique de Villena quien: «naturalmente fue inclinado a las ciencias e artes mas que a la caualleria e aun a los negoçios çeuiles nin curiales [...] Tan sotil e alto engenio auia, que ligeramente aprendia cualquier ciencia e arte a que se daua [...] e porque entre las otras ciencias e artes se dio mucho a la estrologia, algunos, burlando, dizian del, que sabia mucho en el çielo e poco en la tierra. E ansi este amor de las escrituras non se deteniendo en las çiençias notables e catolicas, dexose correr a algunas viles e rahezes artes de adeuinar e interpretar sueños e estornudos e otras cosas tales que nin a principe real e menos a catolico christiano convenian» (ibíd.: 102).

[18] Véase, por ejemplo, la semblanza de don Ruy Lopez Davalos quien: «Fizo en la guerra de Portugal notables actos de caualleria, pero después, por mezcla de algunos que mal lo querian, e porque comunmente los reyes, desque son ombres, desaman a los que cuando niños los apoderaron, fue asi apartado del rey e puesto en grande indignaçion suya, que fue çerca de perder el estado e la persona. Pero, o por el ser inocente e sin culpa, o porque el rey ouo voluntad de le guardar, considerando a los serviçios suyos e por non desfazer lo que en el auia fecho [...] basta que el fue apartado de la priuança e poder que tenia, quedando en su estado e onra [...] e ansi ya el viejo, en hedad de setenta años, muy apasionado de gota e otras dolencias, muy afligido por la falsa infamia e por el destierro e perdimiento de bienes, murio en Valencia del Çid» (ibíd.: 33).

tín de Vilboa y utiliza para el apelativo un juego de palabras vinculado también con el origen vasco de Juan Martín. Dicho topónimo alude a Bilbao, y el juego de su ortografía resulta en una palabra compuesta por «vil» y «boa», lo que apunta a la «multivocidad simbólica de la serpiente [que podría relacionarse con] las tentaciones de quienes han vencido la constricción de la materia y han penetrado ya en los dominios de la sequedad espiritual» (Cirlot 1997: 406), que coincide con la idea de haber perdido la costumbre de rezar.

Por lo que respecta a Dulcifrís de Iruña, cuyo nombre Dulcifrís presenta una aliteración por evocación, en el que las primeras dos sílabas Dulci- como Dulcinea, y la sílaba -frís que evoca a Amadís, onomástica claramente relacionada con las novelas de caballería. Asimismo, Iruña es el nombre vasco para Pamplona. En el caso del nombre de la autora de la obra pictórica «la beata Rodriga de Varo y Antequera» (p. 200), éste puede relacionarse con el de uno de los antepasados de Varo, ya que entre sus papeles conservaba «una copia mecanografiada [...] de la historia detallada de don Rodrigo de Varo y Antequera y la fundación del convento de carmelitas descalzas de San José y San Roque, de Aguilar de la Frontera» (Kaplan 1998a: 255); con este nombre Varo se construye un pseudónimo y entra de lleno en el juego de ficción. El nombre que utiliza para el rey, por demás grotesco, es el de Amarraco, el cual, por antonomasia, hace alusión al adjetivo «amarrado», que señala a alguien que es tacaño o avaro, pues cabe recordar que sólo recompensa a Casildo con el nombramiento de caballero, sin ninguna retribución adicional; igualmente por su terminación «-aco», podría relacionarse con «pajarraco» o con «bellaco» –cuya fonética se asocia con aspectos negativos– así como con el adjetivo que utiliza para los polizones. Así pues, Varo introduce con la onomástica un elemento irónico y lúdico que no sólo denota la estrecha relación con el destinatario del escrito sino también el hecho de que comparte con Juan Martín ciertos referentes simbólicos.

En cuanto a la selección del vocabulario se observa el uso de arcaísmos, tales como *bellaco*, *asaz*, *goleta*, *malandrines* (p. 199), o en algunas formas de expresión, específicamente en las formas verbales con pronombres enclíticos: «Hízose a la mar», «que guarecídose habían» (p. 199), «hallábase entonces» (p. 200).

3.2.3. La configuración de los personajes

El personaje protagonista de este texto es Casildo Martín de Vilboa, el que antes de ser nombrado caballero era «un simple y modesto varón de ciencia», un «audaz ornitólogo» (p. 199), cuya labor científica, con inesperados efectos sociales, lo llevó a hacerse acreedor de tan alta investidura. Nuevamente, con este personaje, el tema relacionado con lo científico se hace presente aunado a lo fantástico.

Por lo que respecta a Dulcifrís de Iruña, cuyo oficio y carácter intrépido resultan un tanto anacrónicos en el contexto «medieval» del texto, ésta contrasta con la beata Rodriga de Varo y Antequera, autora del retrato, quien vivía en un convento. Los personajes que denotan el poder en el texto son Amarraco IX, quien otorga el nombramiento de caballero a Casildo, y el obispo y la abadesa del convento. De los tres ladrones que viajaron como polizones, si bien fueron ellos los que empollaron los huevos de los búhos y los convirtieron, indirectamente, en búhos orantes, nada se sabe de su destino final (véase Tabla 3).

Es posible observar que la creación de los personajes presenta, por una parte, a aquéllos relacionados con la historia que protagoniza el caballero Casildo y, por la otra, los relacionados con la autora del cuadro. Simultáneamente, este juego creativo a manera de mascarada, oculta tanto a la persona retratada como a la autora de la pintura y del escrito, pues ni el personaje retratado corresponde a Juan Martín, ni la autora del retrato es Rodriga de Varo y Antequera.

Finalmente, a través de la reflexión sobre los constructos creativos, se aprecia la fuerza polisémica que poseen y la forma en que la silenciosa reciprocidad de los lenguajes utilizados los potencia logrando que de éstos se desprendan diversas lecturas posibles. Resulta evidente que Varo buscaba hacer reír a sus lectores, pero no sólo eso, utilizaba la ironía como un subterfugio para entablar un diálogo con su lector al que le exigía una profunda mirada. De tal suerte que, para aventurarse a la interpretación de los constructos creativos de Varo, no se trata solamente –parafraseando a Gadamer– de recoger la información transmitida y correr impacientes a la búsqueda del sentido final[19], sino de que, una vez rebasado ese primer nivel de comprensión, los constructos creativos inciten entonces a averiguar, a revelar los posibles significados ocultos, a avanzar hacia un nivel más íntimo, pues su categoría sugie-

[19] «En ellos [los textos literarios] no se trata simplemente de recoger la información transmitida por el texto. No corremos impacientes, directamente a la búsqueda del sentido final para captar con él la totalidad de la comunicación» (Gadamer 1992: 344).

TABLA 3
Relación de personajes de *El caballero Casildo Martín de Vilboa*

Personajes	**Cualidades**
Casildo Martín de Vilboa	Ornitólogo que fue armado caballero. Realizó una expedición científica que se convirtió en una cruzada
Majestad Amarraco IX	Armó caballero a Casildo Martín de Vilboa como recompensa por su labor de evangelización y reordenación social de Vilboa.
Dulcifrís de Iruña	Secretaria de Casildo, intrépida doncella.
Tres bellacos	Ladrones que se habían escondido en el barco de Casildo.
Búhos parlantes	Búhos parlantes de color verde.
Búhos orantes	Búhos adultos capturados por Casildo y Dulcifrís y los polluelos, cuyos huevos habían sido empollados por los bellacos, que habían nacido en la embarcación y aprendieron a recitar las oraciones.
Vilbohitas	Habitantes de Vilboa.
Beata Rodriga de Varo y Antequera	Autora del retrato del Caballero Casildo.
Obispo	Obispo del Convento donde vivía retirada la pintora del retrato del caballero Casildo.
Abadesa	Abadesa del Convento donde vivía retirada la pintora del retrato del caballero Casildo.

re que encontrar ese sentido final implica una interpretación más honda, ya que transmiten un mensaje que va más allá de sus lenguajes por los pensamientos que provocan. Sin embargo, hay que considerar que «lo que es, nunca se puede comprender del todo» (Gadamer 1992: 323), de ahí la riqueza de la experiencia con el arte.

CAPÍTULO 3

ESTUDIO DE LOS TEXTOS AUTÓGRAFOS QUE NO HIZO PÚBLICOS REMEDIOS VARO

> With Surrealism all poetic and pictorial manifestations are situated on the level of life and life on the level of dreams.
>
> HUGNET (1947: 52)

Es sabido que los temas relacionados con lo onírico fueron para los primeros surrealistas motivo de innumerables reflexiones y prácticas[1]. Tal era su interés que, en la historia de este movimiento, a los años de 1922-1923 se les conoce como «Período de Sueños» (Spector 1997: 98).

> Breton animó a sus colegas más cercanos (Desnos, Crevel y Péret) a que generaran imágenes de gran poder visual en la fase de duermevela, y volver a hacerlo en presencia de todo el grupo, así como relatar los sueños que hubieran tenido [...] sus relatos de sueños convencieron al resto de los surrealistas de que acababan de descubrir una nueva e ilimitada fuente para la imaginación; la audiencia de estos textos consideraba los soliloquios que pronunciaban otros artistas masculinos como documentos auténticos donde no se había producido una mediación del intelecto, de una naturaleza real y al tiempo, mágica (Spector 1997: 38).

En el *Primer Manifiesto del Surrealismo*, André Breton se cuestionaba: «¿Por qué no otorgaré al sueño lo que rehúso a veces a la realidad, es decir, ese valor de certidumbre en sí misma, que su oportunidad, no esté expuesto a mi repudio?» (2001: 29). Al paso del tiempo, aun cuando el interés por la narración onírica estuvo siempre presente[2], el grupo se ocupó también de otros asuntos e incursionó en otras actividades creativas tales como el *collage*, el

---

[1] Véase, por ejemplo, el capítulo «La política del sueño y el sueño de la política» en Spector (1997: 85-133).

[2] Chadwick considera que «Surrealism legitimized an art in which personal reality dominates, one in which the images of the dream and the unconscious are at least as valid, if not more so, as those derived from *reality*» (1985: 236).

cine, los objetos simbólicos, los juegos colectivos que subrayaban el azar, la casualidad y lo irracional como los cadáveres exquisitos y los «experimentos» de ocultismo y parapsicología (Spector 1997: 98).

Cuando, hacia 1937, Remedios Varo se acercó al movimiento surrealista en París, el interés por la publicación de los relatos oníricos ya había sido superado, aunque todavía persistía la tendencia a considerar los sueños como una fuente de imágenes y una «manifestación inmediata del inconsciente» (Jung 1957: 55). El sueño era un estado del ser humano del que había que rescatar las imágenes provocadas por las libres manifestaciones del pensamiento.

> Los sueños pueden ser verdades inexorables, sentencias filosóficas, ilusiones, fantasías descabelladas, recuerdos, proyectos, anticipaciones, y hasta visiones telepáticas, experiencias irracionales y quién sabe cuántas cosas más. No debemos olvidar que casi la mitad de nuestra vida transcurre en un estado más o menos inconsciente. La manifestación consciente específica del inconsciente son los sueños (Jung 1957: 64).

Durante esa época parisina Remedios Varo asistió a las reuniones de los integrantes del movimiento e incursionó en diversas técnicas plásticas –entre otras, la decalcomanía, el aguafuerte, el *collage*, el *fumage*, los cadáveres exquisitos–, lo que le permitió exponer algunas de sus pinturas en exposiciones e incluir algunas de ellas en publicaciones dirigidas por los surrealistas, como, por ejemplo, *Minotaure*, *Dictionnaire abrégé de Surréalisme*, *La Brèche* y *Surréalisme même* (Kaplan 1998a: 63).

Después llegaron los tiempos de guerra que provocaron un gran paréntesis en su producción artística, a tal grado que una de sus biógrafas comentó: «La vida de Varo se puede construir como el relato de una victimación a manos de los sucesos mundiales sobre los cuales no tenía control» (Kaplan 1998b: 34). Quizá como una reminiscencia de esos años parisinos, Remedios Varo continuó, en México, escribiendo en sus cuadernos los relatos de sus sueños[3]. Estos escritos de vigilia, procedentes del mundo de lo soñado, le permitían «transportar los hechos hasta la conciencia» (Jung 1957: 63) y salvarlos del olvido mediante su fijación en un texto[4]. Algunos de éstos los utili-

---

[3] «Biografías nocturnas» a decir de Duch (2002: 27, n. 3).

[4] «No se escribe ciertamente por necesidades literarias, sino por necesidad que la vida tiene de expresarse» (Zambrano 2004: 25).

zó como un complemento para un constructo mayor insertándolos en narraciones más elaboradas, de las que nos ocuparemos en las páginas siguientes.

Los manuscritos autógrafos que Remedios Varo no hizo públicos incluyen aquellos escritos que la artista conservó en sus cuadernos. Éstos presentan una caligrafía legible y, en su mayoría, sin enmiendas o tachaduras. Sólo tres escritos de los catorce que se incluyen en esta sección estaban titulados; en el resto hemos introducido un título que hemos extraído del propio texto y que consideramos refleja su contenido. La mayoría de los relatos fueron escritos en español, excepto el titulado [Días de meditación] que contiene algunos párrafos en francés. La datación de estos textos es muy difícil de precisar. Se puede afirmar que fueron escritos entre 1941 y 1963, período de

TABLA 4
Relación de textos autógrafos que no hizo públicos Remedios Varo

Título	**Siglas**
Domingo	DOM
Lunes	LUN
[Los cuadros de Paalen]	LCP
[Paseíto por Londres]	PPL
[Plastilina]	P
[No quiero que despiertes]	NQD
[Verdad absoluta]	VA
[Enterrada en miel]	EM
Recetas y consejos para ahuyentar los sueños inoportunos, el insomnio y los desiertos de arenas movedizas bajo la cama	RYC
[Días de meditación]	DDM
[Trigo, aceitunas y naranjas. Presérvate del frío con lana de oveja]	TAYN
[Carta 1]	C1
[Carta 2]	C2
[Relación de personajes]	RP

tiempo que abarca los años que Varo vivió en la ciudad de México. Sin embargo, en algunos de ellos existen algunas marcas que al relacionarlas con su obra pictórica o con su biografía permiten vislumbrar una posible fecha de redacción. Los textos autógrafos que no hizo públicos se desglosan en la tabla siguiente (ver Tabla 4); los textos editados se incluyen en la segunda parte de este estudio.

1. Relatos de sueños

1.1. *Acerca de los manuscritos*

Estos textos están escritos en cuadernos de hojas blancas. Sus medidas son 17 × 22 cm y tienen forma vertical. Para la escritura se utilizó lápiz de grafito. Todos los folios están sin numerar y escritos sólo en recto. De los ocho relatos que conforman este apartado, sólo dos de ellos cuentan con un título de origen: *Domingo* y *Lunes*; sin embargo, más que un título, parece más bien un encabezado que haría referencia al día de la escritura del relato del sueño que correspondería a la noche anterior. Es decir, el relato *Domingo* contiene el sueño de la noche entre el sábado y el domingo como si la idea fuera registrar los sueños de cada noche. Ninguno de ellos está datado.

De forma paralela a la intención primera de la creación de los relatos o al uso que Remedios Varo haya hecho de éstos, nos encontramos ahora con textos que podrían insertarse, dada su brevedad, en la corriente de análisis de lo que se ha llamado «minificción», o sea, «la ficción que cabe en el espacio de una o dos páginas impresas» (Zavala 2000: 13)[5]. De manera que los relatos de sueños por su extensión pueden ser considerados también como «minificciones» que se estructuran bajo ciertas estrategias narrativas de las que nos ocuparemos en este estudio.

[5] «En las últimas décadas se ha desarrollado un valioso trabajo de difusión y valoración crítica de una modalidad cuentística de extrema concisión narrativa, y que a falta de mejor nombre, se ha diferenciado con una serie de adjetivos que aluden a su brevedad» (Sánchez-Epple 1999: 107).

1.2. *Hacia una lectura de los relatos de sueños*

En los relatos oníricos de Varo la voz que narra es la de un «yo femenino» que rememora en primera persona. Por lo tanto, es posible identificar una narradora-personaje, la cual, dada la naturaleza íntima de estos relatos apuntaría directamente hacia la misma voz de Remedios Varo. Por otro lado, ya se ha visto anteriormente cómo Varo se ficcionalizaba a sí misma como la autora del retrato del caballero Casildo Martín de Vilboa, lo cual nos conduce a pensar que utiliza diferentes máscaras narrativas para intervenir en la ficción de sus relatos. Si antes lo hacía mediante una onomástica simbólica acorde con el relato, en esta ocasión lo hace mediante alusiones concretas a su realidad cotidiana. Esta idea nos lleva a reflexionar acerca de la noción de lo real y lo soñado en la configuración de los personajes y los espacios.

> Los sueños son la primera forma del despertar de la conciencia y el primer paso en el camino de la representación. Con elementos sin duda traídos de la realidad, se urden las historias. La psique novelera, novela a ciegas discerniendo con intención, más ambiguamente, confusamente por hambre y prisa de engendrar historias que *demuestren* lo que le pasa y aun por qué (Zambrano 2006: 132).

A la luz de esta aseveración consideramos que tanto en la temática como en la configuración de los espacios y los personajes, los relatos de sueños funden diversas manifestaciones de la realidad: la realidad onírica que es la que produce el sueño en sí mismo; la realidad de la vigilia, que en algunos de los textos está señalada a través de comentarios entre paréntesis; y otra más que podríamos denominar la realidad imaginal, que produce el relato en sí mismo. A manera de ejemplo analizaremos este fragmento de *Lunes*: «Me asomo a la ventana y veo con disgusto que el cartero cruza muy deprisa la calle y lleva puesta mi camisa de lana fina *beige* (es una camisa inglesa que me regaló Eva). Lleva la camisa sujeta en la cintura con un cinturón michoacano de lana azul (éste no existe en la realidad), también mío» (p. 204).

Como puede observarse en la tabla siguiente (ver Tabla 5), la realidad imaginal representa la situación que se narra; mientras que la realidad de la vigilia alude a información desde la conciencia: la camisa existe y fue un regalo de Eva [Sulzer], aunque el cinturón no existe en la realidad. Sin embargo, en la realidad onírica, en la que todo puede suceder, el cinturón le pertenece.

TABLA 5
Realidad en el relato onírico

Realidad imaginal	Realidad de la vigilia	Realidad onírica
Alguien se asomó a la ventana. Desde ahí ve a un cartero que cruza muy de prisa la calle y usa una camisa de lana fina beige sujeta con un cinturón michoacano de lana azul, que pertenecen a quien lo está mirando	(es una camisa inglesa que me regaló Eva) un cinturón michoacano de lana azul (éste no existe en la realidad).	un cinturón michoacano de lana azul (éste no existe en la realidad), *también mío.*

Asimismo, la mayoría de los personajes provienen de la cotidianidad de Varo, de la realidad de la vigilia, pero, nuevamente, se mueven entre ésta y la realidad onírica, pues si bien algunos de los rasgos que los configuran responden a sus características «reales» y sus nombres se pueden relacionar con los amigos más cercanos de Varo, las situaciones en que éstos se encuentran forman parte de la fantasía y la invención.

En lo referente a los espacios, aun cuando la acción se circunscribe en un lugar determinado, éste va acompañado de algunas aclaraciones entre paréntesis –en relación con la realidad de la vigilia–, que denotan la ambigüedad inherente a los relatos oníricos. En éstos, las imágenes que se suceden están en un tiempo y en un espacio diferente, de manera que los lugares son y no son al mismo tiempo. Por ejemplo, en el relato de sueño *Domingo*, el narrador es un personaje femenino, la acción se desarrolla en la casa de los Bal y Gay en donde se reúnen un grupo de amigos, convocados por Jesús, para ayudarle a aclarar el origen de una tarjeta postal anónima que tiene frases injuriosas para él. Los personajes que aparecen en este relato son: Jesús, que en la realidad de la vigilia se puede relacionar con Jesús Bal y Gay, reconocido músico español exiliado en México; Walter, con Walter Gruen, esposo de Varo; Gerardo que puede aludir a Gerardo Lizárraga, ex-esposo de Varo, también radicado en la ciudad de México; Mario Stern, profesor y compositor de música, discípulo de Rosita Ascot y Jesús Bal, y amigo cercano de Walter Gruen; y, finalmente, Rosita, que podría aludir a Rosa García Ascot, reconocida musicóloga, esposa de Jesús Bal y Gay. Aunque el espacio está circunscrito específicamente a la «casa de los Bal y Gay», es distinto y se señala que «es una casa muy diferente a la que habitan en la realidad» (p. 203). Así pues la nota aclaratoria introduce, paradójicamente, la ambigüedad propia del relato onírico, la cual se puede observar también en el relato titulado [Los cuadros de Paalen], en el que intervienen la narradora-personaje, Eva y Paalen, ambos amigos cercanos de Varo: Eva se relaciona con Eva Sulzer, la fotógrafa suiza que llegó a México en compañía del pintor Wolfgang Paalen y la esposa de éste Alice Rahon (Kaplan 1998a: 171). En este tipo de relatos la descripción de los espacios desempeña un papel primordial en cuanto a la percepción de la realidad de la vigilia, pues se alude a éstos como espacios verdaderos. No obstante, la realidad onírica introduce elementos que distorsionan la primera, tal como se observa en el fragmento siguiente:

> Estábamos Eva y yo en mi casa, en la sala. Era esta casa, pero sin embargo diferente a como es; por la ventana se veía la avenida, que era muchísimo más ancha, los edificios de enfrente estaban algo lejos. Mirábamos por la ventana y de repente Eva me dijo: «¡Ah! Paalen acaba de entrar en ese hotel de ahí enfrente (en realidad no hay ningún hotel). Ahora me siento más tranquila porque no sabía con seguridad si iba a llegar ahora o no» (p. 205).

El relato inicia con una afirmación: «Estábamos Eva y yo en mi casa, en la sala». Si bien se ratifica la existencia del espacio –«Era esta casa»–, la doble locución adversativa rompe con lo esperado y agrega «pero sin embargo diferente a como es», lo que permite que impere la realidad onírica: era mi casa, aunque no esta casa. Como se puede advertir en este fragmento los ejemplos se repiten: la avenida es más ancha que la real, el hotel al que hacen referencia no existe en realidad, pero sin embargo en la realidad onírica Paalen había entrado en él, etc.

[Paseíto por Londres] es otro relato en el que también interviene Eva [Sulzer]. En esta ocasión, el texto inicia con una referencia a un viaje –«Eva y yo [Varo] debíamos hacer un viaje muy largo (quizás alrededor del mundo)» (p. 207)–, que ambas realizarían en un barco del que solamente se dice que «era muy pequeño y ancho y sólo vi pasillos interiores pero ninguna cubierta, ni aire, ni mar, ni nada» (ibíd.). Tras esta ambigua descripción,

Varo relata algunos acontecimientos que tuvieron lugar en el viaje con los cuales logra introducir sesgos humorísticos y, simultáneamente, juega con el tiempo en el relato.

> Me puse a escribir dos cartas muy importantes y las dejé (antes de meterlas en sus sobres) en una mesa y cuando volví a recogerlas, vi con disgusto que los señores amigos de Eva habían remojado una de las cartas en la salsa de aceite y vinagre de una ensalada que estaban comiendo, y la otra carta estaba remojándose en el jugo de unos trozos de carne guisada en otro plato. Me enojé muchísimo y me peleé con ellos pero no tuve tiempo de aclarar las cosas porque en ese momento llegamos a Londres (p. 207).

Finalmente, el desembarco en Londres es el marco para introducir el tema con el que cierra este relato: Varo, por circunstancias fortuitas, es testigo de una conversación sostenida entre tres mujeres de aspecto mexicano, que comentaban no haber recibido ninguna carta de Monterrey (ibíd.). Dichas mujeres, agrega, «se miraban fijamente con expresión de comunicarse cosas de gran significado oculto» (ibíd.); esta situación llevó a Varo a pensar que se trataba de contrabando de marihuana. Cabe hacer notar que este tópico del final del relato y las circunstancias en que se plantea muestran cierto paralelismo con el de [Días de meditación], que alude también a artículos de contrabando, en este caso, piezas de corsetería.

[Plastilina] es otro relato de sueño en el que también intervienen personajes vinculados a la realidad de la vigilia de Varo: se trata de Javier y Amaya, así como de los padres de éstos, los cuales se relacionan con la familia de Gerardo Lizárraga, quien había sido el primer esposo de Varo y con quienes ella mantenía una estrecha relación. El tema de este relato se centra en la preocupación de Varo por la alimentación de esta familia, la cual cree haber alcanzado un desarrollo espiritual que le permite alimentarse solamente de figuras realizadas con plastilina.

> Vi que todos ellos estaban trabajando con pedazos de plastilina dándole formas huecas, algo así como tacitas y cacerolitas que después podían comerse resultando altamente nutritivas. Pensé que gracias a una poderosa influencia psíquica sobre la plastilina podían transformar su composición y convertirla en algo digestible, pero vi que no era eso, sino que la plastilina no cambiaba en nada pero ellos podían dominar sus cuerpos gracias a su gran desarrollo espiritual y así digerir la plastilina con mucho provecho alimenticio. Era únicamente necesario que la

plastilina no estuviese en bolas compactas sino trabajadas en formas huecas de paredes delgadas para contener la mayor cantidad posible de aire (p. 208).

Nuevamente, como se mencionó en las notas escritas al reverso de las fotografías de los cuadros, el tópico relativo al desarrollo espiritual y a la transformación de la materia es recurrente en algunas pinturas y en otros de sus escritos.

En el relato [Enterrada en miel], predomina la superposición de ideas, como sucede en los sueños. Esta vez, Varo hace referencia a elementos sin relación aparente: plumas, productos para impedir la calvicie, tres hombres velados, un pozo, los cuales son presentados en forma deshilvanada. Sin embargo, en medio de esta caótica enumeración, de la cual ella misma señala: «Bueno... ¡nada es claro!» (p. 211), empieza a vislumbrarse una historia: tres hombres perseguidos, por algo que ellos saben, intentan ocultarse y accidentalmente caen en una alcantarilla de la que logran salir «negramente humorísticos» (ibíd.). Seguidamente, Varo hace un viraje abrupto en la temática e introduce una nueva situación con la que apunta hacia el final de este relato.

> Una vida inocente, nada de temor, ni de dolor, ni de culpabilidad, el metro cuadrado alrededor es completamente seguro, pero... tantas abejas han entrado y se han puesto a fabricar miel, que ya hay casi un metro y me llega a más de medio cuerpo. No sé qué hacer, si siguen quedaré enterrada en miel... adorable manera de morir (ibíd.).

La narración anterior se ocupa de la situación emocional del personaje-narrador femenino y, con la metáfora de las abejas, alude a la inmovilidad que da el temor y la duda. De manera similar se ocupa del personaje central de [No quiero que despiertes], relato en el que presenta un sueño dentro de otro sueño, «Soñaba que estaba dormida acostada en mi recámara y que un ruido fuerte me despertaba» (p. 209). Varo relata la extraña visita que, en medio de ruidos cuyo origen no podía ubicar, le producía gran temor: «yo había en cierto modo querido oír esa amenaza afuera y arriba, pero que en realidad estaba siempre junto a mí o en mí» (ibíd.). Finalmente personifica la presencia y señala: «"Él" me dio un último apretón más fuerte y al sentir que caía en un sueño profundo me desperté realmente angustiadísima y bañada en sudor» (ibíd.). Este relato presenta cierto paralelismo con el constructo [Visita inesperada] de 1958.

Asimismo, se observa una estrecha interrelación entre el relato [Verdad absoluta] y el cuadro *Tejido espacio-tiempo* (Gruen/Ovalle 1998: 109), fechado en 1954, en el cual tanto el título como el motivo de la pintura reflejan un fragmento de la narración. Esta situación permite, además, establecer una fecha hipotética al texto.

> Entonces yo procedí rápidamente y tejí a mi alrededor (a la manera como van tejidos los cestos y canastas) una especie de jaula de la forma de un huevo enorme (cuatro o cinco veces mayor que yo). El material con que lo tejí era como [de] cintas que se materializaban en mis manos y que sin ver de dónde venían yo sabía que eran su substancia y la mía. Cuando acabé de tejer esa especie de huevo me sentí tranquila pero seguía llorando; entonces le dije al verdugo que ya podía matarme porque el hombre que yo quería estaba tejido conmigo para toda la eternidad (p. 210).

Finalmente, en una visión de conjunto de su obra pictórica y escrita, es posible identificar elementos recurrentes, tales como los pisos de losas blancas y negras descritos en [Los cuadros de Paalen] y que se encuentran en las estancias que reproduce en las pinturas *Ciencia inútil o El alquimista* (Gruen/Ovalle 1998: 113), de 1955, y *Cazadora de astros* (ibíd.: 137), de 1956; o los fantásticos barcos de *Trasmundo* (ibíd.: 121), de 1955, y *Hallazgo* (ibíd.: 125), de 1956, similares a los mencionados en [Paseíto por Londres], por apuntar sólo algunos.

2. Otros relatos

Entre los cuadernos de Varo se conservan tres relatos. El primero, *Recetas y consejos para ahuyentar los sueños inoportunos, el insomnio y los desiertos de arenas movedizas bajo la cama*, apunta, por su formato, hacia un constructo creativo similar a los analizados en el segundo capítulo; por su temática se relaciona con el interés por lo onírico, que en esta ocasión la autora presenta en forma humorística e irónica, pues a través de recetas o consejos pretende inducir la temática de los sueños. El segundo relato, [Días de meditación], se ocupa de la narración de un viaje en el que sus protagonistas pretendían dedicarse al descanso y a la meditación pero encuentran incomodidades y eventos que les inquietan. Finalmente, en [Trigo, aceitunas y naranjas. Presérvate del frío con lana de oveja], se hace referencia a la experiencia visionaria de doña Milagra. En este apartado analizaremos las estrategias narrativas de Varo para la construcción de estos textos; la edición de los mismos se incluye en la segunda parte de este estudio.

2.1. Recetas y consejos para ahuyentar los sueños inoportunos, el insomnio y los desiertos de arenas movedizas bajo la cama (¿1959?)

2.1.1. Acerca del manuscrito

Este texto está escrito en un cuaderno de hojas blancas, sujetas con un arillo metálico. Sus medidas son 17 × 22 cm y tiene forma vertical. Para la escritura se utilizó lápiz de grafito. Todos los folios están sin numerar y escritos sólo en recto. Se observa que, dada su distribución, el texto se integra por dos partes: el recetario en sí mismo que comienza en la portada y concluye en la mitad del folio 11 y la nota de la biblioteca, a partir del folio 12.

2.1.2. Hacia una lectura de *Recetas y consejos...*

Resumen del argumento

Recetas y consejos... es un recetario que incluye consejos para inducir el tema de los sueños. El primero, «Para provocar sueños eróticos», requiere que el «soñador» realice una serie de acciones, entre las cuales la preparación de un brebaje y del lecho en el que se dormirá. Este consejo señala, escrupulosamente, el orden que deberá seguirse al momento de ingerir el caldo: el «soñador» tendrá, entre otras diligencias, que llevar ceñido un corsé y probarse diversos bigotes y sombreros. El segundo consejo, que está inconcluso, enlista las actividades y objetos necesarios para soñarse rey de Inglaterra; en éste se requiere que el soñador se sumerja en un caldo de carnero y después se barnice el cuerpo con clara de huevo. El texto termina con una nota de la biblioteca que hace referencia al estado físico de este libro.

Las estrategias literarias en Recetas y consejos...

Este relato está titulado desde el manuscrito de origen como *Recetas y consejos para ahuyentar los sueños inoportunos, el insomnio y los desiertos de arenas movedizas bajo la cama.* El sentido del epígrafe está estrechamente relacionado con el formato del texto, redactado a manera de recetas de cocina, y con su contenido temático eminentemente onírico.

El relato de ficción inicia con los nombres y las funciones del «autor» y el de la «traductora» de este texto y los convierte en personajes. *Recetas y consejos...* presenta el nombre de su autor, de origen árabe, *Algecífaro ben el Abed*, e incluye el nombre y la función de la traductora, *Felina Caprino Mandrágora*, con el cual Remedios Varo introduce simultáneamente un juego pleno de simbolismo y de guiños autobiográficos. El nombre *Felina* se deriva, quizá, de la imagen proyectada en el retrato *Los días de la calle Gabino Barreda* que realizó hacia 1944 su gran amigo Gunther Gerszo y en el que presenta a Varo como «una figura felina tumbada en el suelo con un antifaz y envuelta en una tela pesada por debajo de la cual se asoman varios gatos» (Kaplan 1998a: 90). El apelativo *Caprino* remite al personaje del mismo nombre que en [Días de meditación] se convierte en cabra por las noches; posible reminiscencia del símbolo de la mujer-cabra que «aparece en el folklore hispánico» (Cirlot 1997: 320). *Mandrágora*, por su parte, hace referencia a la fascinación que Varo sentía por la leyenda de esa raíz, parecida a una forma humana, «que gritaba cuando se le sacaba de la tierra» (Kaplan 1998a: 18). Por lo tanto, podríamos concretar que el nombre de *Felina Caprino Mandrágora* se constituye de tres elementos primordiales: de la imagen de Varo ante los otros, de sus raíces hispánicas y de su interés por lo mágico. Por ello puede considerarse como uno de sus pseudónimos.

Cabe recordar que Remedios Varo, en *De Homo Rodans*, constructo que analizamos en el capítulo precedente, creó también un personaje-autor llamado Hälikcio von Fuhrängschmidt, un científico de origen alemán que aparece como el firmante del discurso, con el cual podría equipararse al autor de *Recetas y consejos...* en la figura del sabio árabe *Algecífaro ben el Abed*.

En la nota final de este escrito, quien habla ahora es la «voz institucional» de la Biblioteca, específicamente a través del «Departamento de conservación y estudio de los libros y documentos que se refieren a los usos y costumbres de los siglos XX y XXI» (p. 215). El cambio de emisor de *Recetas y consejos...* nos ha permitido identificar en el texto dos secciones: una, que podría considerarse como el *recetario* y otra, que hace las veces del *epílogo* del texto.

El recetario

El *recetario* inicia con un saludo, «Alá es Alá y Mahoma su profeta» (p. 212), invocación religiosa que vincula al «autor» de este escrito con el Islam. En seguida, se lee la locución adversativa «Sin embargo» que funciona como preámbulo para incluir el relato de un sueño, que presentamos a continuación, y con el que justifica la necesidad de practicar los consejos para «ahuyentar los sueños inoportunos».

> Es muy desagradable pasar toda la noche corriendo perseguido por un león, llegar –¡por fin!– ante una puerta, buscar refugio tras ella y encontrar que hay un pozo profundo donde desearíamos caer (en brazos placento-maternales, desde luego) pero donde no caemos; inesperadamente volamos por encima, llegamos a una sala enorme con muchas puertas y tras cada una de ellas está el mismo león. La única huida es subiendo por el candil de cristal tallado, pero es imposible porque precisamente del candil baja el cartero con un telegrama anunciando el nacimiento de cuatro gemelos mauritanos en la cocina... etc., etc. ¡Ya saben ustedes lo que viene después! (p. 212).

Al igual que los primeros surrealistas, que encontraban en este tipo de relatos oníricos, rebosantes de imágenes, una fuente inagotable de inspiración, o los estudiosos de la psicología, que hacían de estos escritos recursos terapéuticos para la curación de la neurosis[6], Remedios Varo retoma este motivo en *Recetas y consejos...*, en el que a través de la vertiginosa secuencia de las acciones, a manera de una ilógica enumeración, introduce elementos que aparecen en otros de sus escritos y pinturas, tales como el pozo profundo o el cartero, por mencionar sólo algunos. A través de la inserción de este relato onírico, Varo presenta irónicamente este fenómeno cultural con el que justifica la existencia de los consejos para inducir el tema que se desea soñar.

El consejo «Para provocar sueños eróticos» (p. 212) inicia con el listado de los ingredientes necesarios, entre los cuales productos alimenticios –raíz fuerte, gallinas blancas, ajos, miel e hígados de ternera–, y una enumeración de objetos sin relación aparente entre sí: un espejo, un ladrillo, dos pinzas para ropa, un corsé con ballenas, dos bigotes postizos y sombreros al gusto. La enumeración y la yuxtaposición provocan efectos insólitos que Remedios Varo utiliza como recursos humorísticos por la extrañeza de su combinación.

La redacción del procedimiento o manera de hacerse se presenta de manera ordenada y atendiendo todos los detalles. Es notoria la imbricación de los elementos involucrados para la ejecución de las acciones: las primeras se enca-

[6] Véase el ensayo escrito por Carl Jung, «La aplicación práctica del análisis de los sueños» (1957: 51-91).

minan hacia la preparación del brebaje, otras más involucran al espacio, particularmente la adecuación de la cama, y finalmente las que debe realizar el ejecutante en sí mismo, todas detalladas con una pulcritud casi científica.

Este consejo se ocupa de inducir la temática de los sueños relacionados con prácticas masoquistas y sádicas. Sin embargo, en él se hace referencia a un «volumen especial» titulado *Consejos discretamente sanos* que propone recetas «para casos más complicados, como son los de necrofilia, autofagia, tauromaquia, alpinismo y otros» (p. 214). Con la enumeración, por demás incongruente, introduce otro elemento humorístico, característico en varios de sus escritos, como la obra de teatro y de algunas pinturas como *Visita al cirujano plástico* (Gruen/Ovalle 1998: 192), en la que aparece una mujer de inmensa nariz, con la cara cubierta con un velo transparente, que timbra en la puerta de la Clínica Plastoturgencia; en la ventana, a manera de escaparate, está un maniquí que luce en el pecho tres pares de senos, y en el cristal se lee: «Superemos a la naturaleza. En nuestra gloriosa era plastinaylonítica no hay limitaciones. Osadía. Buen gusto. Elegancia y turgencia es nuestro lema. On parle français» (ibíd.).

Más particularmente, la temática de *Recetas y consejos...* presenta ciertos paralelismos con el cuadro titulado *Ritos extraños*[7] (ibíd.: 174) el cual muestra un único personaje, ubicado en un segundo plano tras un cortinaje, que simula estar realizando singulares movimientos a manera de una danza.

El segundo consejo de *Recetas y consejos...* desglosa las acciones necesarias *Para soñar que sois rey de Inglaterra* (p. 214): al igual que la receta anterior, presenta la relación de los ingredientes seguidos por el procedimiento y termina con la frase «Cuando todo el cuerpo esté bien recubierto de clara de huevo...» (p. 215). El uso de los puntos suspensivos y la lógica de las acciones denotan que este consejo está deliberadamente inconcluso.

La nota de la Biblioteca

La parte final de este escrito, a manera de *epílogo*, simula ser una nota redactada por la Biblioteca en la que se encuentra depositado el recetario. Esta

---

[7] En el catálogo de Remedios Varo, se incluye la ficha técnica de *Ritos extraños* (1959), óleo/*masonite*, 78 × 50. Nótese la coincidencia de la fecha de la pintura y su relación con la posible datación del escrito.

nota sirve para ampliar el concepto inicial de *Recetas y consejos...* e introducir la «otra» voz que narra, la «voz institucional» de la biblioteca a través de su «Departamento de conservación y estudio de los libros y documentos que se refieren a los usos y costumbres de los siglos XX y XXI».

En la nota de la biblioteca se esclarece la historia que hay detrás del volumen, el cual había sido sumamente influyente en las prácticas de la comunidad de Gibraltar, tanto que «[l]as feroces y sanguinarias guerras que se desencadenaron a fines del siglo XX no fueron ocasionadas por diferencias políticas sino por la posesión de este libro» (p. 215). Adicionalmente, menciona que el libro «[f]ue robado, pasó por muchas manos, y finalmente el intrépido caballero Igor López Smith, su último posesor, murió en una hoguera de plástico verde» (ibíd.), pero, como «el libro se encontraba en un bolsillo interno y por estar todavía verde el plástico, no se quemó totalmente» (ibíd.), pudo ser recuperado.

Con esta narración se insertan diversas marcas temporales que, por una parte, simulan que la redacción de esta nota tuvo lugar en algún momento posterior a la escritura del *recetario* y, por otra, ubican en el futuro el momento de lectura de *Recetas y consejos...* hasta después del siglo XXI. Los artificios temporales presentados en este relato se sintetizan en la Tabla 6 (ver página siguiente).

De esta tabla, se puede concluir que las marcas temporales que se observan de la nota de la Biblioteca introducen un juego ficcional, caracterizado por la ambigüedad, en el que se confunden el presente, el pasado y el futuro.

Finalmente, resulta evidente el cambio de estilo entre el recetario y la nota de la biblioteca. Las marcas temporales de ésta y la mención referente al «estado del presente volumen» nos han llevado a considerar que el trabajo creativo de Remedios Varo en *Recetas y consejos...* no terminaba con la escritura del texto, sino que muy probablemente lo llevaría hasta convertirlo en otro constructo creativo, similar a los estudiados en el capítulo precedente. En esta ocasión se trataría de un libro-objeto que, con su apariencia, simulara haber sido rescatado de la hoguera, a la que se hace referencia en esta narración (p. 215), el cual tendría como texto principal el recetario e incluiría, al final de éste –al interior de la contraportada–, la nota de la biblioteca. Lo anterior también nos permite suponer como una posible fecha de redacción el año de 1959, que coincide con la de *De Homo Rodans*, período en que, por cuestiones de salud, suspendió temporalmente su trabajo pictórico.

TABLA 6
Artificios temporales en *Recetas y consejos…*

Marcas temporales	Cronología	Efecto
«Departamento de conservación y estudio de los libros y documentos de los siglos XX y XXI»	Cualquier momento posterior al siglo XXI	Introducir un elemento lúdico al ubicar acciones del futuro en el presente del lector.
«Las feroces y sanguinarias guerras que se desencadenaron a fines del siglo XX»	Sucesos en el siglo XX	Introducir un elemento lúdico al ubicar acciones del futuro en el presente del lector.
«Murió en una hoguera de plástico verde»	La práctica medieval de quemar en la hoguera de leña verde a las mujeres que se dedicaban a la hechicería se «moderniza» con el uso del plástico.	Ubicar temporalmente al lector acerca de los años de circulación del texto desde una retrospectiva.
«Hoy día tales recetas no tienen mucho valor práctico»	Cualquier momento posterior al siglo XXI	Introducir un elemento lúdico al ubicar acciones del futuro en el presente del lector.
«Las gallinas actuales de un metro de altas sin huesos ni pluma»	Cualquier momento posterior al siglo XXI	Introducir un elemento lúdico al ubicar acciones del futuro en el presente del lector.

2.2. *[Días de meditación]*

2.2.1. Acerca del manuscrito

Este texto, sin título, está escrito en un cuaderno de hojas blancas, sin arillo. Sus medidas son 22,5 × 16 cm y tiene forma horizontal. Para la escritura se utilizó lápiz de grafito. Todos los folios están sin numerar y escritos sólo en recto. Incluye dos ilustraciones: un bosquejo del plano del paisaje y un corsé modelo «égyptienne avec de fausses anches piramidales [*sic*]» (egipcio con falsas caderas piramidales). El texto está escrito en español y en francés. En la edición del texto hemos decidido mantener algunos de los párrafos escritos en francés, por intensificar, a nuestro juicio, el realismo del relato.

2.2.2. Hacia una lectura de [Días de meditación]

Resumen del argumento

Ellen Ramsbottom, Lucio y Felina Caprino Mandrágora –quien se convierte en cabra mientras duerme– se encuentran acampando en algún lugar cercano a una playa, lejos de la ciudad, con el propósito de descansar y meditar. Sin embargo, su estancia lejos de ayudarlos a relajarse, les va presentando una serie de eventos que los alteran: ruidos y sueños extraños, fenómenos somnotelepáticos[8] e incomodidades. En uno de sus paseos son testigos involuntarios de las actividades que realizaban unos extranjeros contrabandistas de un peculiar cargamento de corsés y guantes.

Las estrategias literarias en [Días de meditación]

A través de los diferentes *modos del relato*[9] que va adoptando en este texto, es posible identificar, para su análisis, cinco secuencias principales: la introducción a la situación y al espacio (p. 216); el despertar de los personajes (pp. 216-218); el paseo hacia la playa (pp. 218-219); el encuentro con los gringos (pp. 218-221); y, finalmente, el cierre (pp. 221-222).

La introducción a la situación y al espacio

Con la primera secuencia del relato se introducen, a través de la voz de un narrador-observador, a los personajes principales en la historia –Ellen Rams-

[8] Neologismo que en [Días de meditación] designa la relación de los sueños y la telepatía.

[9] Se considera la noción de «modos del relato» siguiendo a Todorov: «Los modos del relato conciernen a la forma en que el narrador nos expone la historia. [...] existen dos modos principales: la representación y la narración» (1996: 186).

bottom, Felina Caprino Mandrágora y Lucio–, a quienes se les ubica dormidos en una casa de campaña instalada en algún lugar lejos de la ciudad. Con esta secuencia se presentan marcas relacionadas con el tiempo, el espacio e inicia la configuración de los personajes.

El despertar de los personajes

La narración se va desarrollando a través de los diálogos entre los personajes conforme van despertando, primero entre Ellen y Lucio y después Felina se incorpora a la conversación:

> –¿Es usted, señorita? –susurró.
> –Sí, Lucio. Oí un rumor muy raro. Escucha, ¿no oyes?
> –¡Ah! Eso no es nada, señorita. Es sólo el ánima de don Pedrito, que murió el mes pasado y que escupe muy fuerte esta noche. Por aquí todas las ánimas tienen costumbre de escupir, ¿no lo sabía usted?
> –No, Lucio, y no sé si me gusta mucho, ¿tú crees que estamos seguros?
> –Sí, señorita, no hay que hacerles caso y así se retiran a llamar la atención en otra parte. Descanse usted tranquila.
> –Sí, es lo mejor. Además estamos despertando a Felina. Mira, ya tiene pies en vez de pezuñas (p. 216).

De este diálogo se desprenden dos elementos relacionados con lo fantástico[10]: la extraña costumbre «de escupir» de las almas y el estado nocturno de Felina, rasgo que es introducido en el texto a partir del comentario de Ellen –«Además estamos despertando a Felina. Mira, ya tiene pies en vez de pezuñas»–, que denota que Felina en las noches tiene forma animal y se va transformando en humano conforme va despertando. Estos motivos, que evocan los cuentos fantásticos, se presentan como si se tratase de algo común y ordinario, y contrastan con el realismo de la situación y el ambiente. Adicionalmente, a través de los diálogos directos de los personajes, se introducen elementos vinculados con las creencias populares y el misterio, los cuales permiten ir conformando la historia y, paulatinamente, adicionar elementos

[10] Utilizamos el término fantástico siguiendo a Todorov: «La historia fantástica puede caracterizarse o no por determinada composición, por determinado "estilo"; pero sin "acontecimientos extraños" lo fantástico no puede ni siquiera darse» (1994: 76).

para la configuración de los personajes, de acuerdo con la ambientación que envuelve el argumento.

Después del diálogo entre Ellen y Lucio, el sujeto-narrador continúa describiendo: «*Madame* de Caprino ha comenzado a despertarse por los pies, como de costumbre; pronto sólo le quedan de su estado nocturno de cabra, unos vagos cuernecillos que desaparecen cuando se incorpora y se sienta en el borde del catre bostezando» (p. 217).

Esta descripción del narrador en la que explica la metamorfosis de *Madame* de Caprino como algo absolutamente cotidiano intensifica el sesgo fantástico e inquietante del personaje Felina, que, al despertar ahora como ser humano «normal», se involucra en el diálogo entre Ellen y Lucio, lo que paradójicamente confiere a la historia un carácter onírico: «¿Qué sucede? –preguntó [Felina]–. Me han despertado ustedes justo cuando estaba en una situación comprometida. Soñé que [...]» (ibíd.).

El relato del sueño de Felina se centra en su encuentro con Benjamín Pérez[11] en el Paseo de la Retorta. Benjamín era un amigo común, quien además de ser un experto ciclista era un criador de palomas mensajeras. Pérez invitó a Felina a su casa, que estaba plagada de palomas, tantas, que había nidos y huevos hasta en las sillas. Mientras estaban ahí comenzó a llover, lo que hizo que Pérez propusiera un juego a Felina que consistía en soplar el humo de sus cigarrillos a las gotas de lluvia, las cuales se endurecían y caían como pequeñas piedras que golpeaban a las personas paseando por la calle. A Pérez esto lo divertía mucho, pero la gente, enfurecida, entraba a buscarlos. Felina termina su relato diciendo: «y entonces ustedes me han despertado, ¡cuánto me alegro!» (p. 218).

El despertar de Felina, unido a su transfiguración en ser humano, se integra al relato como si se tratase de un elemento cotidiano, con el propósito de presentar lo extraordinario como ordinario. Este artificio se repite en el relato onírico de Felina (ibíd.), aunque se diluye dada la naturaleza «irreal» de los sueños. Sin embargo, a través del relato onírico se introducen nuevos ele-

[11] La configuración de los personajes está llena de alusiones que, más que retratar personajes reales, destacan algunos rasgos de ellos, a manera de caricaturización. Tal situación se observa en la forma en que juega con sus nombres, por ejemplo, con el de Benjamín Pérez que alude a Benjamin Péret o el de ella misma, al enmascararse bajo el nombre de Felina Caprino Mandrágora. De forma similar introduce el topónimo Paseo de la Retorta jugando con el de Paseo de la Reforma, conocida avenida de la ciudad de México.

mentos relacionados con la fantasía y la magia, que funcionan como elementos de cohesión; por ejemplo, el motivo de la transmutación de la materia, en el que la saliva y el agua se convierten en piedras, es recurrente tanto en la «realidad ficcional» como en la «realidad onírica». De manera que, en [Días de meditación], es posible identificar, por lo menos, tres elementos fantásticos relacionados con la transmutación de la materia que se presentan como fenómenos cotidianos: la saliva que se convierte en piedras; el humo del tabaco que endurece las gotas de lluvia; y la misma Felina, antes cabra, ahora convertida en un ser humano. Estos elementos contrastan con el aparente realismo de la situación inicial.

Finalmente, en lo que se refiere al segmento del *despertar de los personajes*, la intervención de Ellen introduce un elemento que amplía las realidades posibles: el sueño como un fenómeno que anticipa información sobre la realidad.

El paseo hacia la playa

De nuevo un narrador omnisciente relata la secuencia referente al paseo por la playa y describe el recorrido que, en silencio, realizaron los personajes: «Se pusieron los tres en marcha y caminaron en silencio, sin saber por qué se sentían inquietos y se movían haciendo el menor ruido posible. Lucio guardaba un silencio respetuoso; Ellen y Felina iban sumidas en sus pensamientos» (p. 218).

El «silencio aparente» de los personajes es presentado a través de monólogos interiores[12] que la voz que narra introduce mediante expresiones mínimas tales como «se decía Ellen» (ibíd.), «va pensando Felina» (p. 219) o «se pregunta [Lucio]» (ibíd.). Con esta forma de discurso de los personajes se desvela el juego de sentimientos e ideas existentes entre ellos. Su auténtica voz, a la manera de un «aparte» teatral, revela el simulacro que les exige la convivencia y la percepción de la realidad que tiene cada uno de ellos (ver Tabla 7).

En los monólogos interiores, presentados en la tabla anterior, es posible observar paralelismos en los pensamientos de los personajes tales como la inseguridad del lugar, las discrepancias acerca de la idea acampar o acerca de la idea de regresar, así como los comentarios contrastantes de la comida (agua

---

[12] El monólogo interior se presenta, según Bobes Naves, «[s]i el personaje no dispone de oyente (monólogo) o de alguien que intercambie palabras con él, se limita a pensar y convencionalmente el discurso adopta la forma de "monólogo interior"» (1992: 190).

de cocos/huevos de tortuga) o la imposibilidad de descansar y meditar (iguanas/armadillos). Todos ellos introducen elementos humorísticos en el relato cuya función es contrastar con la siguiente escena misteriosa que introduce a los nuevos personajes.

TABLA 7
Pensamientos de los personajes de [Días de meditación]

Pensamientos	Personajes
Acerca del lugar.	*Ellen:* Este lugar me inquieta. *Felina:* Yo no sé por qué [...] me siento mal, pero el hecho es que este lugar me causa inquietud. *Lucio:* No sé qué hacer [...] si decirles o no lo que pienso a las señoras; pero no creo que fuese el ánima de don Pedrito quien escupió tan fuerte esta noche. La saliva de las ánimas nunca se materializa ni deja huellas, y sin embargo cuando prendí la linterna hace un rato para buscar los trajes de baño, vi, sin lugar a dudas, señales de que alguien que no es un ánima había escupido. Tendré que ir al pueblo mañana (aunque esté tan lejos) para preguntar si se han oído rumores sobre el «Güero Trabuco», que quizás anda merodeando otra vez por aquí.
Acerca de la idea de venir a acampar.	*Ellen*: No sé porqué hemos venido aquí; Felina tiene a veces ideas muy raras. El venir aquí fue idea suya. *Felina:* A veces Ellen no tiene ideas muy felices. El venir aquí fue idea suya.
Acerca de la comida.	*Ellen:* Todo el día recogiendo cocos para tener algo que beber. No me gusta beber agua de coco y menos lavarme con ella, pero ¿qué hacer? no hay otra cosa en varios kilómetros a la redonda. Menos mal que me gustan mucho los huevos de tortuga, base de nuestra alimentación. *Felina:* Todo el día buscando huevos de tortuga en la playa para tener algo que comer y no me gustan nada esos huevos. Mi hígado no los tolera; felizmente tenemos agua de coco que me gusta mucho y para lavarse es ideal, deja el cutis como seda.

TABLA 7 (Cont.)

Pensamientos	Personajes
Acerca de la imposibilidad de descansar y meditar.	*Ellen*: Vinimos para descansar y meditar, pero yo no me he sentido nunca tan cansada como ahora. En cuanto a meditar, es inútil intentarlo habiendo tal cantidad de iguanas; en cuanto me quedo callada e inmóvil tratando de recoger mis pensamientos y cierro los ojos, ya tengo una iguana subida encima. *Felina:* Me siento cansadísima. Lo malo es la imposibilidad de dedicarse a la meditación, ¡hay tantos armadillos! En cuanto me abstraigo y me inmovilizo con los ojos cerrados, ya tengo encima un armadillo.
Acerca de la posibilidad de regresar a la ciudad.	*Ellen:* Yo creo que lo mejor será regresar cuanto antes a la ciudad; hablaré con Felina en la primera ocasión propicia. *Felina:* Deberíamos regresar cuanto antes; hablaré a Ellen con tacto mañana por la mañana.

El encuentro con los gringos

Esta secuencia del relato tiene como motivo central el encuentro de Ellen, Felina y Lucio con los «gringos». La voz que narra enmarca las intervenciones de los personajes, los cuales, entre susurros, se acercan a la casa de los desconocidos. Desde la distancia, éstos escuchan la discusión entre una pareja de la que, sorpresivamente, reconocen la voz masculina.

Con la aparición de los personajes Pompeya y Florian, el relato retoma el ambiente de misterio del principio. La discusión sostenida por ellos presenta paralelamente asuntos plenos de ironía y comicidad tales como el hecho de que, siendo vendedores de corsetería, reciban un cargamento de guantes sólo para la mano derecha o la mordaz crítica que Pompeya hace a Florian de sus supuestos poderes sobre la naturaleza: «Vous faites de la déformation professionnelle. Vous n'avez aucun public maintenant et à moi ne venez pas me raconter des sornettes sur de ouragans qui vous obéissent!» (p. 221)[13].

En esta parte del relato el asunto de los comerciantes de corsés, lleno de comicidad, remeda la figura de Gurdjieff, quien fue el fundador de una corriente esotérica, conocida hoy día como «El cuarto camino», de la que formaba parte Eva Sulzer, una de las amigas más cercanas de Varo (Kaplan 1998a: 171). Gurdjieff relata, en su libro *Encuentros con hombres notables* (2003: 251-252), haberse dedicado, en compañía de su esposa, a la transformación de corsés en modernos *brassieres*[14]. Esta situación está parodiada en la discusión de los personajes Florian y Pompeya con los que Varo revela su postura crítica ante este tipo de movimientos espiritualistas. En el manuscrito de este escrito está dibujado el modelo de corsé «con falsas caderas piramidales» reproducido a continuación (ver Fig. 5).

El cierre

Finalmente, la voz que narra describe la situación en la que se encuentran los personajes y presenta un final abierto que muestra a los personajes sorprendidos ante la extraña situación.

> Ellen y Felina están petrificadas por el miedo y la sorpresa, pero devoradas también por la curiosidad. Desde su escondite observan la casa intentando comprender qué es lo que todo aquello querrá decir: ¿Será acaso una sombría empresa de magia negra? ¿Por qué tantos corsés? ¿Quién es ése capitán del que hablan? En voz baja se cuestionan una a la otra, pero Lucio, quien ha observado todo, les dice en voz muy baja, sólo una palabra: contrabando (pp. 221-222).

La lectura segmentada a través de las secuencias de [Días de meditación] nos ha permitido identificar los diferentes modos de relato que la autora utilizó

---

[13] «Padece de deformación profesional. Aquí no tiene ningún público y no me venga a contar sandeces de que le obedecen los huracanes» (traducción mía).

[14] «Pero el negocio más original y al mismo tiempo más provechoso fue el de los corsés. En esa época, en París, la moda cambió bruscamente, después de llevarlos muy altos empezaron a llevarse muy cortos. Ese nuevo capricho de la moda ya era muy conocido allí gracias a los periódicos, pero los corsés mismos aún no estaban en venta en esas regiones tan apartadas [el Turquestán] y muchas mujeres me llevaban sus viejos corsés para pedirme si no sería posible ponérselos a la última moda. Ese negocio de los corsés fue sencillamente para mí oro en barras...» (Gurdjieff 2003: 7).

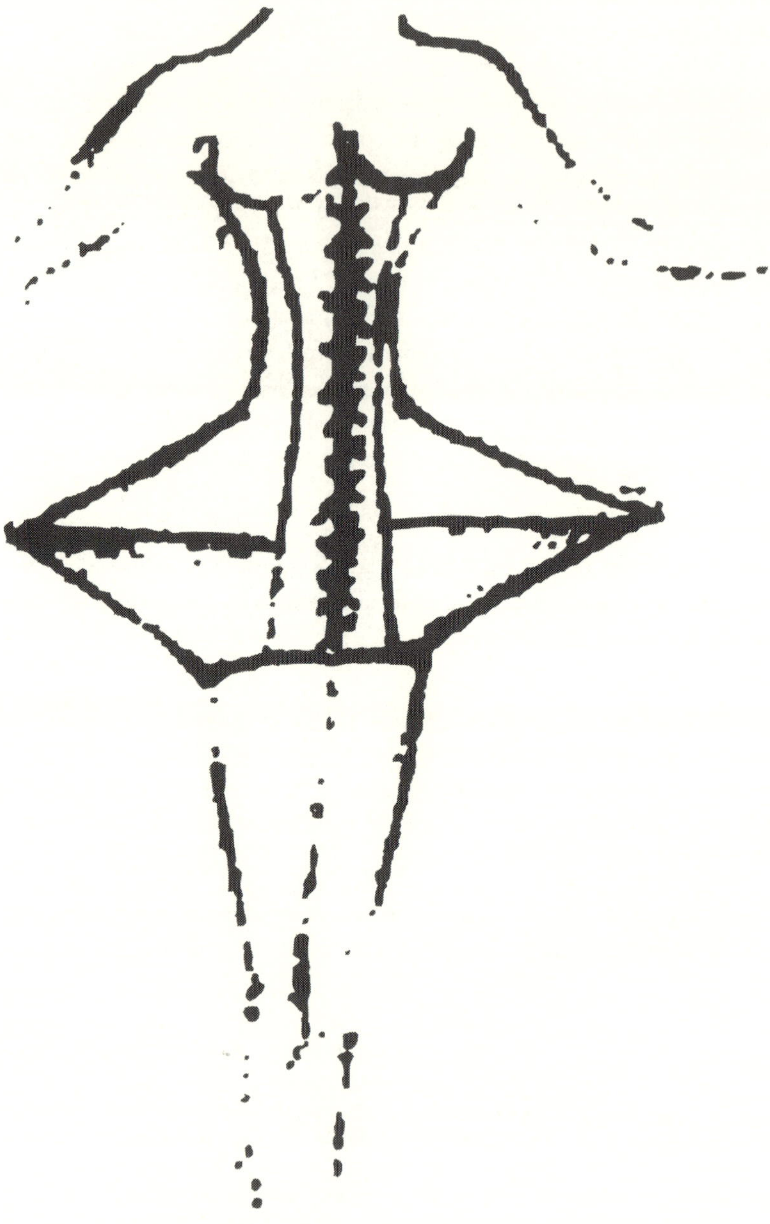

FIGURA 5. Corsé modelo «égyptienne avec de fausses anches piramidales [*sic*]» (egipcio con falsas caderas piramidales) (Archivo Gruen)

para la construcción de este texto, en el que predominan el diálogo y los monólogos interiores. La voz que narra dota de sentido y coherencia a la historia enmarcándola en un ambiente de misterio que se intensifica con el final abrupto del texto. A través de la configuración de los personajes presenta de manera caricaturizada algunos de los rasgos de personas relacionadas con su vida cotidiana e incluso de ella misma, lo cual constituye una práctica recurrente en otras creaciones de Varo, como ya señalamos antes en los comentarios al retrato de *El caballero Casildo Martín de Vilboa.* Asimismo introduce situaciones con las que ironiza y critica las prácticas y creencias relacionadas con el esoterismo.

2.3. *[Trigo, aceitunas y naranjas. Presérvate del frío con lana de oveja]*

2.3.1. Acerca del manuscrito

Este texto, sin título, está escrito en un cuaderno de hojas blancas, sin arillo. Sus medidas son 22,5 × 16 cm, de forma horizontal. Para la escritura se utilizó lápiz de grafito. Todos los folios están sin numerar y escritos sólo en recto.

2.3.2. Hacia una lectura de [Trigo, aceitunas y naranjas...]

Resumen del argumento

Doña Milagra poseía facultades paranormales. El relato inicia cuando un día le despertó un ruido en su habitación. Ahí, inexplicablemente, se encontraba una mujer. Ésta, que usaba falda corta y tenía mucho bozo en el labio superior, le dijo: «Vete a ver a *Randolf* dile de mi parte lo siguiente: *Trigo, aceitunas y naranjas. Presérvate del frío con lana de oveja*» (p. 224).

Milagra acudió a la celda del monasterio donde vivía su maestro, *Mr. Randolf*, para relatarle lo sucedido. El maestro escuchó atentamente el mensaje y le aclaró que no se trataba de una señora, sino de su abuelo Frederik quien era escocés. A raíz del mensaje, *Mr. Randolf* ordenó al encargado de la cocina que durante los días siguientes comerían solamente trigo, aceitunas y naranjas; además, él y sus discípulos vestirían sólo suéteres de lana. Con estas medidas evitarían posibles daños de los Malatesta relacionados con el robo de energía.

La estructura de [Trigo, aceitunas...]

El relato [Trigo, aceitunas...] presenta la estructura típica del cuento fantástico a la luz del modelo de análisis propuesto por Todorov (1994: 130): se parte de una situación de estabilidad (realista generalmente) seguida por elementos de corte fantástico que introducen un desequilibrio en el núcleo de la narración, para terminar en una nueva situación de estabilidad. Para el análisis de este relato hemos identificado cuatro secuencias: la primera introduce al personaje doña Milagra (p. 223) y se detiene más en destacar sus rasgos emocionales que su apariencia física; la segunda se ocupa de la visita que realiza Milagra a *Mr. Randolf* para describirle su más reciente visión (pp. 223-224); la tercera presenta las acciones que se desencadenan a raíz del mensaje (p. 224-225); y, con la última, se vuelve a la calma (p. 225).

Introducción del personaje de doña Milagra

El relato [Trigo, aceitunas...] inicia con la presentación del personaje doña Milagra cuyo nombre, pleno de simbolismo, alude a su vinculación con la religión y a su explícita vocación de ermitaña; su descripción se centra en destacar sus rasgos emocionales como ocurre en otros relatos, donde apenas hay descripciones físicas de los personajes.

> Doña Milagra tiene miedo [a] la oscuridad. Nunca está segura de que no va a surgir de algún lugar una mano abrasadora que la agarre de un tobillo y la deje clavada en el sitio, mientras un fuego devorador se propaga del [mismo] tobillo al resto de su cuerpo convirtiéndola en un montón de cenizas. Lo peor es que tiene que disimular siempre sus temores ante los demás, pues el confesarlos sería confesar al mismo tiempo su culpabilidad y su miedo al castigo.
>
> Estos temores sólo la asaltan de vez en cuando. El resto del tiempo vive tranquila porque... ¿no es Dios misericordioso? Entonces... ¡tiempo le queda de arrepentirse! Todavía es joven, cuando ya se acerque a los 60 (y eso según sea su estado de salud) hará una confesión general y se retirará al campo; mientras tanto, ¿para qué mortificarse? (p. 223)

Doña Milagra es otro de los personajes creados por Varo en el que hace referencia al motivo de la vida retirada, al igual que el de Rodriga de Varo y Antequera, la «autora» del cuadro del caballero Casildo Martín de Vilboa.

Asimismo, su obra pictórica *Ermitaño* (Gruen/Ovalle 1998: 114), de 1955, es otro ejemplo en el que presenta variaciones de este motivo.

La visita a Mr. Randolf

La voz que narra permite ir enmarcando la escena y configurando los personajes. Sin embargo, las intervenciones directas de los personajes van introduciendo los motivos de la trama del relato, como sucede en el diálogo que sostienen doña Milagra y *Mr. Randolf*, que presenta el núcleo del relato: la experiencia paranormal de doña Milagra.

En primer lugar, el relato de doña Milagra contiene un elemento de carácter fantástico: la aparición, en el vestidor de su alcoba, de una mujer desconocida «vi a una mujer que me daba la espalda y que estaba revolviendo entre mis objetos de *toilette*» (p. 223). Esta situación, lejos de atemorizarla, la asume como un evento que forma parte de su vida cotidiana y al que, por tanto, responde de manera pragmática: «Me miró intensamente y enseguida comprendí que me traía un mensaje. Tomé inmediatamente mi cuaderno y mi lápiz para anotarlo y esperé» (p. 224). Con este personaje se hace patente el comentario escrito por André Breton, años atrás, en el *Primer Manifiesto Surrealista*, acerca de los relatos maravillosos en los cuales «las apariciones tienen un papel lógico, puesto que el espíritu crítico no se apodera de ellas para refutarlas» (2001: 32).

El mensaje que anotó doña Milagra señalaba: «Vete a ver a *Randolf*. Dile de mi parte lo siguiente: *Trigo, aceitunas y naranjas. Presérvate del frío con lana de oveja*» (p. 224). El maestro escuchó atentamente el relato y, haciendo caso omiso al detalle del uso de los maquillajes, sólo le aclara a doña Milagra que no se trataba de una mujer, como ella creía, sino de un hombre que, además, era su abuelo y que usaba falda porque era escocés. Esta salida, por demás hilarante, inserta en el relato un motivo humorístico que rompe con la tensión inicial. Cabe señalar que la inversión de sexos como recurso humorístico se observa también en la obra de teatro escrita en colaboración por Varo con Carrington, [*El Santo Cuerpo Grasoso*].

Las acciones que se desencadenan a raíz del mensaje

Tras la partida de doña Milagra, el maestro se dirige a la celda de don José María Iturrimendi. A partir de aquí cambia el ritmo del relato y, como si se tratase de una digresión, la voz que narra se ocupa de la descripción de este personaje.

> Don José María, que todavía no se había acostado y estaba preparándose a pasar una noche de sueño excelente por medio de unos tragos de vino de ciruela, abrió la puerta inmediatamente y quedó muy extrañado de ver al maestro. Noche tras noche esperaba inútilmente que doña Daphne, por la que sentía atracción irresistible, tuviese a bien visitarlo para contemplar algunas fotografías (que él tenía ocultas) de bárbaros espectáculos, tales como toros corriendo libremente por las calles de una ciudad; varios individuos vestidos de blanco y sentados en un estrado en franca competencia gastronómica; el campeón, que fue capaz de ingerir 175 huevos fritos, etc., etc. Al ver al maestro sintió una especie de culpabilidad difusa (pp. 224-225).

El diálogo entre el maestro y don José María Iturrimendi se centra en los cambios que deberán realizarse en la alimentación de los monjes, pues éstos sólo comerán, durante quince días, trigo, aceitunas y naranjas. Con esta disposición se aclara la primera parte del enigma del mensaje de doña Milagra. La interpretación del maestro de la segunda parte del mensaje, «preservate del frío con lana de oveja», lo lleva a la decisión de usar sólo ropa de lana, lo que evitará que «los Malatesta»[15] roben su energía.

Vuelta a la calma

Una vez giradas las instrucciones y desvelado el misterio del mensaje, el maestro vuelve a sus investigaciones: «Algo más tranquilo, volvió a concentrarse en su trabajo y vio con satisfacción que antes del amanecer quedaría terminado el capítulo sobre las misteriosas propiedades de la galena» (p. 225). Esta vuelta a la calma representa, de alguna manera, el retorno de los personajes a su situación inicial, artificio que permite cerrar la narración.

Varo incluye en este relato algunos de los asuntos recurrentes en otras de sus obras, el relacionado con la cocina y la alimentación, el tema del esoterismo y su interés por lo científico. En el constructo [Robo de sustancia], incluido en la segunda parte de este estudio, se puede observar cierta concatenación con este relato; en el escrito se lee: «Este personaje del fondo sencillamente se

[15] Los Malatesta aparecen en el escrito que hemos titulado [Lista de personajes]. Este apellido corresponde a los nombres de Florian y Pompeya quienes, a su vez, son personajes del relato [Días de meditación].

apropió de la sustancia de esos otros cinco y por eso se quedaron las túnicas vacías» que coincide, de alguna manera, con el «robo de energía» mencionado en este relato de ficción.

3. Cartas

Escribir una carta es la invitación a un posible diálogo; es hacerse presente en el pensamiento del otro a sabiendas, incluso, que la esperada respuesta podría no llegar. La redacción de las misivas escritas por Varo denotan una clara intención de divertir a sus lectores[16] para lo cual emplea diversas estrategias discursivas entre las que se pueden observar juegos de palabras y marcas que denotan, además, la relación de estrecha amistad con los destinatarios y la complicidad existente entre ellos, pues resulta evidente que entre la emisora y sus destinatarios comparten «presuposiciones del habla y un marco de referencias» (Bobes Naves 1992: 100). En este intento de diálogo, separado por el tiempo y el espacio, se observa claramente la interrelación entre un *yo*, que escribió, y un *tú* (*ustedes* en la Carta 1), que leería, así como la forma en que esa interacción virtual modeló al *yo* emisor. Bobes señala: «El Tú crea al Yo, puesto que para que alguien se ponga a hablar, es decir, para que un sujeto asuma el Yo, y esto sólo es posible si habla [...] debe tener conciencia de que alguien le escuchará, lo leerá, lo interpretará en un tiempo y un espacio compartidos o a distancia» (ibíd.: 101).

Aun cuando se desconoce a quiénes estaban dirigidas, estas misivas presentan algunas marcas que permiten identificar el género y el número de sus destinatarios. Walter Gruen anota que la Carta 1 podría haber estado dirigida a Juliana González y a Mercedes de la Garza, quienes eran amigas de Varo (Castells 1997: 71), mientras que la Carta 2 permite suponer que la escribió para algún amigo que, como ella, también se dedicaba a pintar.

3.1. *Acerca de los manuscritos*

En los cuadernos de Remedios Varo se encuentran dos escritos que presentan un formato epistolar: el primero está redactado a manera de invitación para

[16] En el estudio preliminar de *Literatura epistolar*, Alfonso Reyes señala que «la carta sea siempre un buen rato para el que la recibe y la lee» (1999: 14).

asistir a una reunión; el segundo, corresponde al borrador de una carta. Ambos textos están escritos en cuadernos de hojas blancas unidas por un anillo metálico. Sus medidas son 17 × 22 cm y tienen forma vertical. Para la escritura se utilizó lápiz de grafito. Todos los folios están sin numerar y escritos sólo en recto. Ninguno de ellos está datado.

3.2. *Hacia una lectura de las cartas*

Carta 1

La Carta 1 inicia con un saludo: «¡Oh Diosas, tan admirables cuan esquivas!» (p. 227), en el cual muestra un calambur en el juego de palabras Oh Diosas/odiosas, expresión que es la primera manifestación de la intención lúdica que está presente en toda la misiva.

Adicionalmente, la Carta 1 encierra algunas de las estrategias literarias que hemos destacado en otros de sus escritos, como el estilo con tintes arcaicos que utiliza, por ejemplo, en *El caballero Casildo*... En este escrito se puede observar en las construcciones del tipo «Ocurrídome ha» (p. 227) o en la expresión «Aunque vivís apartadas del mundanal ruido» (ibíd.) que evoca la *Oda a la vida retirada* de Fray Luis de León[17]. Asimismo, es notorio el uso de enumeraciones como la en que describe sus más recientes quehaceres –«singulares acontecimientos entre *alcohólicos, musicales y vodevilescos*»– o aquélla cuya intención es persuadir a sus lectoras para que acepten la invitación a visitar su «muy humilde choza»: «donde *platicaremos* y *beberemos* agua de castañas, jugo de espárragos y quizás *admiremos* unos grabados» (ibíd.).

Los asuntos y el lenguaje relacionados con la cocina vuelven a estar presentes. Las actividades que Varo ha realizado se han «salpicado con fuerte condimento folletinesco» (ibíd.). Con esta ambigua expresión quizá se esté refiriendo a su inesperado éxito con el constructo de *De Homo Rodans* o a los días de la redacción de *Recetas y consejos*..., escrito en el que remite a extraños brebajes similares a los que compartiría con sus invitadas: «agua de castañas» y «jugo de espárragos» (ibíd.), motivos que podrían convertirse en una referencia para datar la carta alrededor de 1959.

---

[17] «¡Qué descansada vida / la del que huye del mundanal ruido, / y sigue la escondida / senda, por donde han ido / los pocos sabios que en el mundo han sido» (León 1997: 69, vv. 1-5).

La Carta 1 termina con un asunto que sirve para ironizar el tema de lo científico: alude a un estado de embriaguez *hipnofotónica*, neologismo creado por Varo con el que denota, según el contexto, cierto estado semejante a la embriaguez o a la hipnosis, pero causado por la contemplación de imágenes.

> quizás admiremos unos grabados bastante buenos que tengo representando a Baco, a Noé y a alguno que otro coronel británico retirado ya de su servicio en las Indias. La contemplación de estos grabados produce un cierto estado de embriaguez no alcohólica, sino más bien hipnofotónica. Dicen los especialistas que no ataca al hígado sino únicamente a las glándulas salivales y es inofensiva (ibíd.).

Con el párrafo anterior termina la misiva en la que es posible identificar asuntos que aparecen en otros de los escritos que hemos analizado, tales como la selección del vocabulario relacionado con lo científico y la complicidad con los destinatarios. Dado que carece de un párrafo de despedida es posible considerar que quizá esté inconclusa. Sin embargo, cabe recordar que se trata de un borrador cuya nota no está firmada.

Carta 2

La Carta 2 presenta el formato tradicional de este tipo de escritos que en términos generales se componen por un saludo, la exposición del asunto y la despedida. Remedios Varo inicia su carta con una tradicional expresión de cortesía, «Muy señor mío», cuya formalidad contrasta con el primer párrafo de la carta en el que Varo juega a esconderse, «Yo soy una reencarnación de una amiga que tuvisteis en otros tiempos» (p. 228), artificio con el que construye la descripción de su estado físico actual. El *yo* aparece enmascarado, ya que, al describir el proceso de la reencarnación, oculta la historia de su vida en un relato lleno de fantasía y transformaciones alquímicas y metafísicas que da como resultado una ambigua metáfora de su presencia en el mundo[18].

---

[18] «El ser humano no sólo *tiene* un cuerpo, sino que propiamente, *es* cuerpo. Y, además, un cuerpo que no es simplemente un artefacto objetivado y objetivable, sino una forma de presencia que, de mejor o peor forma, afecta radicalmente a todos los momentos y todas las situaciones de su existencia, y que, en el transcurso del trayecto biográfico de cada persona, tendrá que expresarse simbólicamente. A partir de aquí el cuerpo humano se revela (se "va metamorfoseando") en corporeidad. Entonces, se impone la búsqueda de las múltiples maneras desde las que la corporeidad se expresa, se da a conocer, se insinúa en y a través del mundo» (Duch/Mélich 2005: 22).

> Esta reencarnación no fue fácil. Después de atravesar mi espíritu, primero por el cuerpo de un gato, después por el de una criatura desconocida perteneciente al mundo de la velocidad, es decir, a ése que nos atraviesa a más de 300 000 km por segundo (y que por lo tanto no vemos), después fue a dar, inexplicablemente, al corazón de un trozo de cuarzo. A la favor de una tormenta abominable, los fenómenos eléctricos me fueron favorables y cayendo un rayo en dicho trozo de cuarzo, rescató mi espíritu que describiendo una espiral fue a alojarse en el cuerpo de una mujer metidita en carnes que por allí circulaba (p. 228).

Resulta evidente que con la carta Remedios Varo pretendía divertir e interesar a su lector. Además del relato de sus extrañas transformaciones, con las que retoma el tema de lo científico, incluye una figura (ver Fig. 6) con la cual da un giro a la conversación e introduce un toque de misterio y de hilaridad.

Acerca de esta figura Varo señala: «Este poema puede parecer oscuro a primera vista, pero la más sencilla de las máquinas electrónicas, tan usadas hoy día, puede desmenuzarlo y aclararlo» (p. 228). Con el «poema» Varo «apalabra la realidad»[19] utilizando diversos símbolos, algunos matemáticos y otros ininteligibles, y la palabra para formar un todo. En el contexto de su obra total, el uso de este tipo de signos está presente también en algunas de sus pinturas, por ejemplo, en *Planta insumisa* de 1961, en la que cada uno de los cabellos del personaje central, un científico, es una fórmula matemática.

En la misiva Varo recalca su interés por reanudar la comunicación con frases del tipo «me atrevo a escribiros en el entendimiento de que no me habéis olvidado» (p. 228), aun cuando el escribir una carta implique que el posible diálogo pueda no realizarse. Con este escrito hace explícito su deseo de restablecer su relación a través de cartas, como se lee en el fragmento siguiente: «He pensado que el teléfono es un aparato inhibitorio y muy frío para comunicar. Pero escribirse cartas es diferente. Creo que mi alojamiento en un trozo de cuarzo es una experiencia que puede interesaros, otros pequeños descubrimientos también. Yo estoy dispuesta a comunicaros todo» (ibíd.).

Con el pensamiento puesto en su destinatario, continúa: «Si os animáis a contestarme, dadme cuenta detallada de vuestra actual actividad». Y luego

[19] Lluís Duch en su reflexión acerca de «La actual crisis expresiva» señala que «la capacidad de que dispone el ser humano de apalabrar la realidad es, en sí misma como todos los aspectos de su humanidad, *ambigua*» (2002: 460).

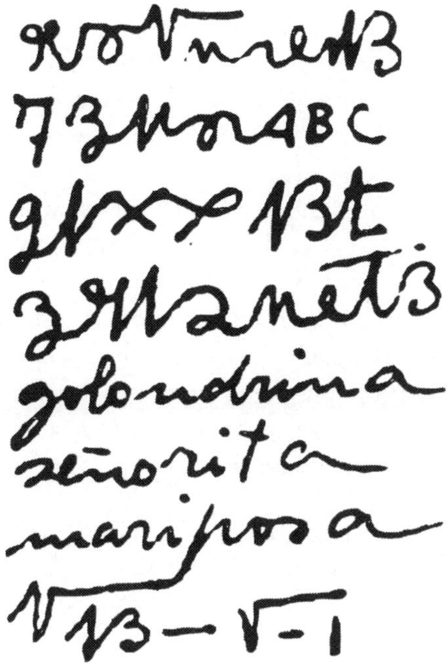

FIGURA 6. Reproducción del «poema» de la Carta 2

prosigue relatando sus actividades desde las más cotidianas como la crianza de un perro o la lucha por dejar de fumar, hasta sus hábitos de sueño, su estado de salud física y psicológica y la pintura. En cada uno de estos tópicos introduce elementos llenos de comicidad y fantasía, como puede observarse en el fragmento siguiente en el que describe una de sus ocupaciones:

> La mía, en los últimos cuatro meses, ha consistido en la crianza de un sobrenatural cachorro de perro. Es animal parlante, amable y útil si hubiera grandes sequías ya que de su cuerpo fluye casi constantemente un líquido ambarino que la gente común cree ser orina, pero yo sé que es algo de composición química superior. Por vivir yo en una habitación de suelo no absorbente, he considerado que dicho animal debe ir a vivir a Cuernavaca, en un jardín en donde las plantas [se] puedan beneficiar de la humedad que esta criatura produce (pp. 228-229).

La forma en que Varo entreteje la imaginación y la realidad en este relato transforma una actividad de la vida cotidiana –la necesidad de enviar a un perro a vivir a un jardín– en una descripción plena de fantasía que mueve a risa. Si bien Varo reviste sus quehaceres diarios con descripciones que podrían parecer un tanto absurdas o innecesarias, a la luz de los señalamientos de Bergson en *La risa*, es posible dotar de sentido el tono lúdico de su discurso: «[Existen] absurdos para la razón que razona, pero verdades muy ciertas para la simple imaginación. Por lo tanto, hay una lógica de la imaginación que no es la lógica de la razón, que incluso a veces se opone a ésta» (1986: 43).

En esta misiva, Varo también hace referencia a su actividad de pintar a través de una enumeración plena de ironía en la que describe la pintura como una «actividad maniática», «un mal» y una «rara forma de perversión», que la lleva a sentirse cada día «más avergonzada de tamaña frivolidad» (p. 229).

«¿Fumáis?» pregunta Varo a su distante interlocutor al que le detalla (ibíd.):

> Yo he emprendido una lucha titánica contra la nicotina y el humo en general; he llegado a la conquista parcial del asunto y en mis días de bondad sólo fumo 6 cigarrillos. En los días de nostalgia, de depresión y cuando todo es un desmadre ¡bueno! Entonces… ¡no sé! Esto debe ser explicado en forma clara y precisa:

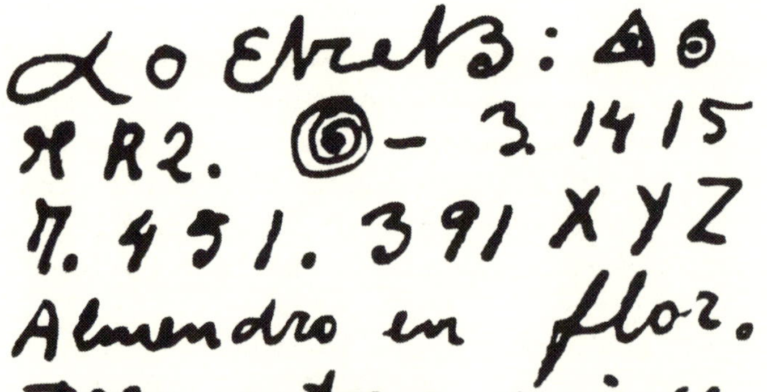
7.451.391 XYZ
Almendro en flor.
Tres catorce quince.

FIGURA 7. Reproducción del fragmento de la Carta 2 (Archivo Gruen)

Con el fragmento anterior (ver Fig. 7), Varo recurre, de nuevo, al lenguaje matemático con el que intensifica la comicidad de su discurso. Finalmente, un poco antes de despedirse, hace referencia a su estado emocional, el cual queda reflejado con la enumeración, un tanto caótica, que va del insomnio a los deseos de huir. La despedida es en realidad una invitación a la continuación del diálogo; en ésta Varo tiende puentes para nuevos y viejos asuntos de un pasado compartido que se puede apreciar en el fragmento final que transcribo a continuación.

> Espero vuestras noticias y sólo entonces os comunicaré cómo fui visitada, tiempo ha, por una sirena hechicera, fervorosa admiradora vuestra y muy preocupada e intranquila a causa de vuestro retraimiento de la vida cotidiana. ¡Misterio!
>
> Vivo como antes, en este castillete de Álvaro Obregón 72, con teléfono 11 20 84. Recuerdo las antiguas paellas, la libre circulación y beso vuestras falanges (p. 230).

Remedios Varo, en las cartas que escribe a sus amigos, se escabulle entre la realidad y la ficción. Los mensajes implícitos son muchos más que los explícitos y sus alusiones fantásticas le dan comicidad a su vida cotidiana que se revela llena de matices, estrategias igualmente presentes en el resto de sus relatos.

4. [Relación de personajes]

Finalmente, este escrito que hemos titulado [Relación de personajes] es una lista de nombres que incluye algunos de los personajes de sus relatos como: *Mme.* Milagra Gertznaf, Pompeya y Florian Malatesta, Randolf Brown, José María Iturrimendi y Daphne Fitz-James de [Trigo, aceitunas...], además de Ellen Ramsbottom y *Mme.* Felina Caprino Mandrágora de [Días de meditación]. Por su estructura parece ser la relación de personajes para una posible representación teatral, ya que, justo a continuación de los nombres, incluye, escrito entre paréntesis, el sobrenombre del posible actor o del oficio que desempeñaría. Sin embargo, de esta relación hemos podido identificar algunas marcas que muestran la interrelación de los personajes de sus escritos, como en el caso de Florian y Pompeya Malatesta, a los que incluye en dos de sus narraciones, asimismo podría tratarse de una relación de personajes para nuevas pinturas.

CAPÍTULO 4

LA OBRA DE TEATRO ESCRITA EN COLABORACIÓN POR REMEDIOS VARO Y LEONORA CARRINGTON: [*EL SANTO CUERPO GRASOSO*]

> La vida humana no es, no puede ser «exclusivamente» seriedad, [...] tiene que ser, por veces, a ratos, «broma», farsa; por eso el teatro existe y el hecho de haber teatro no es pura casualidad y eventual accidente.
>
> ORTEGA Y GASSSET (1958: 50)

Remedios Varo y Leonora Carrington se encontraron en la ciudad de México. Ambas se habían visto obligadas a dejar Europa a causa de la Segunda Guerra Mundial. En 1941, Varo, acompañada por Benjamin Péret, se instaló en un «apartamento destartalado en la calle Gabino Barreda [...] en el corazón de la parte antigua de la ciudad de México» (Kaplan 1998a: 90). Asimismo, en 1942, Carrington y su esposo, Renato Leduc, llegaron a México y se establecieron muy cerca de la casa de Varo.

Tanto Varo como Carrington frecuentaban un grupo de amigos, todos ellos intelectuales y artistas, y que, como ellas, habían llegado huyendo de la guerra: Gerardo Lizárraga, Esteban Francés, Kati y José Horna, y Emerico «Chiki» Weisz (Kaplan 1998a: 86), entre otros. Así recuerda Gunther Gerszo estas convivencias:

> todos [...] pasaron en México bastante tiempo durante la guerra y después, y todos [...] habían estado relacionados con el movimiento surrealista en Europa y permanecían leales a su espíritu. Juegos surrealistas, bromas pesadas, fiestas de complicados disfraces, el contar cuentos estridentes hasta bien entrada la noche (Kaplan 1998a: 89).

A partir de entonces la amistad que surgió entre Varo y Carrington se estrechó. El manuscrito de la pieza teatral es uno de los productos de esta feliz convivencia:

> Ella [Varo] y Carrington ideaban toda clase de juegos, experimentos, historias y obras de teatro de los que rebosan los cuadernos de Varo. Con una abierta afición a los cuentos de hadas, colaboraron en una farsa escatológica muy divertida [...] a la que le dieron la forma de una complicada obra de teatro en tres actos, con directrices para la puesta en escena y finales alternativos, en la que había papeles para muchos de sus amigos (Kaplan 1998a: 96).

Efectivamente, en un cuaderno se conservaba la obra de teatro, aún inédita. Se ha realizado la edición crítica de esta obra teatral, a la que se ha dado el título [*El Santo Cuerpo Grasoso*], cuyo análisis presentamos en las páginas siguientes.

1. Acerca del manuscrito

El manuscrito de la obra teatral forma parte del Archivo Gruen. Este texto está identificado en la primera página con una nota mecanografiada, redactada y adherida por Walter Gruen, en la que se lee: «Cuaderno de apuntes # 7 de Remedios Varo. Propiedad de Walter Gruen. Este cuaderno que compré de Kati Horna, contiene una pieza de teatro escrita alternativamente entre Remedios y Leonora (con su puño y letra respectivamente)».

Si resulta difícil precisar la fecha de redacción de este escrito, es posible hacer algunas conjeturas al respecto. Remedios Varo y Leonora Carrington se encontraron en la ciudad de México en el año de 1942 y a partir de entonces estrecharon su relación. Hacia 1947, Remedios se separó de Benjamin Péret, quien regresó a París. Ese mismo año, Varo tuvo una relación con un piloto francés, Jean Nicolle, a quien habían hospedado en su casa; posteriormente se mudaron a vivir juntos a la casa de sus amigos José y Kati Horna (Kaplan 1998a: 111). Hasta este momento Remedios Varo había decidido permanecer en México, pero en 1947 «ella se incorpora a una expedición científica francesa a Venezuela, donde se reunió con su madre y el hermano mayor, Rodrigo» (Gruen/Ovalle 1998: 46). Todos estos eventos nos llevan a formular la hipótesis de que la obra teatral pudo haber sido escrita alrededor de 1947 y que, por la misma razón, pudo haber sido Kati Horna quien inicialmente conservara este manuscrito.

El manuscrito presenta tres escrituras autógrafas, realizadas con bolígrafo, que corresponden a Remedios Varo, Leonora Carrington y Kati Horna. La participación de esta última se reduce a la inserción de tres añadidos; uno al principio, como una nota preliminar en la que se lee: «Cualquier parecido del público con algún personaje, es pura coincidencia. Esta obra está hecha solamente para diversión de los actores. El público es puro accidente»[1]; los otros dos se leen en acotaciones, uno, en la escena segunda del primer acto, en donde agrega el adjetivo «loca» –«*(Con una risa ligera y blanca de virgen loca)*», y otro, en la escena segunda del segundo acto, que reza: «*(El corazón es verdadero)*». Estas adiciones bien pueden ser resultado de la lectura del escrito ya terminado[2]. Ante la evidencia de sus escasas intervenciones escritas en la pieza teatral, consideramos excluirla de la autoría propiamente dicha del texto, aunque lo que resulta indudable es que Kati Horna realizó la lectura del manuscrito y participó en el juego que implicó la creación de la obra teatral[3].

La pieza teatral, sin título, está conformada por tres actos escritos en el anverso de los folios. A partir del tercer acto, la escritura aparece en ambas caras de las páginas; en recto, una primera escritura del tercer acto y, en el reverso, se muestra una segunda versión del mismo, por Remedios Varo, que al parecer está inconclusa. Ambas versiones incluyen algunas ilustraciones que se le atribuyen a ella misma (ver Figs. 8 y 9). En la edición genética de este texto hemos señalado los fragmentos que fueron escritos por cada una de las autoras.

Al observar el manuscrito es difícil afirmar si éste es el resultado de la transcripción o si se trata de la escritura simultánea al momento de creación. No obstante, la alternancia en la escritura de la pieza teatral nos recuerda el ejercicio creativo de André Breton y Philippe Soupault relatado en el *Primer Manifiesto*: «Philippe Soupault [...] y yo, nos pusimos a borronear cuartillas, con loable menosprecio por las consecuencias literarias de esta empresa. La facilidad de realización hizo el resto» (Breton 2001: 41). Con ello no queremos decir que la escritura de Varo y Carrington sea un ejercicio de escritura automática, aunque hay algunos aspectos que nos llevan a afirmar que sí se trata de una actividad surrealista: Carrington y Varo también escribieron sin

---

1 Las citas de la obra teatral proceden de la edición crítica presentada en este estudio.

2 Nótese que sus agregados se refieren a las acotaciones para la puesta en escena. En la edición genética de la pieza teatral incluida en este estudio aparecen claramente señalados los añadidos que se le atribuyen a Kati Horna.

3 En un artículo publicado en <http://www.cuartoscuro.com/50/articulos.html> de la revista *Cuartooscuro* (vol. 50, sept.-oct., 2001), «Kati Horna: una mirada insólita y cotidiana» escrito por Alicia Sánchez Mejorada, Elena Poniatowska comenta: «Acompañar a Kati era un deleite surrealista porque Kati al igual que Leonora, que Remedios, que Gunther Gerszo se elevaba por los aires».

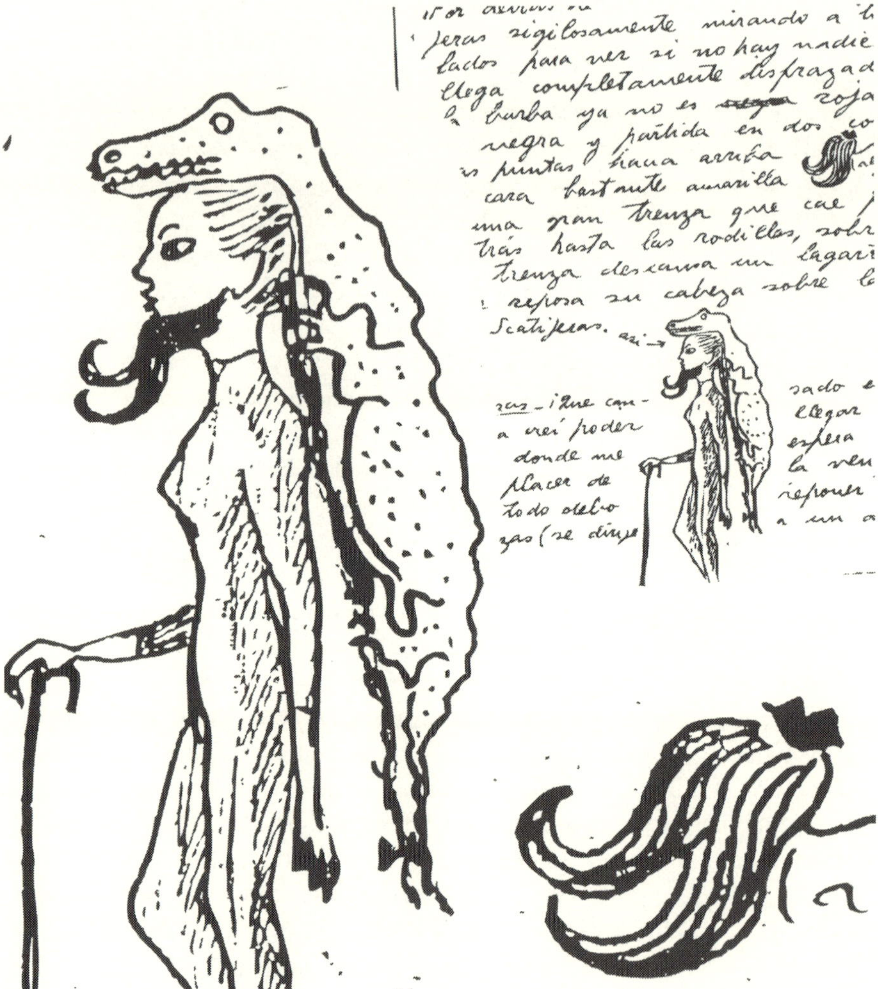

FIGURA 8. Ilustraciones del tercer acto de la pieza teatral (detalles ampliados)

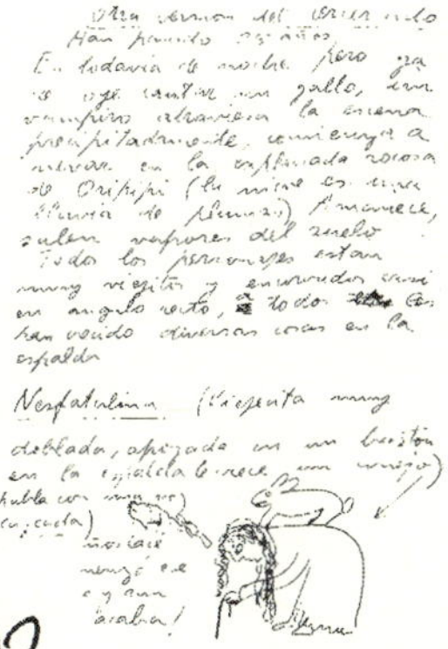

Otra versión del [illegible]
Han pasado 25 años
Es todavía de noche pero ya se oye cantar un gallo, un vampiro atraviesa la escena precipitadamente, comienza a nevar en la explanada rocosa de Oripipi (la nieve es una lluvia de plumas) Amanece, salen vapores del suelo. Todos los personajes están muy viejitos y encorvados casi en ángulo recto, a todos les han crecido diversas cosas en la espalda

Nerfatulina (Viejecita muy doblada, apoyada en un bastón en la espalda le crece un conejo) habla con una voz cascada)
[illegible]

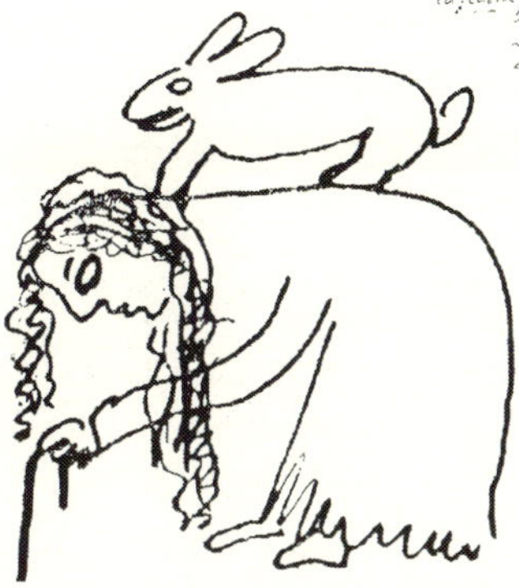

▲ FIGURA 9. ▶
Ilustraciones en la segunda versión del tercer acto de la pieza teatral
(detalles ampliados)

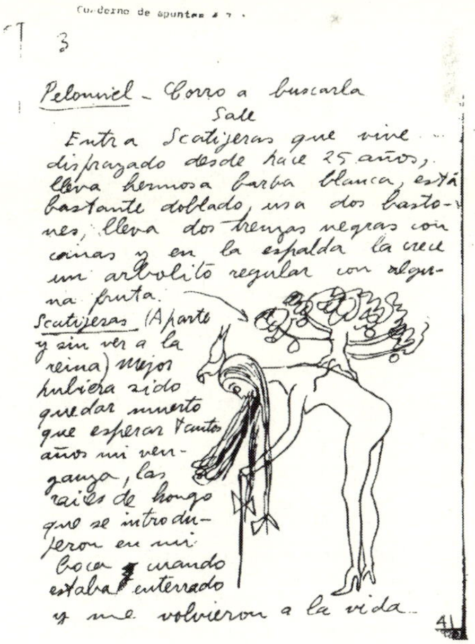

Cuaderno de apuntes

3

Pelonniel – Corro a buscarla
Sale
Entra Scatijeras que vive disfrazado desde hace 25 años, lleva hermosa barba blanca, está bastante doblado, usa dos bastones, lleva dos trenzas negras con canas y en la espalda le crece un arbolito regular con alguna fruta.
Scatijeras (Aparte y sin ver a la reina) Mejor hubiera sido quedar muerto que esperar tantos años mi venganza, las raíces de hongo que se introdujeron en mi boca cuando estaba enterrado y me volvieron a la vida...

importarles «las consecuencias literarias de esta empresa», incluyendo «aquí y allá algunas frases agudamente burlescas» (ibíd.: 42). Del mismo modo, la puntuación y las reglas ortográficas se presentan descuidadas, como si al escribir consideraran el comentario de Breton con respecto a la puntuación: «Siempre sucede que la puntuación se opone a la absoluta continuidad del flujo verbal, aunque parezca tan indispensable como la distribución de nudos en una cuerda vibrante» (ibíd.: 49).

Otra evidencia de la libertad de creación es que las autoras pasan por alto la insuficiencia en el dominio del idioma español en los fragmentos escritos por Carrington, cuya lengua materna es el inglés. En efecto, las faltas manifiestas no muestran reescrituras o enmiendas posteriores, situación que ratifica la intención lúdica como el propósito explícito de esta obra de teatro más allá de la escrupulosidad en el uso del idioma.

Otra manifestación de la intención lúdica del proceso de escritura la constituye la atribución de los personajes, pues, como reza el añadido inicial de Kati Horna, hay que recordar que la obra fue realizada «para diversión de los actores». En ese sentido, se explica que el reparto esté lleno de comicidad en sí mismo por la inversión de sexos en la atribución de los personajes y por el deseo expreso de la simulación: hombres representando los personajes femeninos y viceversa. En la lista de los personajes –*dramatis personae*–, las autoras incluyen los nombres de quienes participarían en la obra: Chiki Weisz, esposo de Carrington, representaría a la reina Nesfatalina; José Horna, esposo de Kati Horna, aparecería en escena como la princesa Pelomiel; Remedios Varo en el papel de Scatijeras, el científico de la corte, y Carrington en el del fiel asistente de la Reina, Perico Verde. En cuanto a Jean Nicolle, sería el único en encarnar a un personaje de su mismo género y oficio, don Jon von Aguilota, que al igual que él, era un piloto aviador. Desafortunadamente no nos ha sido posible saber si la obra llegó a representarse en alguna de las reuniones celebradas entre estos amigos, o si sólo fue escrita para ser leída entre ellos, ya que hasta el momento no tenemos ningún testimonio que lo confirme. No obstante y dado que rompen con la relación tradicional entre los actores y el público al destacar que éste «es puro accidente», se ratifica el carácter privado de la posible representación de esta pieza teatral.

El trabajo de edición de este manuscrito se presenta en dos modalidades. La primera, una edición genética de la pieza teatral cuyo objetivo es presentar el texto lo más cercano posible al estado en que se encuentra, es decir, respetando el estado actual de la escritura: ortografía, puntuación, uso de signos de admiración e interrogación, utilización del idioma, tachaduras, etc., con el fin de mantener «la huella visible del mecanismo creativo» (Grésillon 1994: 12) para que sean las autoras y sus procesos los que se revelen.

La segunda modalidad es la que corresponde a la edición crítica, en la que prevalece el deseo de fijar el texto introduciendo las enmiendas mínimas necesarias que, sin alterar la voluntad de las autoras, muestren un documento fidedigno y depurado, de manera que todas las intervenciones editoriales estén realizadas con base en los criterios de edición señalados. En esta edición le hemos dado un título a la pieza teatral: *El Santo Cuerpo Grasoso.*

2. Hacia la lectura de la obra teatral [*El Santo Cuerpo Grasoso*]

La experiencia de la lectura de las piezas teatrales implica una representación virtual o imaginaria de éstas ya que, además de desplegar una historia, proporcionan «los datos para la construcción imaginaria del espacio de la ficción [además de] las indicaciones, de modo más o menos directo y preciso, para una representación» (Rubiera Fernández 2005: 12). En este apartado presentamos una lectura posible de [*El Santo Cuerpo Grasoso*] que iniciamos con un resumen del argumento seguido por el análisis de la estructura dramática, la temática, los personajes y los espacios, con el objetivo de que se amplíe y profundice la comprensión e interpretación de la obra que nos ocupa.

2.1. *Resumen del argumento*

El primer acto se ubica en el cráter de un volcán extinto, Oripipí, en el que se encuentra el hogar de Nesfatalina, madre de la Princesa Pelomiel. En el reino de Nesfatalina vive un hombre de ciencia, Scatijeras, quien ha desarrollado una fórmula oleosa, el «Santo Cuerpo Grasoso», que aplicándola en los glúteos separa el alma del cuerpo sin perder la vida y al mismo tiempo permite conocer la forma del alma de quien se someta al procedimiento.

La Reina decide organizar un concurso para escoger la pareja de la princesa Pelomiel y convoca a los habitantes del pueblo de Cacatorres. Los participantes deben permitir que se les realice el procedimiento para poder separar el alma del cuerpo gracias al aceite, así la Reina seleccionará a quien posea el alma más hermosa para desposar a la Princesa. Mientras la reina Nesfatalina y su séquito ideaban el concurso, accidentalmente cae en Oripipí un avión pilotado por don Jon von Aguilota. El piloto es rescatado por los guardianes del reino y atendido por Scatijeras con el que se conocía tiempo atrás, cuando éste servía en otra corte. Von Aguilota le comenta que viajaba buscando a la mujer de sus sueños; por su parte, Scatijeras le explica las bondades del «Santo Cuerpo Grasoso» y del concurso próximo a realizarse.

La reina Nesfatalina encuentra muy excitante a Jon von Aguilota y, al enterarse de que es a Pelomiel a quien busca, sufre profundos celos y agiliza la realización del concurso para que Pelomiel abandone Oripipí y ella pueda gozar de la presencia de don Jon von Aguilota.

En el segundo acto, Jon von Aguilota urde un plan para apropiarse del aceite y escapar con Pelomiel antes de que el concurso se realice, pues la multitud que va a participar se está aproximando y la situación con la Reina es cada vez más comprometida. Para ello, engaña a Scatijeras y le da un golpe mortal; le roba el codiciado aceite y pretende huir con la princesa Pelomiel. El Perico Verde, fiel servidor de la Reina, encuentra el cadáver de Scatijeras y a un chango negro, que es el alma de Scatijeras; la desagradable sorpresa lo hace perder el sentido. El cirujano real ayuda a Perico Verde a recuperarse y ambos logran identificar al autor del asesinato de Scatijeras y del hurto de la botella de aceite. La guardia real atrapa a Jon von Aguilota y Pelomiel regresa a su hogar.

El tercer acto de la obra se inicia con la reaparición de Scatijeras, cuyo cuerpo había sido robado por un ermitaño que con diversos experimentos lo había vuelto a la vida. Scatijeras regresa disfrazado a vengar la traición de Jon von Aguilota y se encuentra con Perico Verde, que lo toma por uno de los participantes del concurso y lo pone al día acerca del destino de Jon von Aguilota, quien había sido encarcelado. Mientras la multitud se aproximaba al reino, el resucitado Scatijeras ofrece su ayuda al piloto a cambio de la barba que le caracterizaba y de su alma, que tenía la forma de una hermosa mariposa. Jon von Aguilota, sin posesión alguna, abandona el reino.

Durante la celebración del concurso aparece Scatijeras usurpando la figura de Jon von Aguilota. Scatijeras (ahora Von Aguilota) se somete a la prueba y presenta como su alma a la mariposa que resulta ser el alma más bella. Pelomiel se entrega feliz a los brazos de «su amado». La Reina los maldice y la multitud, enardecida, exige la devolución de sus almas.

La obra de teatro tiene otra versión del tercer acto al parecer inconclusa. En ésta han transcurrido ya veinticinco años durante los cuales el concurso se estuvo llevando a cabo sin éxito alguno. Aparece Scatijeras vuelto a la vida gracias a que en su tumba crecieron ciertos hongos que lo resucitaron y se presenta al concurso como Tijeretas. La Reina Nesfatalina, sin reconocerlo, espera que éste posea un alma hermosa y pequeña.

2.2. *Estructura básica*

La pieza teatral parte de una situación inicial, a manera de presentación, seguida por el nudo argumental y finalmente un desenlace. Con el propósito de identificar sus aspectos más relevantes, hemos decidido dividirla en escenas a partir de los cambios de espacio[4] y las entradas y salidas de los personajes[5] quedando como sigue:

Acto I. Presentación

Escena 1. Scatijeras discute con el Perico acerca del elíxir.
Escena 2. Scatijeras se encuentra con la reina Nesfatalina para presentarle su invento.
Escena 3. Aparece Jon von Aguilota.
Escena 4. Scatijeras y Jon von Aguilota se reconocen.
Escena 5. Scatijeras presenta a Jon von Aguilota con la reina Nesfatalina. / Se encuentran Jon von Aguilota y la princesa Pelomiel. / La reina Nesfatalina decide apresurar la organización del concurso.

Acto II. Nudo

Escena 1. La reina Nesfatalina y la princesa Pelomiel se muestran inquietas por la aparición de Jon von Aguilota.

---

[4] Entre los problemas concretos que se plantean al dramaturgo, teniendo como centro el espacio, Rubiera menciona el que se relaciona con «la segmentación del texto dramático, en unidades que por comodidad llamamos escenas y cuadros, segmentación fuertemente relacionada con el juego de entradas y salidas que articulan el desarrollo de la acción» (Rubiera Fernández 2005: 59).

[5] Pavis siguiendo a Scherer considera que: «El criterio de la entrada o salida ha sido largo tiempo considerado como lo que definía la escena: la dramaturgia (y la tipografía del texto clásico) consideraba la entrada y la salida de un personaje como lo que modifica la situación teatral, las relaciones entre los personajes y por lo tanto, sus discursos, de manera que la escena se transformaba en una unidad de acción y servía como segmentación de la dramaturgia y como ritmo de la obra» (Pavis 1996: 168).

Escena 2. Los habitantes de Cacatorres se acercan para participar en el concurso. / Aguilota y Nesfatalina tienen un encuentro «privado».
Escena 3. Jon von Aguilota pretende engañar a la Reina, robar el elíxir y escapar con la Princesa.
Escena 4. Jon von Aguilota asesina a Scatijeras y roba el elíxir.
Escena 5. El Perico y la reina Nesfatalina descubren el cadáver de Scatijeras.
Escena 6. El Perico revela que Jon von Aguilota asesinó a Scatijeras, robó el elíxir y huyó con la princesa Pelomiel. / Se incia su captura.

Acto III. A. Desenlace

Escena 1. Scatijeras, vuelto a la vida, regresa disfrazado. / Jon von Aguilota se encuentra en el calabozo.
Escena 2. Día del concurso, la reina Nesfatalina se arregla y manda a Pelomiel a hacer lo mismo.
Escena 3. Preparativos del lugar para el concurso. Scatijeras (disfrazado) se encuentra con la princesa Pelomiel/ Plantea su idea de cambiar su alma por la de alguien más, al no encontrar a nadie de la multitud decide que sea la de Aguilota.
Escena 4. Scatijeras decide liberar a Jon von Aguilota a cambio de usurpar su persona y alma. / Jon von Aguilota es liberado de la prisión y tiene que huir.
Escena 5. Concurso. / Scatijeras resulta el vencedor del concurso.

Acto III. B. Desenlace

Escena 1. La reina Nesfatalina espera que ese día termine el concurso que ha durado 25 años.
Escena 2. Scatijeras, vuelto a la vida, regresa disfrazado para participar en elconcurso.

La obra muestra una estructura equilibrada con 5-6-5 escenas que corresponden a cada uno de los actos. Otra versión alternativa del tercer acto, al parecer inconclusa, presenta una variación marcada por el tiempo y el medio utilizado para la reaparición (¿resurrección?) de Scatijeras.

2.3. *La temática de la obra teatral*

La temática de la obra podría inscribirse dentro del género de las narraciones fantásticas, por lo que hemos aplicado las nociones que propone Vladimir Propp en su *Morfología del cuento*, para realizar un primer análisis de la obra de teatro considerando como hilo conductor las funciones de los personajes. La obra parte con el planteamiento de la *situación inicial (i)* en el *AI E1-2* en la que aparece el futuro héroe y presenta «un cuadro idílico de felicidad y prosperidad [...]. Esta felicidad contrasta con la desdicha que habrá de sucederle» (Propp 1999: 119). La parte preparatoria de la obra se identifica en el momento en que aparece la función de la *prohibición (p)*, cuando súbitamente en la trama de la obra ocurre un accidente –«Se estrelló un avión en la montaña» anuncia el Perico– y que se presenta un nuevo personaje *–el antagonista–*, cuyo «papel es turbar la paz [...] provocar alguna desgracia, causar algún daño»[6] (ibíd.: 40). El arribo del *antagonista*, quien ha llegado por los aires, permite identificar las funciones en cuanto a la *prohibición (p)* y a la *trasgresión (t)*, que están estrechamente relacionadas, pues ambas marcan la manera en que se violenta la situación feliz del inicio. A partir de *AI E3* hasta *AI E5*, el *antagonista* trata de obtener información, *interrogación* o *demanda (d)*, y la *información* o *noticia (n)* le es revelada de manera imprudente. Posteriormente, en *AII E2-3*, *el antagonista* trata de engañar a sus víctimas para apoderarse de sus bienes a través del *engaño (e)*: «¡Reina blanca, pálida y divina luna de todos [los] cielos, incomparable Nesfatalina!»; «Oh, mi queridísimo Scatijeras! ¡Siento una palpitante amistad por ti!». Las víctimas se dejan convencer y se observa en *AII E3* lo que Propp llama *complicidad involuntaria (c)*. Hasta este momento las primeras funciones de *prohibición, transgresión, demanda, noticia, engaño y complicidad involuntaria (ptdnec)* pueden ser consideradas como la parte preparatoria de la obra.

Las funciones contenidas en los símbolos *XY*↑ constituyen el comienzo de la intriga a partir de la cual ha de desarrollarse la acción. En nuestro caso, la función *daño (X)*, que es la «que pone en movimiento la acción propiamente dicha» (Propp 1999: 45), se presenta según Propp en formas diversas; en la obra teatral la identificamos como *(X^2)*, que simboliza el hurto del

[6] Este momento podemos identificarlo en la obra de teatro cuando Nesfatalina anuncia: «algo pesado se cayó en nuestro sagrado Oripipí».

medio mágico, y al mismo tiempo como *(X^{14})*, pues hace referencia a un crimen. Ello queda claro en la acotación de *AII E4*:

> *Scatijeras se arrima por la terraza y en el acto el piloto le da un terrible trancazo en la cabeza con una botella de tequila vacía. Se cae al suelo como muerto el hombre de ciencia. Precipitadamente el piloto busca en sus bolsas. Después, con un grito de triunfo, saca la sagrada botella del Santo Cuerpo Grasoso.*

A continuación, se produce un momento de enlace marcado con la función definida como *mediación, momento de enlace (Y)*, que es la que introduce al *héroe* en la narración y que señala el momento en que éste abandona su casa. En la obra se presenta en dos modalidades: la primera como (*Y^6)*, en donde se le presenta la *posibilidad de partir*, que lo lleva a entrar en la categoría de *héroe-víctima*; y la segunda como (*Y^7)*, que se refiere a la aparición de una endecha, «gracias a ese canto se conoce la desdicha y ello provoca una reacción» (Propp 1999: 53). Este canto aparece en *AII E4*:

> Por la culpa culpita de un guapo piloto,
> el gran Scatijeras rindió su alma.
> Tra la, tra la, tra la,
> por su culpa culpita,
> Nesfatalina
> pierde su reino
> sin el Santo Cuerpo Gordo.
> Tra la, tra la,
> Pelomiel, palomita,
> su amor culpable
> por el aviador Aguilota
> es la perdición de todos.
> Tra la, tra la.

En lo referente a la función relacionada con la *partida* del héroe (↑) –o *héroe-víctima*– éste «descubre sin espíritu de búsqueda el comienzo del camino donde le aguardan toda clase de aventuras» (Propp 1999: 54), que aparecen implícitas en el *AII E5* aunque es en *AIII E1* donde leemos:

SCATIJERAS [...] Todos me creen muerto. Verdad es que sin la ayuda del venerable ermitaño que robó mi cuerpo del sepulcro para hacer sobre él ciertos experimentos coronados por el éxito, ahora continuaría muerto. Con este disfraz nadie me conocerá.

Por lo tanto, estas funciones quedarían como sigue: $X^{2\text{-}14}Y^{6\text{-}7}\uparrow$, donde $X^{2\text{-}14}$ simboliza el daño como hurto-asesinato y $Y^{6\text{-}7}$ cumple la función mediadora que anuncia la partida ↑ del *héroe-víctima* y que dará comienzo a la intriga (nudo).

Simultáneamente, un nuevo personaje entra en escena; se trata del *donante* o *proveedor (D)*. El héroe puede encontrarlo por casualidad y recibir de él un medio mágico para vencer las adversidades, situación que está presente en la obra. En nuestro caso, el héroe es puesto objetivamente a prueba aunque subjetivamente no la considera como tal. Esta función se representa como *(d^7)*. Posteriormente el héroe experimenta la prueba *(H^1)* y, gracias a ella, regresa *(R)* al reino por el objeto que busca.

En la obra de teatro, la función identificada como *lucha (L)* se presenta, a decir de Propp, como sucede en los cuentos humorísticos, esto es, en los que no hay un combate propiamente dicho. Esta función se identifica en la obra de teatro como (*L^2*), donde el héroe gana por astucia, tal como se lee en el diálogo siguiente de *AIII E4*:

SCATIJERAS	¿Qué tiene usted? *(Ap* ¡Oh, inspiración!)
VON AGUILOTA	¡Oh, desesperación! Vendrá la Reina con corseteras nuevas, si no escapo estoy perdido. ¡Oh, oh, oh!
SCATIJERAS	Escúcheme, cuando usted quiera escapar yo le ayudo…
VON AGUILOTA	¡Oh, noble desconocido!
SCATIJER	Pero… tiene usted que salir por la ventana al revés.
VON AGUILOTA	¡Todo, se lo prometo todo!
SCATIJERAS	Está muy bien. Pero primero regáleme sus colibrados-bigotes…

Del fragmento anterior se desprende, asimismo, la función definida como *marca, señal (M)*, que no sólo indica que el *héroe* recibirá una *marca* que le permitirá continuar con éxito, sino también que *el antagonista* ha sido vencido, función identificada como *victoria (V)*.

La función relacionada con la *eliminación o reparación del daño (E)* está muy ligada con la del *daño (X)*, pues es donde el relato «alcanza su punto culminante» (Propp 1999: 71). En la obra de teatro esta función viene simbolizada por *(E^4)*, donde la recuperación del objeto buscado es consecuencia de las acciones precedentes. Es posible observar que el regreso de incógnito del héroe a su casa *(o)* se presenta en *AIII E4*: «*Arranca su barba negra de puntitas y la da al piloto tomando los bigotes colibrados y se los pone…*»; esta situación le permite la realización de la *tarea difícil (T)*, que es uno de los elementos centrales de la obra teatral: la participación en el concurso de las almas, que corresponde a la función *cumplimiento (C)*.

Por lo que respecta a la función de la *transfiguración del héroe (Tr)*, ésta aparece en la obra de teatro como *(Tr^4)*, que corresponde a lo que Propp considera como formas racionalizadas y humorísticas: «¡Ah! Ahora, piloto seductor, primero sus bigotes… ¡Ahora su alma!...», leemos en un *aparte* de *AIII E4*.

Del mismo modo, la función relativa al *castigo (Ca)* está vinculada con la función *(L^2)* y muestra la derrota del antagonista: «Adiós por siempre dulce margarita en donde pisaban los pies de mi adorada Pelomiel…» quien «*Sale tapando la cara en su dolor*». Finalmente, la función *nupcias (N)* es la que consuma la obra teatral y representa el triunfo total del héroe.

Así pues, y siguiendo la simbología establecida por Propp, la estructura de la obra de teatro quedaría representada de la manera siguiente:

$$\text{ptdnec}X^{2\text{-}14}Y^{6\text{-}7}\uparrow d^7H^1RL^2MVE^4\text{oTCTrCaN}$$

que se lee como: (p) prohibición, (t) transgresión, (d) demanda, (n) noticia, (e) engaño, (c) complicidad involuntaria, ($X^{2\text{-}14}$) daño (hurto y crimen), ($Y^{6\text{-}7}$) posibilidad y anuncio de la partida, (↑) partida, (d^7) donante, (H^1) prueba, (R) retorno, (L^2) lucha con triunfo por astucia, (M) marca, (V) victoria, (E^4) reparación del daño (encuentro del objeto buscado), (o) regreso de incógnito, (T) realización de la tarea difícil, (C) cumplimiento, (Tr) transfiguración humorística del héroe, (Ca) castigo-derrota, (N) nupcias.

Las nociones derivadas del estudio de Vladimir Propp sobre los cuentos fantásticos rusos son aplicables a la estructura de esta obra teatral. Lo anterior nos lleva a señalar que la obra de teatro escrita por Remedios Varo y Leonora Carrington quedaría enmarcada por su temática dentro del género de las narraciones fantásticas y humorísticas, aunque no exclusivamente. El mismo Propp marca la pauta para tal aseveración cuando plantea el cuestionamiento de la uniformidad de los cuentos fantásticos: «¿No se debe acaso a que todos se originan en la misma fuente?» (1999: 148). Propp considera que existe un «paralelismo entre cuentos y religión, y su posterior arraigo en la cultura y en la vida económica». Esta conclusión que califica como «la más general y más importante de su trabajo» coincide con la tesis fundamental del artículo publicado por Mircea Eliade, «Permanencia de lo sagrado en el arte contemporáneo» (2000: 139-146), en el que afirma que lo sagrado «se ha convertido en irreconocible, camuflado en formas, intenciones y significaciones aparentemente profanas» (ibíd.: 140), situación que se presenta especialmente en los artistas modernos, como sería el caso de Varo y Carrington, pues aún cuando éstos «conscientemente, no son religiosos [...] lo sagrado sigue presente en sus obras» (ibíd.). Por lo tanto, podemos afirmar que aunque la obra teatral responda a lo que se considera como fantástico y humorístico, su temática está impregnada de símbolos y misterios religiosos heredados que, condicionados histórica y socialmente, remiten a universales míticos.

Sin embargo, no se debe perder de vista el marco que la adscripción al surrealismo de las autoras conlleva. El trabajo de Varo y Carrington, dada su relación con «la realidad creacional de este movimiento» (Cirlot 2006: 638), apunta a encontrar en la «poética surrealista» algunas otras claves para profundizar en la interpretación de la pieza teatral. Una de estas marcas es la libertad para la creación. Varo y Carrington escribieron como si jugaran, haciendo con el juego un «*intermezzo* en la vida cotidiana» (Huizinga 1957: 16). De esta manera crearon un mundo posible, el «mundo de lo imaginario, esa tercera residencia del espíritu» (Cirlot 2006: 630) al que Breton ya había hecho referencia en el *Primer Manifiesto* de los surrealistas:

> El espíritu que se sumerge en el surrealismo revive con exaltación lo mejor de su infancia [...]. De los recuerdos de la infancia y de algunos otros, se desprende un sentimiento de algo insumiso y al mismo tiempo *descarriado*, que considero lo más fecundo que existe. Quizás sea la infancia lo que está más cerca de la 'verdadera vida' [...]. La infancia, en la que todo concurría a la posesión eficaz y sin restricciones de uno mismo. Gracias al surrealismo parece probable que retornen tales perspectivas (2001: 60).

Tanto Varo como Carrington muestran a través de [*El Santo Cuerpo Grasoso*] ese «impulso lúdico del espíritu»[7] sumergido en el surrealismo y embebido

[7] Huizinga en su reflexión acerca del «Papel de la figuración poética» en *Homo Ludens* señala: «El intento de aturdir la imaginación mediante una fantasía exorbitante, cuantitativa o cualitativamente, no opera sólo como función poética y en forma lírica. Esta necesidad por lo desmesurado es una típica función lúdica propia de los niños y la conocen también los pertur-

quizá de los recuerdos de la infancia. Parafraseando a Artaud (2002: 12), diríamos que con su escritura lograban apropiarse de aquello que todavía no era y lo traían a la existencia, tal como sucede en los juegos. Con [*El Santo Cuerpo Grasoso*], sus autoras lograron «abrir la realidad cerrada en que vivimos, sustituyéndola por una surrealidad» (Cirlot 1972: 353) que se manifiesta especialmente en el asunto central, la celebración del concurso que buscaba descubrir el alma más bella, «surrealidad» en la que se materializa el alma humana[8].

2.4. *La configuración de los personajes*

Los personajes en la obra teatral son «artefactos construidos» (García Barrientos 2003: 153) por las autoras que se van configurando mientras transcurre la lectura de la obra. Su caracterización comienza ya desde la denominación en la lista de los personajes *(dramatis personae)* en la que podemos percibir algunos de sus atributos principales, por ejemplo: «Don Jon von Aguilota, intrépido piloto de la estratosfera y altos aires»; «Perico Verde, alma de un difunto diplomático»; o «Pelomiel, dulce paloma pálida y bellísima hija de Nesfatalina». Aunado a lo anterior, si nos detenemos en los principales rasgos que identifican a los personajes y los objetos que los caracterizan, es imposible no asociarlos con algunos de los personajes y motivos que aparecen en las obras pictóricas de Remedios Varo. Hemos observado algunos elementos recurrentes, como, entre otros, los personajes-ave como Jon von Aguilota, Perico Verde, la guardia real conformada principalmente por zopilotes y tecolotes; las barbas y bigotes de los personajes, por mencionar sólo algunos[9].

---

bados mentales, lo mismo que ha sido algo grato para los elaboradores literarios de los mitos y las hagiografías. [...] Esta tendencia a producir un efecto sorprendente mediante la exageración desmesurada o mediante la proporción de todas las proporciones o relaciones, no debe ser considerada como algo totalmente serio [...] nos hallamos en presencia del mismo impulso lúdico del espíritu» (1957: 190).

[8] En esa misma línea, Ortega y Gasset afirma: «No es nada fantástico sostener que en un sentido real, y no como suele entenderse lo metafórico, es decir, como irreal, cada alma tiene una figura, un volumen, un perfil. Hay sin duda, almas bonitas y almas feas. Pero ¿cuál es la anatomía de un alma bonita? ¿Qué composición y modo de funcionar tiene un alma bonita de mujer? ¿Y el alma bella del hombre?» (1950: 741).

[9] Véanse, por ejemplo, *Creación de las aves, Caza nocturna, Aves, El encuentro* (Gruen/Ovalle 1998: 139, 154, 204, 223, respectivamente) y *Locomoción capilar* (ibíd.: 167) donde las barbas son un elemento de caracterización de los personajes.

Entre los recursos teatrales utilizados para la configuración de los personajes encontramos el «aparte» que, a manera de diálogo con el público o consigo mismo, aísla sus intervenciones y permite destacar algunos rasgos de su cara oculta, de sus opiniones y de sus verdaderos sentimientos. De alguna manera, el «aparte», a decir de Artaud, «elimina la máscara, hace visible la mentira, la debilidad, la bajeza, la hipocresía» (2002: 27). Esta estrategia de caracterización dramática es especialmente significativa en algunos de los parlamentos de la reina Nesfatalina, en los que se muestran sus sentimientos e impresiones hacia Jon von Aguilota –«(*Ap* Pero, ¿Qué es este calor tan intenso dentro de mí? No puedo contenerme)» *(AI E5)*– o hacia su hija Pelomiel –«(*Ap* Realmente parece un espárrago)» *(AIII E2)*–; así como sus intenciones ocultas –«(*Ap ¡Merde!* Creo que la ama, hay que apresurar el concurso y casarla para que se aleje de Oripipí)» *(AI E5)*–. El «aparte» predomina en los personajes de Nesfatalina y Scatijeras, los más intrigantes de la obra.

Como se podrá ver en nuestro comentario, las acotaciones también facilitan la construcción del personaje, especialmente las que contienen su descripción, sus reacciones y actitudes, además de aquéllas que hacen referencia a los objetos utilizados para su caracterización o para la ambientación de la escena, pues pueden marcar la peculiaridad del personaje y por lo tanto servir para identificar sus quehaceres u oficios.

Entre los personajes que aparecen en la obra de teatro están los siguientes:

– *Scatijeras.* Alquimista y hombre de ciencia que trabajó para la corte del Rey Prisma I. Entre sus logros están la creación de los elíxires de «Larga vista» y el de «Exuberante vegetación». Ahora aparece como el *attaché* cultural en la corte de la reina Nesfatalina; como resultado de su labor de científico ha desarrollado un elíxir oleoso cuyas propiedades son separar el alma del cuerpo y que ambos continúen viviendo de manera separada. En investigaciones previas, a decir de la reina Nesfatalina, «Scatijeras ha descubierto una línea ancestorial directa entre las solitarias presidenciales y los originales cocodrilos sagrados de Toth» *(AII E2).* Scatijeras ejerce, además, control sobre el viento.

Scatijeras tiene como característica física primordial una larga barba roja, de la que salen algunas moscas grandes. Es el personaje que inicia la pieza teatral «*Entra Scatijeras con aspecto de conspirador, juega nerviosamente con su larga barba roja. Salen de aquella cascada de pelos colorados algunas moscas grandes*» *(AI E1).* Scatijeras es reconocido en el reino de Nesfatalina como un hombre de gran inteligencia, por lo que recibe el apelativo de «emperador de la divina inteligencia» *(AI E1)*. Este personaje sufre diversas metamorfosis durante la trama de la obra y en el tercer acto reaparece disfrazado: «*la barba ya no es roja, es negra y partida en dos con las puntas hacia arriba la cara bastante amarilla y una gran trenza que cae por detrás hasta las rodillas, sobre la trenza descansa un lagarto que reposa su cabeza sobre la de Scatijeras*» (acot. *AIII E1*).

A partir de su reaparición, la imagen que proyecta a los demás, a pesar de su extraña indumentaria, es la de un extranjero; para el Perico resulta ser «un interesante desconocido» *(AIII E2)*, mientras que para Jon von Aguilota un «noble desconocido» *(AIII E4)*, que a pesar de su metamorfosis, continúa fascinando.

Hay un personaje que permanecerá ligado a Scatijeras a partir del momento de su muerte, un chango negro, quien es la materialización de su alma: «¿Quién es usted, ser nocturno, peludo fantasma de las sombras?», le pregunta Perico a Chango negro en el *AII E5*. Si bien la muerte de Scatijeras representó la liberación de este chango –«Ya estoy libre de este viejo cáscara» *(AII E5)*–, dicha libertad se ve coartada, pues tras la vuelta a la vida de Scatijeras aparece muy disminuido físicamente, a decir de Perico en *AIII E2*: «*lleva en una bolsa un changuito negro prisionero y unas veces es el quien habla y otras el changuito es quien traduce sus pensamientos*». Este personaje, aun siendo patente, inicialmente sólo es visible para el Perico, quien posee su misma naturaleza, ya que es el «alma de un difunto diplomático». El «alma de Scatijeras» contrasta con la imagen proyectada por Scatijeras, quien aparece como conspirador *(AI E1)*, como un ser sigiloso y siniestro *(AIII. E1-E3)*, lo que refuerza lo grotesco que resulta el personaje.

Otra de las transformaciones que sufre Scatijeras, ahora como Tijeretas, aparece en la segunda versión inconclusa del tercer acto: «*Entra Scatijeras que vive disfrazado desde hace 25 años, lleva hermosa barba blanca, está bastante doblado, usa dos bastones, lleva dos trenzas negras con canas y en la espalda la crece un arbolito regular con alguna fruta*» *(AIIIB E2)*.

Es considerado como el último de los participantes del concurso. Con Remedios Varo, autora de esta versión del tercer acto, la imagen final de Scatijeras queda suavizada y es más positiva –«*lleva hermosa barba blanca*»– y el mismo nombre de Tijeretas resulta menos impactante, al atenuarse con el diminutivo. Asimismo la barba, ahora hermosa y blanca, mitiga los rasgos de dureza de este personaje.

– *Reina Nesfatalina*. Este personaje femenino aparece descrito de la manera siguiente: «*impresionante mujer. Altísima, de largo pelo negro, de cara más pálida que la leche, le acompaña su bellísima hija, Pelomiel*» (acot. *AI E2*). Es la metáfora del poder absoluto, sólo dominada por la lujuria:

NESFATALINA *(Ap* Pero, ¿Qué es este calor tan intenso dentro de mí? No puedo contenerme).
Piloto, te ofrezco mi hospitalidad en el pico de Oripipí.
Agitadísima. Aquí somos alegres. ¡Mira!
Cada vez más agitada y sin poderse contener comienza una danza lúbrica alrededor del piloto mientras le salen algunas llamas de fuego del pecho (AI E5).

El autoritarismo de Nesfatalina lo podemos identificar en su relación con todos los personajes que intervienen en la trama, especialmente con su hija Pelomiel a quien además de tratarla con violencia física *(AIII E2)*, la considera una «nauseabunda criatura» *(AI E5)*, un «cachorro baboso» *(AII E2)*, e incluso la compara con vegetales, cosificándola, al decirle que es «más idiota que un rábano» *(AI E2)*, o cuando comenta: «*Ap* Realmente parece un espárrago» *(AIII E2)*. Con ella entabla una relación de competencia y celos al percibir que el hombre que ella desea ama a su hija: «*(Ap ¡Merde!* Creo que la ama, hay que apresurar el concurso y casarla para que se aleje de Oripipí)» *(AI E5)*. Los «apartes» en este personaje revelan su «doble cara», su apariencia exterior de una «impresionante mujer» contrasta con la mujer lujuriosa y frívola que se percibe en los «apartes» de *AI E5* cuando conoce a Jon von Aguilota; así como su urgencia por ataviarse con el corsé descrito en la acotación del *AIII E2*: «*El corsé es una magnífica pieza fabricada con dos alas de murciélago grande; tiene pechos postizos muy gruesos y bellos. Apretando uno suena una trompeta muy dulce y suave, y apretando el otro sale una vaporización de agua de colonia*».

Con el uso de estas estrategias dramáticas, tanto las textuales como las espectaculares –y considerando que sería un hombre quien representaría a la Reina–, las autoras logran incrementar los rasgos grotescos e hilarantes de este personaje para el que incluyen referencias que resaltan su belleza, como en *AII E2* donde Jon von Aguilota se refiere a Nesfatalina diciéndole: «¡Reina blanca, pálida y divina luna de todos [los] cielos, incomparable Nesfatalina!»; o acotaciones con las que provocan la comicidad gestual como la que se lee en *AII E2*: «*Con una agilidad sorprendente la Reina brinca encima de Aguilota*».

En el *AIIIB E1*, cuando ya han transcurrido veinticinco años, Nesfatalina es ya una «[*v*]*iejecita muy doblada, apoyada en un bastón en la espalda le crece un conejo. Habla con una voz cascada*», que, a pesar de su zoomorfismo, sigue considerándose tan bella como antes: «Soy como siempre, hermosísima, ¡Lástima ese conejito que me desfigura algo!». Remedios Varo le da a este personaje rasgos más positivos que suavizan su imagen, como la voz cascada o el uso del diminutivo para referirse al conejo de su espalda, al igual que en el caso de Scatijeras que en *AIIIB* aparece como Tijeretas y le crece en su espalda «un arbolito».

– *Pelomiel.* La princesa y «*bellísima hija, Pelomiel, una paloma blanca, abundantemente peluda de trenzas rubias*» (acot. *AI E1*), es una de las víctimas del autoritarismo de su madre, la reina Nesfatalina. Con su risa «*ligera y blanca de virgen loca*» (acot. *AI E2*), contempla los acontecimientos con un pasmo que raya en la torpeza y excesivo infantilismo, aspecto que se potencia con los objetos que la acompañan: una pelota, un aro y una enorme paleta de caramelo, aunado a la timidez de este personaje señalada en las acotaciones, como en *AI E3* –«*Ruborizándose intensamente*»– o en *AI E5* –«*Contempla la escena asomándose tímidamente por la puerta*»–. La princesa entona canciones que revelan su estado anímico; sus cantos son alegres cuando conoce a su amado, como en *AII E1* –«*La-la-la, la-la-la, ya lo vi. / La-la-la-la-la-la, mío es*»– o en la tonada con que describe al hombre de sus sueños: «*Aguilota tiene un colibrí / un colibrí y un bigote. / Tra, la la. Tra, la la*» *(AII E1)*. También la tristeza aparece en sus cantos:

> Aguilota, mi piloto,
> olé, olé
> qué triste soy.
> ¡Oh, Aguilota, hoy
> a un desconocido me doy!
> ¡Olé! *(AIII E3)*

Pelomiel es, sin embargo, la mujer deseada por todos, especialmente por Jon von Aguilota, que se refiere a ella como «¡Oh, Pelomiel, dama de mis sueños! ¡Melosa, peluda paloma de mi alma!» *(AII E4)*, pues ha resultado ser la «bellísima doncella, rubia, frágil y maravillosamente peluda» *(AI E4)* que aparecía en sus sueños. Lo grotesco de Pelomiel está en la belleza que le atribuyen al pelo, ya que de nuevo sería un hombre quien realizaría la puesta en escena de este personaje.

En el *AIIIB*, Pelomiel se ha convertido en una mujer –«*(Jamona de carnes abundantes e inocentes, algo encorvada, lleva un bastón con flores y le crece un guajolote en la espalda)*» (acot. *AIIIB E1*), que sigue conservando su inocencia y candidez.

– *Jon von Aguilota.* Este personaje aparece en escena acompañado de dulce música de arpa, «*un piloto largo vestido con una túnica de plumas, una gran brújula en medio del pecho y un casco con aspas de molino; el bigote es grande y en cada punta está posado un colibrí*» (acot. *AI E3*). Establece cierta complicidad con Scatijeras, a quien mira «*con ojos inflamados*» (acot. *AI E4*) y a quien confiesa que posee «nalgas con piel de conejo, de caballo y de lagartija a más de mi propia piel» *(AI E4).*

Su aparición despierta las pasiones de Pelomiel al identificarlo como «el que aparece en mis sueños» *(AI E3)* y a hurtadillas de la Reina le pide que la bese, llamándolo «mi feroz aviador, mi tigre volador» *(AI E3).* Nesfatalina también es presa de los encantos y devaneos de Von Aguilota y exclama: «¡Oh qué celeste belleza la suya!» *(AI E5).* Las alusiones a la belleza de Von Aguilota en voz de Nesfatalina y de Pelomiel acentúan la intención cómica, pues ambos personajes femeninos serían representados por hombres.

La situación privilegiada de este personaje cambia al traicionar a la reina Nesfatalina y a Scatijeras para convertirse en un criminal: «Que vayan todos mis sujetos [a] aprehender a los criminales» *(AII E6).* El Perico, el silencioso rival de amores de Jon von Aguilota, lo llama el « criminal Aguilota» *(AII E5)* y lo considera «un miserable traidor, un piloto aprovechado» *(AIII E1).*

Von Aguilota, después del asesinato de Scatijeras y de la traición a la reina Nesfatalina, es capturado y en la acotación de *AIII E1*, aparece en el calabozo. Situación que se ratifica en *AIII E4*: «*Gritos horrendos se oyen de la prisión real. Aparece el pálido rostro del piloto en una ventana*».

Finalmente, Von Aguilota es liberado de la prisión a cambio de su desaparición y de entregar su «bigote colibriado» a Scatijeras disfrazado, quien le engaña y, casi sin sentir, le roba su alma: «*Le frota rápidamente las nalgas y saca triunfalmente una hermosa mariposa*» *(AIII E4).*

– *Perico Verde.* Es el alma de un difunto diplomático, fiel, humilde y discreto ayudante de la reina Nesfatalina. Está enamorado en secreto de la princesa Pelomiel: «Yo amo a la princesa, pero siento gran temor de la reina». Los eventos que se han presentado en el palacio le provocan gran ansiedad, al grado de exclamar: «¡Mis plumas se volverán blancas!» *(AI E5),* y confundido expresa: «([*Ap*] Estoy tan trastornado que creo que voy a poner un huevo» *(AI E5).*

Para Scatijeras, el Perico no es más que un servidor de la Reina y lo trata a menudo con desprecio: «Callado asqueroso pájaro, qué sabes tú de mis invenciones divinas, cerebro de periquito en un cuerpo color de lechuga» *(AI E1)*. Es Perico quien puede ver el alma de Scatijeras, un chango negro, pues son seres de la misma naturaleza: almas que han vivido separadas del cuerpo. Con Jon von Aguilota, dada su rivalidad, su relación es tirante. El papel que juega Perico en la trama es medular, pues es quien modera los arrebatos de Nesfatalina, como se puede apreciar en *AII E1*, cuando Nesfatalina acosa a Jon von Aguilota y el Perico exclama: «¡Majestad! Que nadie la vea en esta actitud, un escándalo en la corte»; asimismo es quien aclara el crimen cometido en la corte: «¡Ya veo todo! ¡Negra traición! ¡El criminal Aguilota asesinó a Scatijeras y huyó con la santa botella!» *(AII E5)*.

– *El Dr. Pon Fruta.* Este personaje aparece en *AII E6*, cuando Nesfatalina encuentra que Scatijeras está muerto y Perico desmayado. El cirujano real se presenta ante la Reina con «*un baúl de medicinas*» (acot. *AII E5*), diciendo «Majestad, soy el doctor Pon Fruta, su real cirujano, de la ilustre facultad de medicina de la ciudad de Cacatorres» *(AII E6)*. Apresurado por Nesfatalina, se dedica a atender a Scatijeras y «*murmurando profesionalmente le aplica hartos instrumentos medicinales*» *(AII E6)*. El Dr. Pon Fruta es quien ratifica la muerte de Scatijeras, anunciando con voz grave: «Majestad, el alma de este noble sabio ya se juntó a la Diosa» *(AII E6)*.

El Dr. Pon Fruta, haciendo uso de métodos hipnóticos hace recordar al Perico lo acontecido:

DR. PON FRUTA	Con mi arte vamos a saber todo de esta tragedia. ¡Hip! ¡Hip! ¡Mesmerisa! ¡Hable Perico! *Le hace pasos hipnóticos. Se siente el Perico en un trance.*
PERICO	¡Lejano, lejano! ¡Un juego de dominó!
DR. PON FRUTA	¡Hipna, hipnosis! *Ora pro* dosis. ¡Habla, Perico! *(AII E6)*.

Posteriormente, en *AIII. E5*, el cirujano real hace su reaparición como un ayudante más en la celebración del concurso organizado por la Reina, pues al igual que los zopilotes, que integran la guardia real, «*busca[n] desesperadamente en el montón de almas*». A través de este personaje se puede observar la postura irónica de las autoras ante el interés por los estudios freudianos de los primeros surrealistas[10].

[10] En el *Diccionario abreviado del surrealismo* se lee: «FREUD (Sigmund) Nacido en 1856. "L'Éternité: Viva Freud, el gran sabio vienés!" [...] Se ha inducido al surrealismo a conceder

– *La guardia real.* La guardia del palacio de la reina Nesfatalina está integrada por diversos animales: zopilotes, murciélagos, tecolotes, sapos y «otros ganados nocturnos». Sin embargo, los zopilotes son los que desempeñan un papel más definido en la pieza teatral. No sólo llevan a Jon von Aguilota a escena –«*por una ancha grieta de la roca entran cuatro zopilotes llevando una tabla de madera sobre la que viene acostado y algo desmayado un piloto*» (acot. *AI E3*), sino que son ellos mismos los que participan en su captura cuando intentaba huir con la princesa Pelomiel y con el elíxir del Santo Cuerpo Grasoso. Además, los zopilotes son los encargados de acondicionar el espacio donde se llevará a cabo el concurso –«*Entran dos zopilotes con el trono y comienzan a arreglar el lugar del concurso. Disponen una mesa de forma sagrada con un solo pie en forma de pata de caballo*» (acot. *AIII E3*)– y asimismo cooperan en la búsqueda de las almas: «*Los zopilotes y el cirujano buscan desesperadamente en el montón de almas*» (acot. *AIII E5*). En el desarrollo de la obra intervienen en algunos de los efectos musicales, aspecto que comentamos en el apartado referente a efectos sonoros.

– *La multitud: los participantes del concurso.* Se compone por los habitantes de Cacatorres, tanto aquellos que participan en el concurso, como los vendedores, los cuales convierten el jardín en una romería. Es en *AIII E5* donde se puede apreciar su copiosa participación en el concurso por el resultado obtenido de la prueba: el montón de almas depositado en el jardín, lo cual intensifica lo grotesco de la escena.

> *Música de mariachis y pasan bajo la terraza centenares de nalgas. Objetos más o menos usados [se] amontonaron en el pasto: botellas vacías, dinero, algunos pollos asados, cuchillos, moscas, pelotas, ropa interior, lechugas, dientes, pedazos de periódico, instrumentos astrológicos, frijoles, cabezas destrozadas, pies, manos, globos, tacos, ruedas y una piñata.*

Asimismo es la multitud en donde se encuentran rasgos típicos de la cultura mexicana: la música de mariachis, frijoles, tacos y una piñata.

---

especial importancia a la psicología de los procesos oníricos propugnada por Freud, y, en general, según el mismo autor, al esclarecimiento de la vida inconsciente fundado en la exploración clínica. No dejamos de rechazar por eso la mayor parte de la filosofía de Freud por considerarla metafísica» (Breton/Éluard 2003: 43).

2.5. *La configuración de los espacios*

Una categoría dramatúrgica esencial para el análisis de las piezas teatrales es lo que atañe a la configuración de los espacios, pues permite identificar el potencial escénico del texto dramático. Éste aparece principalmente en las acotaciones y en las didascalias, que pueden incluir, en el nivel físico o material, los apuntamientos necesarios para la iluminación y la disposición de los objetos del escenario, además de la sonorización y efectos musicales de algunas escenas. Dichos factores posibilitarán, al momento de su lectura, una representación virtual. Adicionalmente, cabe considerar que:

> La complejidad de la estructura del espacio se pone de manifiesto al abordar la descripción, no de los diferentes espacios y de las relaciones que contraen en el paradigma, sino de su articulación lineal a lo largo de la representación, de sus relaciones sintagmáticas o combinatorias (García Barrientos 2004: 158).

La pieza teatral que nos ocupa se circunscribe a dos espacios dramáticos de ficción: el pico de Oripipí, que es donde se encuentra enclavado el palacio de la reina Nesfatalina, y la ciudad de Cacatorres, ambos topónimos escatológicos, que dan marco a las acciones de los personajes.

El cráter del pico de Oripipí es el espacio en el que se desarrolla el primer acto de la obra:

> *En el cráter del lejano y alto pico Oripipí, hogar de la reina Nesfatalina. Hartitos murciélagos, tecolotes, mariposas negras y otros ganados nocturnos deambulando por los lujosos departamentos de la Reina. Del suelo de lava arrugada suben plumas de humo. Se oyen gruñidos profundos de la misma barriga de la tierra (AI E1).*

La utilización de diversos recursos escénicos tales como la inserción de los animales para la ambientación, «*murciélagos, tecolotes, mariposas negras y otros ganados nocturnos*», sugiere un espacio en penumbra, cuya baja iluminación permitirá ubicar temporalmente la acción. El suelo de lava arrugada, el humo y el sonido de los «*gruñidos profundos de la misma barriga de la tierra*» recrearán el ambiente volcánico e incrementarán el dramatismo de la escena de apertura de la pieza teatral. En este espacio se destacan dos elementos: el trono de la reina Nesfatalina –«*La Reina se sienta en su trono*» *(AI E2)*–, desde donde dialoga con Scatijeras; y una «*cáscara vacía del huevo del gran ave roc*» *(AI E4)*, que servirá de escondite a Perico, uno de los personajes de este acto.

La apertura del telón[11] presenta en el segundo acto otro espacio del pico de Oripipí, una terraza, lugar de juego de la princesa Pelomiel: «*Pasea por la pieza jugando con su pelota y cantando*» *(AII E1)*. En este acto se identifica el uso de la técnica teatral conocida como *teicoscopía* que se manifiesta al describir o narrar algo «que resulta invisible para el público, bien porque ocurra en otro lugar y tiempo» (García Barrientos 2003: 52) o porque presenta «lo que está sucediendo en el espacio contiguo en el mismo momento en que lo está contando» (ibíd.: 139). Lo anterior lo podemos notar en *AII E2*, cuando el Perico y la reina Nesfatalina observan cómo se va acercando la multitud para participar en el concurso:

> *Queda sola la Reina* [*y*] *se asoma a la terraza atraída por un gran ruido. Se oyen voces y música de marimba. Nesfatalina hace sonar un tambor y a su llamado aparece Perico verde.*
>
> PERICO *Levantando las manos.*
> ¡Aúpa, Majestad! La ciudad entera de Cacatorres se aproxima a vuestro palacio para tomar parte en el concurso. Todos aspiran a la mano de vuestra chulísima hija, la princesa Pelomiel.
>
> NESFATALINA *Mirando a lo lejos con su telescopio.*
> ¡Chihuahua! ¡Qué multitud! ¡Hasta el presidente Alí Patas! ¿Cómo subirán el pico? *(AII E2)*

El espacio que da marco al tercer acto es otra área del cráter, «*una pradera llena de margaritas y rodeada de árboles frutales cargados de grandes coliflores*» *(AIII E1)*. Esta bucólica representación del espacio contrasta con la aridez de los cuadros anteriores e introduce un toque de comicidad al disponer árboles cargados de coliflores, siendo éstas vegetales que crecen casi a ras del suelo. En esta escena se observa el sentido de la imaginación espacial[12] de las auto-

---

[11] Ortega y Gasset señala en su «Meditación del marco»: «La boca del telón es el marco de la escena. [...] con un enorme y absurdo ademán nos advierte que en el *hinterland* imaginario de la escena, abierto tras él, empieza el otro mundo, el irreal, la fantasmagoría» (1950: 313)

[12] Para Javier Rubiera, la imaginación espacial es «más que una recreación virtual o hipotética de la escenificación, pues tiene en cuenta no sólo el modo en que se hacen patentes los espacios de la ficción sobre el escenario [...] sino todas las referencias complementarias que van construyendo el universo espacial de la ficción dramática, que va más allá de lo que es visto u oído efectivamente por el espectador» (2005: 14).

ras, que, en busca de facilitar la puesta en escena, acotan la intervención de Scatijeras de la siguiente manera: «*Se dirige a un árbol y arrancando un trozo de coliflor se la come. Para hacer esta escena más práctica se puede poner una de las coliflores cocida*» *(AIII E1)*.

En este tercer acto es posible distinguir claramente los espacios que permanecerán evidentes para el público de aquéllos que siendo «visibles» para los actores son invisibles para el público. El escenario está dividido en dos planos: al frente está la pradera y «[*a*]*l fondo hay una baranda o parapeto que domina un lugar algo más bajo donde se situarán los concursantes invisibles y desde donde se arrojarán las almas*» *(AIII E1)*. Es en la pradera donde tienen lugar los diálogos entre Perico y Scatijeras *(AIII E1)*, entre Nesfatalina, Pelomiel y Perico *(AIII E2)* y entre Pelomiel y Scatijeras *(AIII E3)*; y que se llevará a cabo el concurso. Los guardias reales aparecen en *AIII E3* con algunos objetos para su realización, la lista de los concursantes, el trono y «*una mesa de forma sagrada con un solo pie en forma de pata de caballo*» *(AIII E3)*. Hacia el final de *AIII E3*, la pradera está preparada para dar inicio al concurso y a través del parlamento de Scatijeras y de la música de mariachis se hace patente la presencia de la multitud que tomará parte en el concurso.

En el *AIII E4*, se incluye otra área, el calabozo o prisión real, del que sólo se había hecho alusión al inicio del acto: «*Gritos horrendos se oyen de la prisión real. Aparece el pálido rostro del piloto en una ventana*». A partir de esta situación se presenta la conversación entre Scatijeras y Von Aguilota de la que se desprende el desenlace de la trama argumental. Scatijeras liberará a Von Aguilota a cambio de su imagen exterior y de su alma. Espacialmente, implica la creación de un segundo nivel en el primer plano de la pradera:

SCATIJERAS	¡Basta! Falta poco para que comience el concurso. Espera, voy por las escaleras… *Sale y regresa en seguida con unas escaleras. Saca una gran llave de su bolsa.* ¿Listo, Aguilota? *Sube las escaleras y abre la ventana.*

Una vez que Scatijeras ha alcanzado su propósito, Jon von Aguilota sale derrotado:

VON AGUILOTA	*Emerge enteramente y alcanza el florecido pasto del jardín, con un gesto dramático escoge una margarita y la besa.*

> Adiós por siempre dulce margarita en donde pisaban los pies de mi adorada Pelomiel...

En la última escena del tercer acto *(AIII E5)*, se representa el concurso que se desarrolla tanto en la pradera de las margaritas como en el espacio más bajo (invisible para el público) de la terraza en donde se supone está la multitud disfrutando de una verbena popular con marcados rasgos mexicanos. La conexión de los dos planos de este espacio se hace manifiesta en el *AIII E5* por medio de la música, de mariachis, y por los objetos (las almas) que están en el jardín: botellas vacías, dinero, pollos asados, frijoles, tacos y una piñata, entre otros. La acción se torna caótica, pues mientras en el plano frontal los personajes principales desarrollan la trama argumental, el parapeto del fondo adquiere nuevas dimensiones logradas por los efectos sonoros: «*Afuera la multitud se excita gritando*» *(AIII E5)* y su disgusto se concretiza al lanzar las almas de un espacio hacia el otro. Finalmente, la «*escena se termina en confusión general, gritos de rabia y una salvaje batalla de almas*» que se oculta con la aparición del telón (véase Tabla 8, página siguiente).

2.5.1. Los efectos sonoros

Los efectos sonoros, todos señalados en las acotaciones de esta pieza teatral, funcionan como reforzadores de la ambientación espacial. Su utilización incrementa la espectacularidad en la entrada de algunos de los personajes. Por ejemplo, con trompetas se anuncia la llegada de Nesfatalina: «*Música de trompetas. Entra Nesfatalina, impresionante mujer*» (acot. *AI E2*); en cambio, una «*dulcísima música de arpa*» (acot. *AI E3*) acompaña la aparición de Jon von Aguilota para subrayar su «celestial belleza». En otras situaciones, los sonidos acentúan la intención cómica de algunos objetos o situaciones, como es el caso del corsé «Seducción # 13» que «*tiene pechos postizos muy gruesos y bellos, apretando uno suena una trompeta muy dulce y suave*» (acot. *AIII E2*).

Asimismo, por medio de los sonidos se denota la presencia de personajes o situaciones invisibles para el público, como se puede observar cuando la multitud se va haciendo más cercana a través del volumen de las voces que inicialmente se percibían como un murmullo lejano, «*Se oye el murmullo de la multitud todavía lejos*» (acot. *AII E2*), y que se va acercando paulatinamen-

TABLA 8
Espacios

Acto/Escenas	Espacios escénicos	Espacios teicoscópicos
AI E1- E2- E3- E4-E5	Estancia del cráter de Oripipí, trono	Gran ciudad de Cacatorres
AII E1-E2, E3-E4-E5-E6	Terraza del Pico de Oripipí	Cueva superior del Pico de Oripipí Cd. de Cacatorres Facultad de Medicina de Cacatorres Banco de Cacatorres
AIII E1-E2	(Primer plano) Pradera llena de margaritas / (Segundo plano) Al fondo baranda o parapeto que domina un lugar algo más bajo.	Calabozo
E3	(Primer plano) Pradera llena de margaritas, se habilita el lugar del concurso con el trono, una mesa y un rollo de pergamino.	
E4	(Primer plano) Pradera llena de margaritas, ventana alta de la prisión real, escalera.	
E5	Pradera llena de margaritas, lugar del concurso.	Lugar de los concursantes
AIIIB E1-E2	Explanada rocosa (nevada) de Oripipí	Gran ciudad de Cacatorres

te «*El murmullo de la multitud de Cacatorres se acerca*» (acot. *AII E6*), hasta convertirse en un ruido lleno de marcas: «*Se arrima por la terraza, oyen [el] ruido de [la] multitud*» (*acot. AIII E3*).

Los estados de ánimo de los personajes y algunos de los rasgos que los caracterizan se logran a través de la utilización de la música y la sonoridad, especialmente en lo que respecta a los personajes femeninos. Con su canto, la princesa Pelomiel demuestra alegría e inocencia: «*Aguilota tiene un colibrí, un colibrí y un bigote. Tra, la la. Tra, la la*» (*acot. AII E1*)»; y la reina Nesfatalina en *AIII E2* «[*e*]*ntra muy contenta tarareando una canción*».

En [*El Santo Cuerpo Grasoso*] es posible identificar algunas marcas que pretenden incrementar el dramatismo y anticipan información al público de lo que acontecerá en la obra. Por ejemplo, esta situación se aprecia con la intervención de los zopilotes entonando una endecha fúnebre en *AII E4*, como anuncio de la muerte de Scatijeras y las adversidades que conlleva. Esta situación seguida de silencio –«*Silencio*» (acot. *AII E5*)– se presenta como un antecedente de la fatalidad, convirtiéndose en un signo. Pues es en el teatro, a decir de Artaud, donde «una acción violenta y concentrada es una suerte de lirismo: despierta imágenes sobrenaturales, una corriente sanguínea de imágenes, un borbollón de imágenes en el cerebro del poeta y en el del espectador» (2002: 73). La imaginación estimulada por los efectos sonoros anticipa las acciones, al tiempo que crea expectativas en los espectadores (ver Tabla 9, páginas siguientes).

2.5.2. Los efectos lumínicos

En la configuración de los espacios hay que considerar el impacto de la luz «que no sólo colorea o ilumina, pues tiene además fuerza, influencia y sugestión» (Artaud 2002: 73). De los tres actos de la obra es en el segundo de ellos en el que se presentan, de manera explícita, las condiciones de iluminación. Este segundo acto, en donde se presenta el nudo argumental, está marcado por el asesinato de Scatijeras y el hurto del Santo Cuerpo Grasoso:

> *Scatijeras se arrima por la terraza y en el acto el piloto le da un terrible trancazo en la cabeza con una botella de tequila vacía. Se cae al suelo como muerto el hombre de ciencia. Precipitadamente el piloto busca en sus bolsas. Después, con un grito de triunfo, saca la sagrada botella del Santo Cuerpo Grasoso (AII E4).*

TABLA 9
Efectos sonoros

Acto/Escenas	Función primordial	Fragmento
AI E1. Acotación	Ambientación	Se oyen gruñidos profundos de la misma barriga de la tierra.
AII E4. Acotación	Ambientación	Entran dos zopilotes tocando una música fúnebre con sus flautas. La luz se apaga, en la penumbra cantan los zopilotes.
AII E5. Acotación	Ambientación	Salen tocando las flautas. Se apaga completamente la luz.
AII E5. Acotación	Ambientación/ Intensificación del dramatismo	Silencio.
AIII E4. Acotación	Ambientación	Gritos horrendos se oyen de la prisión real.
AIII E5. Acotación	Ambientación/ Intensificación del dramatismo	Afuera la multitud se excita gritando.
AIII E5. Acotación	Ambientación/ Intensificación del dramatismo	La escena se termina en confusión general, gritos de rabia y una salvaje batalla de almas.
AII E2. Acotación	Ambientación/ Anticipación de la aparición de situación/ Intención cómica	Queda sola la Reina [y] se asoma a la terraza atraída por un gran ruido. Se oyen voces y música de marimba. Nesfatalina hace sonar un tambor y a su llamado aparece Perico verde.
AII E6. Acotación. Nesfatalina	Intención cómica	Con un gesto imperial saca una trompeta de su pecho y toca tres notas.

TABLA 9 (Cont.)

Acto/Escenas	Función primordial	Fragmento
AIII E2. Acotación	Intención cómica	El corsé es una magnifica pieza fabricada con dos alas de murciélago grande tiene pechos postizos muy gruesos y bellos. Apretando uno suena una trompeta muy dulce y suave y apretando el otro sale una vaporización de agua de colonia.
AIII E5. Acotación	Ambientación/ Intención cómica	Murmuración de apreciación de la multitud.
AIII E5. Acotación	Ambientación/ Intención cómica	Música de Mariachis.
AII E2. Acotación	Ambientación/ Anticipación de la situación	Se oye el murmullo de la multitud todavía lejos.
AII E6. Acotación	Ambientación/ Anticipación de la situación	El murmullo de la multitud de Cacatorres se acerca.
AIIIB E1. Acotación	Ambientación/ Anticipación de la situación	Es todavía de noche pero ya se oye cantar un gallo.
AII E5. Acotación	Ambientación/ Anticipación de la situación	Se oye la voz de Nesfatalina [Se oye la voz de Perico]
AIII E3. Acotación.	Ambientación/ Anticipación de la situación	Se arrima por la terraza, oyen [el] ruido de [la] multitud. Mariachis [y] vendedores de tacos [de] carnitas están llenando los reales jardines.
AIII E1. Acotación	Ambientación/ Anticipación de la situación	Se oyen sordos gruñidos, gritos y muchas palabras groseras, además de ruido de cadenas arrastradas.

Este suceso lleno de dramatismo modifica el ambiente antes luminoso de la terraza de palacio y presenta los eventos siguientes en semi-oscuridad. En esta sección los juegos con las luces y las sombras funcionan como indicadores de la intensidad dramática de algunas escenas, especialmente las que anticipan la tragedia: «*Entran dos zopilotes tocando una música fúnebre con sus flautas. La luz se apaga, en la penumbra cantan los zopilotes*» *(AII E4)* e inmediatamente después salen y «[*s*]*e apaga completamente la luz*». La oscuridad y el silencio «muestran» la cúspide del dramatismo: el escenario en aparente soledad se ilumina solamente con una «*luz pequeña* [*y*] *verdosa*» y «[*e*]*ntra Perico con una vela*», con la que se revela el cadáver de Scatijeras. A partir de aquí, el segundo acto *(E5-6)* se realizará en la penumbra, hasta la caída del telón. El tercer acto, que tiene lugar en el exterior del palacio, no presenta acotaciones específicas de iluminación, por lo que las situaciones y acciones parecen realizarse en pleno día (ver Tabla 10).

TABLA 10
Efectos lumínicos

Actos/Escenas	**Fragmento**
AII E4. Acotación	La luz se apaga, en la penumbra cantan los zopilotes.
AII E5. Acotación	Salen tocando las flautas. Se apaga completamente la luz.·
AII E5. NESFATALINA	¡Noche oscura! Esclavos, ¡traigan luz!
AII E5. Acotación	Una luz pequeña [y] verdosa ilumina el cuerpo de Scatijeras.
AII E5. NESFATALINA	Que traigan luces. ¡Alo! ¡Alo! El palacio está oscuro.
AII E5. Acotación	Entra Perico con una vela.

Este recorrido, a través de la edición y del estudio del manuscrito de la pieza teatral, nos ha permitido conocer otra faceta del universo creativo de Varo y Carrington y, de alguna manera, nos ha integrado al público de [*El Santo Cuerpo Grasoso*] al que Kati Horna consideraba «puro accidente».

CONCLUSIONES

El estudio y la edición de los escritos de Remedios Varo nos han llevado a pensar que la comprensión del universo artístico de Remedios Varo será más amplia y profunda en la medida en que se consideren todas las huellas de su quehacer creativo. Al observar los escritos de Varo se ha ido configurando la noción de «constructo creativo», la cual surge a partir de la creación de *De Homo Rodans*, con el que combinó dos lenguajes distintos, la escultura y la escritura, como un todo significativo. Además, su obra escrita ha permitido identificar que el concepto de constructo creativo ha sido recurrente y que éste se observa de manera muy clara en los escritos anotados al reverso de las fotografías de sus cuadros que enviaba a su hermano Rodrigo, y en los escritos, que a manera de broma, regalaba a sus amigos más cercanos, los cuales muestran cómo la silenciosa reciprocidad de los lenguajes utilizados potencia su sentido. Cabe mencionar que en los escritos se encuentran elementos que aparecen también en sus pinturas: personajes-ave, largas barbas, bigotes, sombreros, corsés, por mencionar sólo algunos. Asimismo, la obra teatral escrita en colaboración con Carrington nos permite considerarla como una muestra sintomática del universo creativo de Varo, en la que, como un constructo creativo, se integran todos los lenguajes que forman parte de su quehacer artístico, y en la que se exhiben todos sus lenguajes artísticos estrechamente relacionados: la pintura, la escultura y la escritura.

En la obra de Remedios Varo el tema de los sueños guarda un lugar preponderante. A partir de la experiencia onírica, Varo rescata un cúmulo de imágenes y relatos que plasma tanto en los escritos como en las pinturas, y en los cuales el concepto de realidad adquiere nuevas dimensiones. Del mismo modo introduce, además, marcas que denotan la ambigüedad temporal, de manera que, en estos relatos, la lógica de la razón no corresponde a la lógica de la imaginación.

Otro de los motivos recurrentes, que se puede apreciar tanto en su obra pictórica como en la escrita, es el relacionado con la ciencia y la invención tecnológica, pues cabe recordar que los métodos surrealistas pretendían, a decir de Octavio Paz, «abolir esta realidad que una civilización vacilante nos ha impuesto como la sola única verdadera» (1983: 33-34). Así definía Varo su postura ante la modernidad, dominada por la racionalidad, al tiempo que mostraba su capacidad de contemplación irónica de la sociedad, su agudeza crítica y la constante lúdica que envolvió su proceso creativo. Varo, en sus escritos, crea personajes relacionados con la ciencia, como el ornitólogo Martín de Vilboa, el antropólogo Halickcio von Fuhrängschmidt, o recurre a la antigua figura de los alquimistas. Asimismo, su especial cuidado en la selección de los nombres y de los rasgos de sus personajes intensifica el tono lúdico y el sesgo irónico de sus escritos. Remedios Varo llegó incluso a ficcionalizarse a sí misma y construir su propia onomástica: Rodriga de Varo y Antequera, para la autora del cuadro de *El caballero Casildo Martín de Vilboa*, y Felina Caprino Mandrágora, la traductora de *Recetas y consejos para ahuyentar los sueños inoportunos, el insomnio y los desiertos de arenas movedizas bajo la cama*. De forma similar, en las cartas que Varo escribe a sus amigos, logra escabullirse entre la realidad y la ficción, haciendo que los mensajes implícitos sean muchos más que los explícitos y que las alusiones fantásticas llenen de comicidad su vida cotidiana, que se revela llena de matices. Dichas estrategias están igualmente presentes en el resto de sus relatos.

Finalmente, la obra de teatro en colaboración con Carrington es un manuscrito que nos ha permitido presentar su edición en dos versiones: la edición genética que posibilita rescatar el proceso de escritura y conservar el escrito lo más cercano posible a su versión original, con el fin de difundirla a un público más amplio; y la edición crítica que presenta la pieza teatral depurada. En el análisis de [*El Santo Cuerpo Grasoso*] hemos considerado diversos elementos: su estructura básica, la temática, la configuración de los personajes y de los espacios, los efectos sonoros y lumínicos; los cuales nos han permitido encontrar un sentido más profundo en este ejercicio de creación. Varo y Carrington escribieron como si jugaran y con [*El Santo Cuerpo Grasoso*] dieron origen a un mundo posible, surreal y lleno de fantasía. La temática de esta obra está impregnada de símbolos y misterios religiosos heredados que, condicionados histórica y socialmente, remiten a universales míticos que se observan en el constructo creativo que es la obra total de Varo.

Remedios Varo murió en 1963 víctima de un infarto. En junio de 1964, se realizó una exposición-homenaje en el Museo Nacional de Arte Moderno de la ciudad de México. El poeta mexicano Carlos Pellicer concluyó su discurso inaugural haciendo alusión al último óleo terminado de Varo *Naturaleza muerta resucitando* (Gruen/Ovalle 1998: 231):

> Un momento antes del viaje, la mesa que estaba dispuesta para el día siguiente entró en espiral con el mantel, platos y frutos. La llama que iluminaba el templo-estancia generó una segunda espiral que puso en órbita frutos y platos. Manzanas originales y granadas formaban el programa alimenticio. La manzana, madre del tiempo. La granada, sangriento tesoro. Y se formó, arriba de la mesa, todo un doméstico sistema solar. La arquitectura ojival, apuntó penumbrosa y decidida. Tres insectos volaban sobre aquel universo de bolsillo. El viento espiral, generador, no se escuchaba. Comenzaban, en la intimidad, el orden y la catástrofe.
>
> En una caja cerrada para siempre, paleta, colores y pinceles se desintegraban con rapidez eterna. La gloria, desde todas partes, hacía señas íntimamente complicadas. La gloria (Pellicer 1997: 94-95).

En este constructo póstumo, en colaboración con Carlos Pellicer, se aprecian de nuevo algunos de los elementos recurrentes en la obra escrita de Varo: la metáfora del viaje, la espiral (¿sonora de la oración?), los productos relacionados con la cocina y lo doméstico, el viento, el silencio y, como un murmullo, el deseo de crear otros mundos posibles.

REFERENCIAS BIBLIOGRÁFICAS

Anales de Literatura Española [Publicaciones periódicas], nº 5, 1986-1987, 583-585.

ARTAUD, Antonin (2002): *El teatro y su doble*. Buenos Aires: Retórica Ediciones.

BAL, Mieke (1997): *Narratology, Introduction to the Theory of Narrative*. Toronto: University of Toronto Press.

BARR, Alfred y HUGNET, Georges (1947): *Fantastic Art, Dada, Surrealism*. New York: The Museum of Modern Art.

BERGSON, Henri (1986): *La risa*. Madrid: Espasa-Calpe.

BLECUA, Alberto (1993): *Manual de crítica textual*. Madrid: Castalia.

— (2006): *Signos viejos y nuevos*. Barcelona: Crítica.

BOBES NAVES, María del Carmen (1992): *El diálogo. Estudio pragmático, lingüístico y literario*. Madrid: Gredos.

BRETON, André (2001): *Manifiestos del surrealismo*. Traducción de A. Pellegrini. Buenos Aires: Argonauta.

— y ÉLUARD, Paul (2003): *Diccionario abreviado del surrealismo*. Madrid: Siruela.

CAILLOIS, Roger, GONZÁLEZ, Juliana y PAZ, Octavio (1969): *Remedios Varo*. México: Era.

CASTELLS, Isabel (1997): *Remedios Varo. Cartas, sueños y otros textos*. México: Era.

CAWS, Mary Ann (2004): *Surrealism*. Londres: Phaidon Press.

CIRLOT, Juan Eduardo (1972): *Arte del siglo XX*. Barcelona: Labor.

— (1997): *Diccionario de Símbolos*. Madrid: Siruela.

— (2006): *Diccionario de los Ismos*. Madrid: Siruela.

CIRLOT, Lourdes (1990): *Las claves del dadaísmo*. Barcelona: Planeta.

— (1999): *Primeras vanguardias artísticas: textos y documentos*. Barcelona: Parsifal.

CLIFFORD, James (1995): *Dilemas de la Cultura. Antropología, literatura y arte en la perspectiva posmoderna*. Barcelona: Gedisa.

CHADWICK, Whitney (1985): *Women Artists and the Surrealist Movement*. [London]: Thames and Hudson.

DOMÍNGUEZ BORDONA, Jesús (1924): «Introducción». En: Fernán Pérez de Guzmán, *Generaciones y semblanzas*. Madrid: Ediciones de La Lectura, 7-36.

DUCH, Lluís (2002): *Mito, interpretación y cultura. Aproximación a la logomítica*. Barcelona: Herder.

— y MÉLICH, Joan Carles (2005): *Escenarios de la corporeidad. Antropología de la vida cotidiana 2/1.* Barcelona: Trotta.

ELIADE, Mircea (2000): *El vuelo mágico y otros ensayos.* Traducción de Amador Vega Esquerra y Victoria Cirlot. Madrid: Siruela.

GADAMER, Hans-Georg (1992): «Texto e interpretación». En: *En Verdad y Método II.* Traducción de Manuel Olasagasti. Salamanca: Sígueme.

GÁMEZ, Tana de (1973): *Simon and Schuster's International Dictionary.* New York: Simon and Schuster.

GARCÍA BARRIENTOS, José Luis (2003): *Cómo se comenta una obra de teatro. Ensayo de Método.* Madrid: Síntesis.

— (2004): *Teatro y ficción.* Madrid: Fundamentos.

GARCÍA-PELAYO, Ramón (1967): *Dictionnaire Français-Espagnol.* México: Larousse.

GENETTE, Gérard (1989): *Palimpsestos. La literatura en segundo grado.* Madrid: Taurus.

GRÉSILLON, Almuth (1994): *Éléments de critique génétique. Lire les manuscrits modernes.* Paris: Presses Universitaires de France.

GRUEN, Walter y OVALLE, Ricardo (1998): *Remedios Varo. Catálogo razonado.* México: Era.

GUIGON, Emmanuel (1991): «Imágenes y textos en la obra de Remedios Varo». En: *Remedios Varo. Arte y Literatura.* Teruel: Museo de Teruel, 15-22.

GURDJIEFF, Georges Ivanovitch (2003): *Encuentros con Hombres Notables.* Málaga: Sirio.

HUGNET, George (1947): «In the Light of Surrealism». En: Alfred Barr (ed.), *Fantastic Art, Dada, Surrealism.* New York: The Museum of Modern Art/Simon and Schuster.

HUIZINGA, Johan (1957): *Homo Ludens.* Buenos Aires: Emecé.

ILIE, Paul (1975): «El Surrealismo español como modalidad». En: Peter G. Erle y Germán Gullón (eds.), *Surrealismo/Surrealismos. Latinoamérica y España.* Philadelphia: University of Pennsylvania, 109-117.

JUNG, Carl (1957): *Realidad del alma.* Buenos Aires: Losada.

KAPLAN, Janet (1998): *Viajes inesperados. El arte y la vida de Remedios Varo.* México: Walter Gruen/Era.

— (1998): «Encantamientos domésticos». En: Walter Gruen y Ricardo Ovalle, *Remedios Varo. Catálogo Razonado.* México: Era, 31-40.

KLENGEL, Susanne (1991): «Bordando el manto terrestre. Remedios Varo y el mundo literario de Thomas Pynchon». En: *Remedios Varo. Arte y Literatura.* Teruel: Museo de Teruel, 23-31.

LARA, Luis F. (dir.) (2005): *Diccionario del español usual en México.* México: El Colegio de México.

LEÓN, Fray Luis de (1997): *Poesía.* Edición de Juan Alcina. Madrid: Cátedra.

LIDA, Clara (1997): *Inmigración y exilio. Reflexiones sobre el caso español.* México: Siglo XXI Editores/El Colegio de México.

LOIS, Élida (2001): *Génesis de escritura y estudios culturales. Introducción a la crítica genética.* Buenos Aires: Edicial.

LOZANO MARCO, Miguel Ángel (1984): «La literatura macarrónica en España». Reseña de Torres Alcalá, Antonio, «*Verbi gratia:* los escritores macarrónicos de España», Madrid: J. Porrúa Turanzas.

MARÍN SILVESTRE, Dolors (2000): «Remedios Varo incendiaria de la imaginación». En: *Suplemento cultural de Solidaridad Obrera,* nº 5, verano (encartado en el nº 297 del periódico *Solidaridad Obrera*), <http://www.soliobrera.org/pdefs/a5.pdf>.

MENDOZA BOLIO, Edith y FARRÉ VIDAL, Judith (2006): «Pies en polvorosa. Travesía hacia México de Remedios Varo». En: *Viajes y viajeros.* México: Instituto Tecnológico y de Estudios Superiores de Monterrey, 209-224.

MORAZA, José Ignacio (1999): «El (Neo)Barroco». En: *Miguel Espinosa: poder, marginalidad y lenguaje.* Kassel: Reichenberger, 1-18.

ORTEGA Y GASSET, José (1950): *Obras completas. Tomo II: El espectador (1916-1934).* Madrid: Revista de Occidente.

— (1958): *Idea del Teatro.* Madrid: Revista de Occidente.

PACHECO, José Emilio (1975): «La Batalla del Surrealismo (Octavio Paz y la Revista *Estaciones*)». En: Peter G. Erle y Germán Gullón (eds.), *Surrealismo/Surrealismos. Latinoamérica y España.* Philadelphia: University of Pennsylvania, 49-54.

PASCUAL GAY, Juan y ROLAND, Philippe (2004): «La revista *Dyn* (1942-1944)». En: *Anales del Instituto de Investigaciones Estéticas.* México: UNAM, 53-92.

PAVIS, Patrice (1996): *Diccionario del teatro. Dramaturgia, estética, semiología.* Barcelona: Paidós.

PAZ, Octavio (1983): *La búsqueda del comienzo (Escritos sobre el surrealismo).* Madrid: Fundamentos.

PELLICER, Carlos (1997): *Textos en Prosa sobre Arte y Artistas. Carlos Pellicer. Exposición Homenaje MDCCCXCVII-MCMXCVII.* Edición y notas de Clara Bargellini. México: Museo de Arte Moderno.

PÉREZ DE GUZMÁN, Fernán (1924): *Generaciones y semblanzas.* Madrid: Ediciones de La Lectura.

PONCE, Armando (coord.) (2003): «Leonora Carrington: El mundo es enormemente misterioso». En: *México su apuesta por la cultura: el siglo XX, testimonios desde el presente.* México: Grijalbo.

PROPP, Vladimir (1999): *Morfología del cuento.* México: Colofón.

REYES, Alfonso (1999): *Literatura epistolar.* México/Barcelona: CONACULTA/Océano.

RUBIERA FERNÁNDEZ, Javier (2005): *La construcción del espacio en la comedia española del Siglo de Oro.* Madrid: Arco/Libros.

SÁNCHEZ MEJORADA, Alicia (2001): «Kati Horna: una mirada insólita y cotidiana». En: *Cuartoscuro,* vol. 50, sep.-oct., <http://www.cuartoscuro.com/50/articulos/html>.

SOBEJANO, Gonzalo (1975): «El surrealismo en la España de Postguerra: Camilo José Cela». En: Peter G. Erle y Germán Gullón (eds.), *Surrealismo/Surrealismos. Latinoamérica y España.* Philadelphia: University of Pennsylvania, 131-142.

SÁNCHEZ-EPPLE, Alicia (1999): «Estrategias de lectura del cuento brevísimo». En: Lauro Zavala (comp.), *Lecturas simultáneas: la enseñanza de la lengua y la literatura con especial atención al cuento ultracorto.* México: Universidad Autónoma Metropolitana/Unidad Xochimilco, 105-115.

SOMOLINOS PALENCIA, Juan (1973): *El surrealismo en la pintura mexicana.* México: Arte.

SPECTOR, Jack J. (1997): *Arte y escritura surrealistas (1919-1939): el oro del tiempo.* Traducción de Pedro Navarro. Madrid: Síntesis.

TIBOL, Raquel (2001): *Diversidades en el arte del siglo XX. Para recordar lo recordado.* México: Universidad Autónoma de Sinaloa.

TODOROV, Tzvetan (1994): *Introducción a la literatura fantástica.* México: Coyoacán.

— (1996): «Las categorías del relato literario». En: Roland Barthes, *Análisis estructural del discurso.* México: Coyoacán.

VARO, Beatriz (1990): *Remedios Varo: en el centro del microcosmos.* Madrid: Fondo de Cultura Económica.

VARO, Remedios (1965): *De Homo Rodans.* México: Calli-Nova.

VÉRTIZ, Columba (2006): «Juan Soriano: razones e ideas sobre el arte». En: *Noticias de Oaxaca,* nº 10465, 6 de febrero, <http://www.noticiasoax.com.mx>.

VV. AA. (1991): *Remedios Varo. Arte y Literatura.* Teruel: Museo de Teruel.

ZAMBRANO, María (2004): *La confesión: género literario.* Madrid: Siruela.

— (2006): *Los sueños y el tiempo.* Madrid: Siruela.

ZAVALA, Lauro (1993): *Humor, ironía y lectura. Las fronteras de la escritura literaria.* México: Universidad Autónoma Metropolitana/Unidad Xochimilco.

— (comp.) (1999): *Lecturas simultáneas: la enseñanza de la lengua y la literatura con especial atención al cuento ultracorto.* México: Universidad Autónoma Metropolitana/Unidad Xochimilco.

— (selec. y pról.) (2000): *Relatos vertiginosos. Antología de cuentos mínimos.* México: Alfaguara.

— (comp.) (2001): *Relatos mexicanos posmodernos. Antología de prosa ultracorta, híbrida y lúdica.* México: Alfaguara.

ZOLA, Émile (1980): *Au bonheur des dames.* Paris: Gallimard.

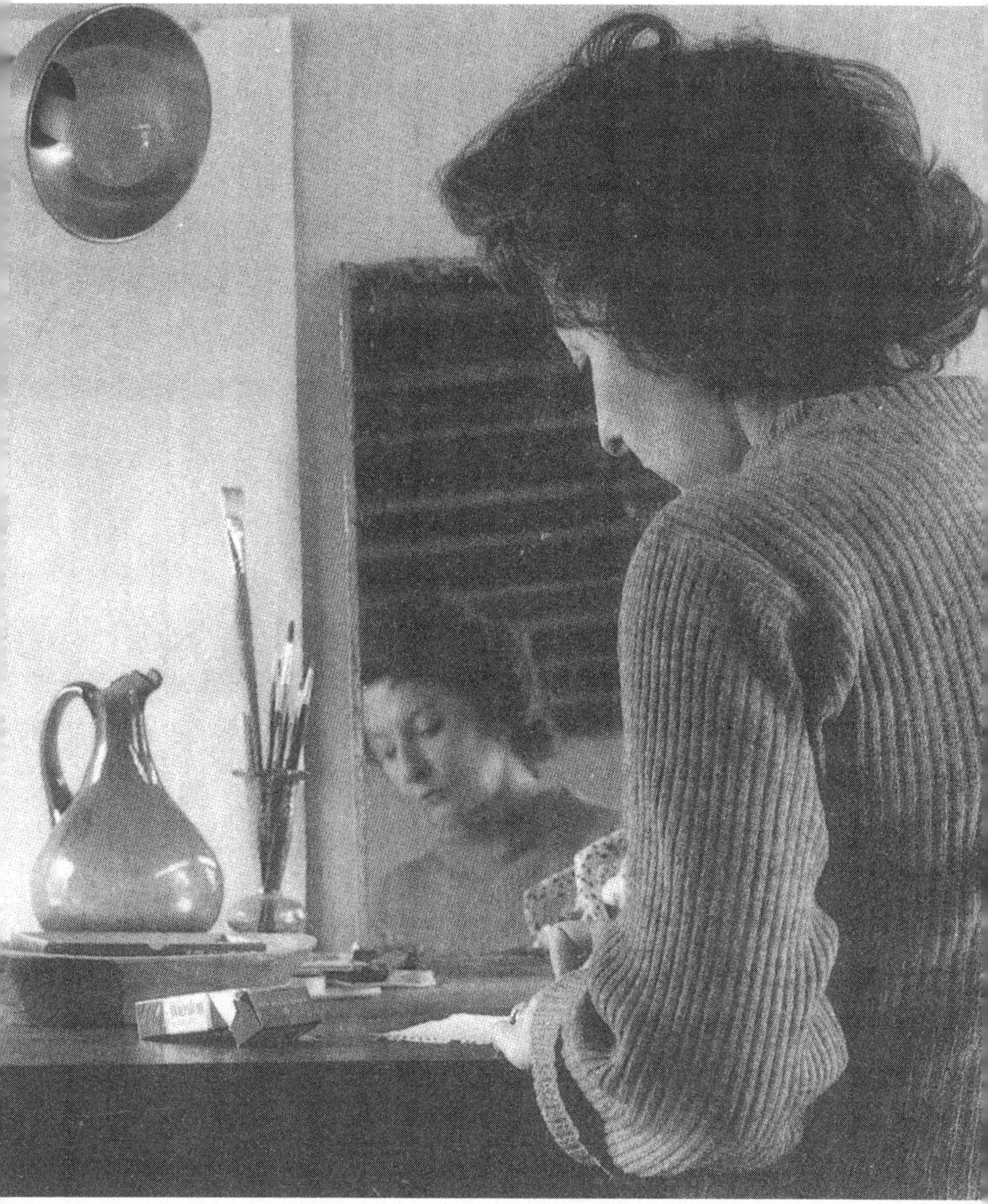

Remedios Varo (Gruen/Ovalle 1998: 37)

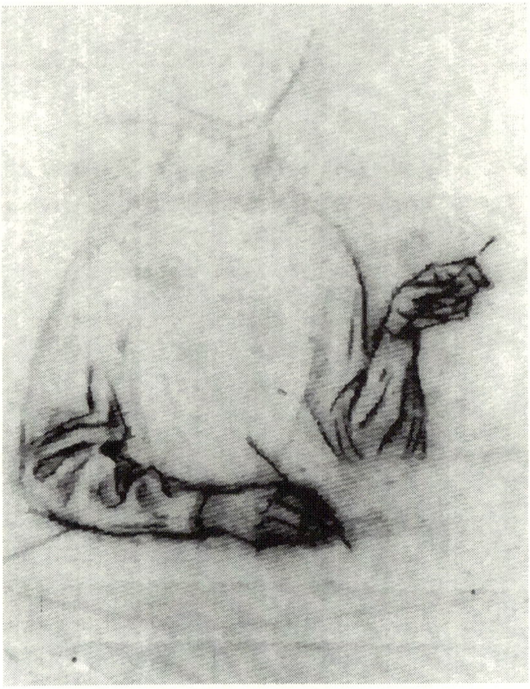

Boceto *Creación de las aves,* 1957, lápiz/papel, 30 × 25 (Gruen/Ovalle 1998: 271)

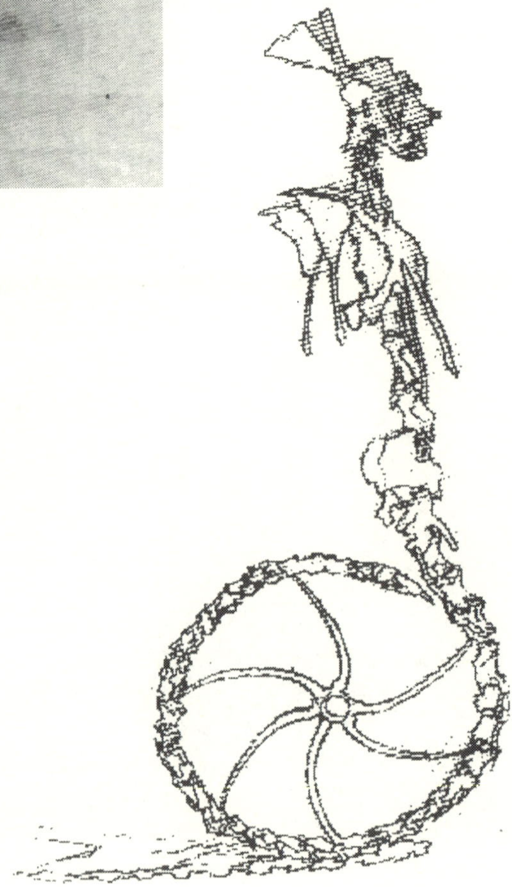

Boceto *Homo Rodans,* 1959, lápiz/papel mantequilla, 25 × 24 (Gruen/Ovalle 1998: 293)

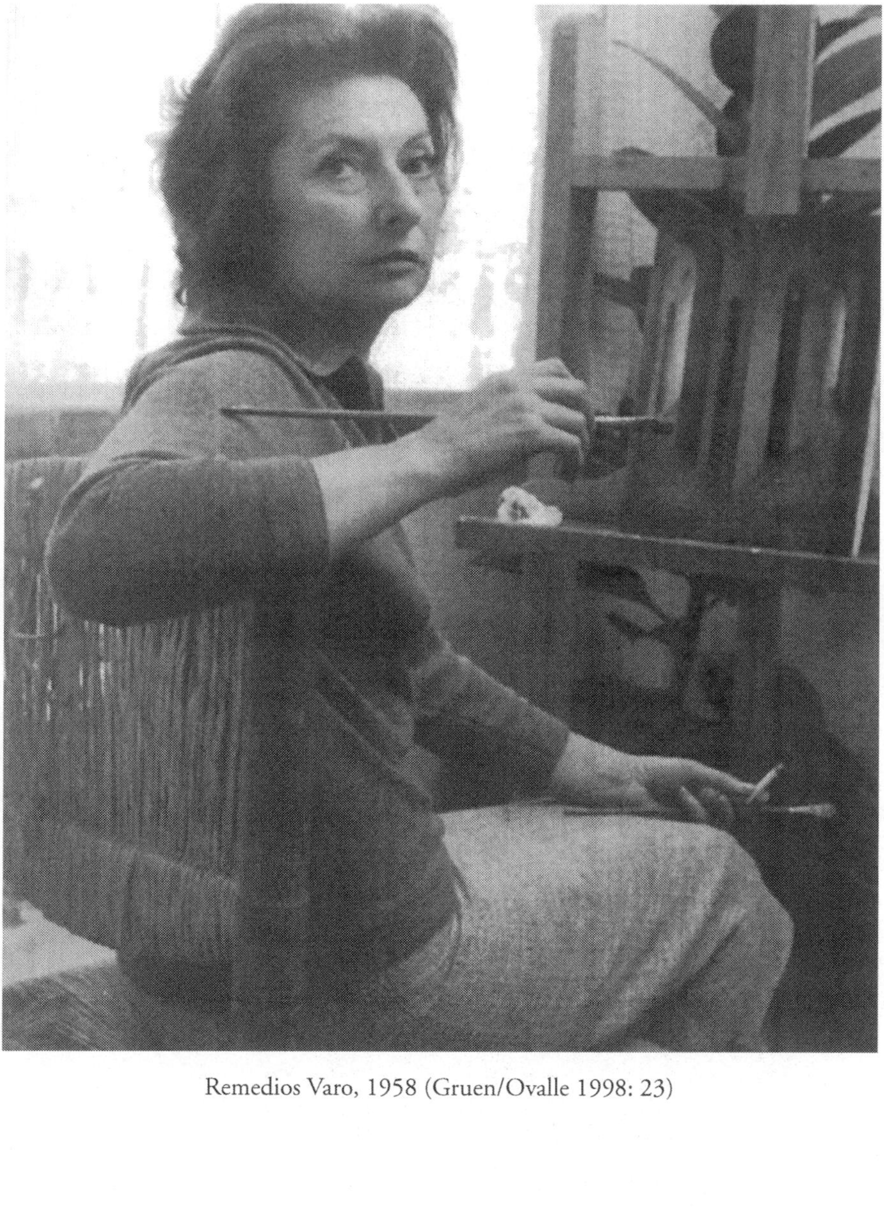

Remedios Varo, 1958 (Gruen/Ovalle 1998: 23)

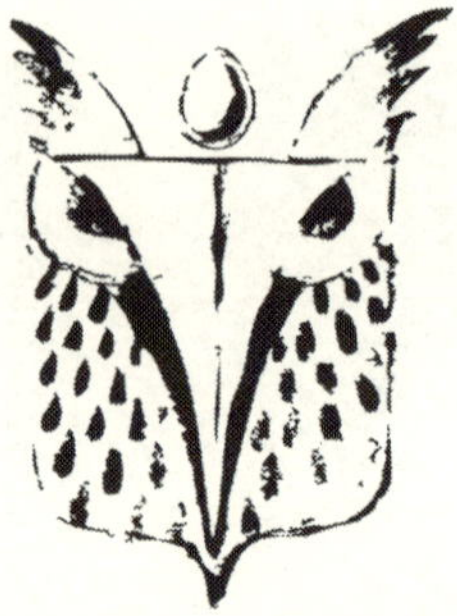

El caballero Casildo Martín de Vilboa.

Fué armado caballero en el año de gracia de 1462 por zu Majestad Amarraco IX quien así recompenzó zu abnegada y peligrosa cruzada en bien de la Corona y de la Santa Iglesia. Hizoze a la mar dicho caballero en una pequeña y frajil goleta acompañado zolamente por zu zecretaria, la intrépida doncella Dulcifrís de Iruña y tres bellacos, ladrones profesionales escapados la víspera de unas horcas y que guarecidoze habían en las entrañas del barco. El caballero Martín de Vilboa era entonces un zimple y modesto varón de ciencia, audaz ornitologo que tiempo ha, zospechaba la existencia en Islandia

Carátula de *El caballero Casildo Martín de Villoa* (Archivo Gruen)

Parte II

Edición crítica de los escritos de Remedios Varo

Criterios de edición crítica de los escritos de Remedios Varo

1. Texto base

1.1. *Escritos publicados*

Texto	Publicado en:	Título abreviado	Siglas
Nota escrita reverso de un dibujo para Juan Soriano.	Kaplan, Janet (1998): *Viajes inesperados. El arte y la vida de Remedios Varo*. México: Era, 136.	*Viajes...*	*JK*
Notas escritas al reverso de fotografías de sus cuadros dirigidas a Rodrigo Varo.	Gruen, Walter y Ovalle, Ricardo (1998): *Remedios Varo. Catálogo razonado*. México: Era, 51-60. Varo, Beatriz (1990): *Remedios Varo en el centro del microcosmos*. Madrid: Fondo de Cultural Económica, 235.	*Catálogo razonado* *Centro del microcosmos*	*GO* *BV*
De Homo Rodans. Edición facsimilar prologada por Juan Somolinos. Varo, Remedios (1965): *De Homo Rodans*. México: CalliNova.	Edición facsimilar prologada por Juan Somolinos. Varo, Remedios (1965): *De Homo Rodans*. México: CalliNova.	*De Homo...*	*DH*

1.2. *Manuscritos conservados en el Archivo Gruen*

Título	Siglas	Abreviaturas
EL CABALLERO CASILDO MARTÍN DE VILBOA	CMV	EL CABALLERO CASILDO...
RECETAS Y CONSEJOS PARA AHUYENTAR LOS SUEÑOS INOPORTUNOS, EL INSOMNIO Y LOS DESIERTOS DE ARENAS MOVEDIZAS BAJO LA CAMA.	RYC	RECETAS Y CONSEJOS...
[DÍAS DE MEDITACIÓN]	DDM	[DÍAS...]
[TRIGO, ACEITUNAS Y NARANJAS. PRESÉRVATE DEL FRÍO CON LANA DE OVEJA]	TAYN	[TRIGO, ACEITUNAS...]
DOMINGO	DOM	DOM
LUNES	LUN	LUN
[LOS CUADROS DE PAALEN]	LCP	[LOS CUADROS...]
[PASEÍTO POR LONDRES]	PPL	[PASEÍTO...]
[PLASTILINA]	P	[PLASTILINA]
[NO QUIERO QUE DESPIERTES]	NQD	[NO QUIERO...]
[VERDAD ABSOLUTA]	VA	[VERDAD...]
[ENTERRADA EN MIEL]	EM	[ENTERRADA...]
[CARTA 1]	C1	[CARTA 1]
[CARTA 2]	C2	[CARTA 2]
[EL SANTO CUERPO GRASOSO]	ESCG	[SANTO CUERPO...]
[APUNTE PARA OBRA TEATRAL]	AOT	[APUNTE...]

2. Ortografía y puntuación

Se corrigen la ortografía, el uso de signos de admiración e interrogación y la puntuación de acuerdo con el uso académico tradicional. Se respeta el uso de mayúsculas en algunas palabras, cuando éstas denotan sentido o pueden haber sido utilizadas con intención expresiva. Los títulos nobiliarios se escriben con mayúscula, únicamente cuando sustituyen al nombre propio correspondiente, pero si el título es genérico y va seguido del nombre del personaje o de un complemento se escribe con minúscula.

3. Título de los escritos

Si la obra cuenta con título, éste aparecerá centrado, en mayúsculas y redonda. Si el texto es introducido por la editora se respeta el mismo formato y se encierra entre corchetes.

4. Notas filológicas y notas críticas

Las notas filológicas se señalarán en nota al pie de página, utilizando para las llamadas letras minúsculas cuya numeración se reiniciará en cada página.

Las notas críticas aparecerán también a pie de página con llamadas numéricas consecutivas. En caso de utilizar alguna fuente bibliográfica, las citas de las notas se introducen en paréntesis, registrándose bajo las siguientes siglas y separando con coma, el número de la página correspondiente:

Referencias bibliográficas	**Siglas**
Cirlot, Juan Eduardo (2006): *Diccionario de símbolos*. Madrid: Siruela.	DSC
Diccionario de la Real Academia Española, consultado en línea de enero de 2005 a febrero de 2008.	RAE
Gámez, Tana de (1973): *Simon and Schuster's International Dictionary*. New York: Simon and Schuster.	ID
García-Pelayo, Ramón (1967): *Dictionnaire Français-Espagnol*. México: Larousse.	FELAR
Lara, Luis F. (dir.) (2005): *Diccionario del español usual en México*. México: El Colegio de México.	EUM

5. Subrayados

Se omiten los subrayados que aparecen en el texto base.

6. Palabras en otros idiomas

En el caso de las palabras en otros idiomas se corrige la ortografía y se presentan utilizando cursivas; éstas siempre van acompañadas de nota crítica de acuerdo al formato señalado en el 4, anotando entre paréntesis la abreviatura del idioma de la palabra o expresión según aparezca en el texto.

Idioma	**Abreviatura**
Francés	(fr.)
Inglés	(ing.)

7. Criterios específicos

7.1. *Nota escrita a Juan Soriano*

Se utiliza como texto base la nota publicada en *JK.* El escrito aparece con la imagen del dibujo al que hace referencia, acompañado por la ficha técnica del mismo que, según los criterios de *GO*, debe contener los datos siguientes: título actual y definitivo de la obra, año de creación, medidas (alto por ancho en centímetros), técnica utilizada, localización de la firma que puede ser en el ángulo inferior derecho (aid.) o en el ángulo inferior izquierdo (aii.).

7.2. *Notas a Rodrigo Varo escritas al reverso de fotografías de sus pinturas*

En cada página se incluye la imagen de la obra pictórica a la que hace referencia y su ficha técnica mínima, que, según los criterios de *GO*, debe contener los datos siguientes: título actual y definitivo de la obra, año de creación, medidas (alto por ancho en centímetros), técnica utilizada, localización de la firma, fechas o dedicatorias.

Dado que hasta el momento no es posible determinar con exactitud la fecha de la escritura de estos textos, se ha decidido relacionarlos con la fecha de elaboración de la pintura a la que remite. Por lo tanto, el criterio del orden que se sigue está ligado a la fecha de la obra pictórica señalada por *GO*.

7.3. De Homo Rodans

Las citas intertextuales se escriben en cursivas y con sangría izquierda.

7.4. *[Días de meditación]*

Remedios Varo escribió en español y francés. Se mantiene en el relato el uso predominante del idioma español. Se introduce un comentario en nota filológica señalando el momento preciso del cambio del uso del idioma español por el francés. Solamente permanece en francés el diálogo sostenido por los personajes Florian y Pompeya, cuya traducción español aparece en nota filológica con el formato mencionado en los criterios generales.

7.5. *[El Santo Cuerpo Grasoso]*

7.5.1. División de la obra teatral

Se divide la obra en actos y escenas de acuerdo con la entrada y salida de los personajes o los cambios de escenografía. Se introduce, por lo tanto, el número de acto y escena correspondiente señalados entre corchetes y con letra cursiva: ej. [*Acto I. Escena 1*].

7.5.2. Nombres de los personajes

Los nombres de los personajes que intervienen en el texto aparecen en el margen izquierdo y en mayúsculas. Se mantiene el nombre de los personajes según el utilizado en la lista de personajes (*dramatis personae*).

7.5.3. Acotaciones

Las acotaciones se escriben en cursiva, centradas y con punto final, separándolas del texto con una línea en blanco antes y después. Las acotaciones específicas para cada personaje se escriben con cursivas en el parlamento que correspondan en líneas independientes del mismo:

PELOMIEL *Con una risa ligera y blanca de virgen loca.*
¿Para qué sirve esta grasa de olor de salchicha? No veo más que líquido. ¡Ni siquiera tiene color!

7.5.4. Apartes

Los «apartes» contenidos en el texto base se indican con la fórmula *Ap* en cursiva y sin punto final al inicio del parlamento correspondiente. Todo el parlamento se indicará entre paréntesis para diferenciarlo de aquéllos que no se dicen en aparte:

NESFATALINA En efecto, ahora deseo saber por qué ha tenido la insolencia de caer en mis tierras.
(*Ap* ¿Será un espía? Pero... ¡Oh qué celeste belleza la suya! Siento un fuego que devora mi corazón y mis entrañas).

Los apartes que no figuren en el texto original se escribirán del mismo modo, pero en ese caso la fórmula irá entre corchetes [*Ap*]:

SCATIJERAS ¡Cielos!
En voz más baja y lleno de inquietud.
([*Ap*]¡Es don Jon von Aguilota! Hay que alejar a la Reina, debo verlo a solas).

7.5.5. Canciones intercaladas

Las canciones intercaladas se escriben en cursiva:

PELOMIEL *Aguilota tiene un colibrí,*
un colibrí y un bigote.
Tra, la lá. Tra, la lá.

7.5.6. Errores «culturales»

Se corrigen las palabras que muestran claramente errores idiomáticos, de género, número o fonética. Se incluyen algunas especificaciones sin limitarse sólo a éstas:

a) Alternancia gráfica s/ss: grassoso → grasoso.
b) Alternancia qu/cu: Quando → cuando.
c) Se separarán las contracciones con que: ala → a la.
d) Se sustituirá la 'a' embebida, indicándolo con corchetes, en frases como: '¿qué iba yo hacer?' → '¿qué iba yo [a] hacer?'
e) Se modernizarán las oscilaciones en los grupos consonánticos cultos: obscuro/oscuro.

Los textos autógrafos que hizo públicos la misma Remedios Varo

Notas escritas al reverso de un dibujo o de fotografías de sus pinturas

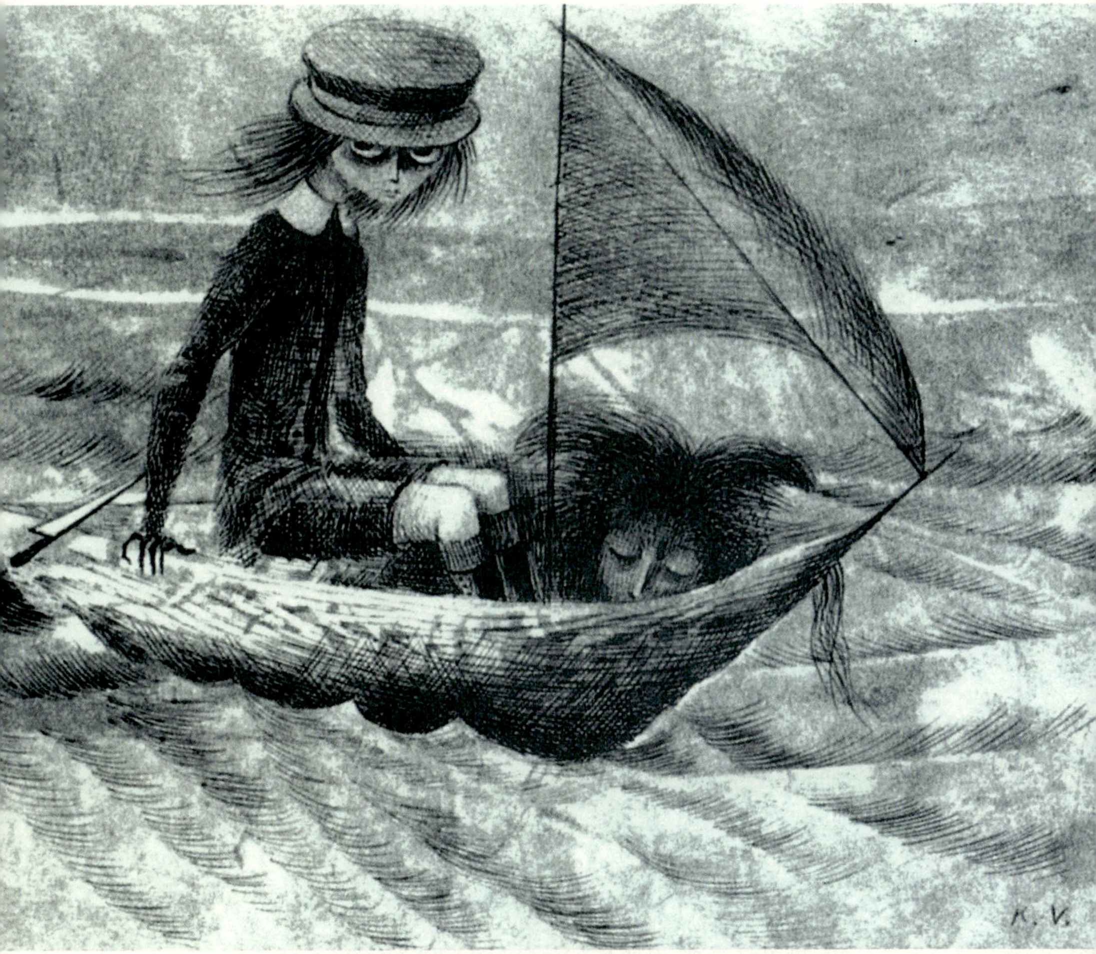

Retrato del Barón Ángelo Milfastos de niño, 1952.
Técnica mixta. Tinta sobre papel. 12.2 × 15, firmado: R.V., aid.

Juanito, muchas felicidades. No te importe que este dibujo sea tan malo, porque es un documento de gran valor histórico. Se trata del único retrato que existe del barón Ángelo Milfastos cuando era niño y empezó a cortar las cabezas a sus tías. Murió más tarde en la horca, pero fue una gran injusticia y un error judicial. No era ningún criminal sino el inventor de un nuevo y magnífico aparato para afilar cuchillos; al cortar cabezas sólo se proponía probar el aparato.

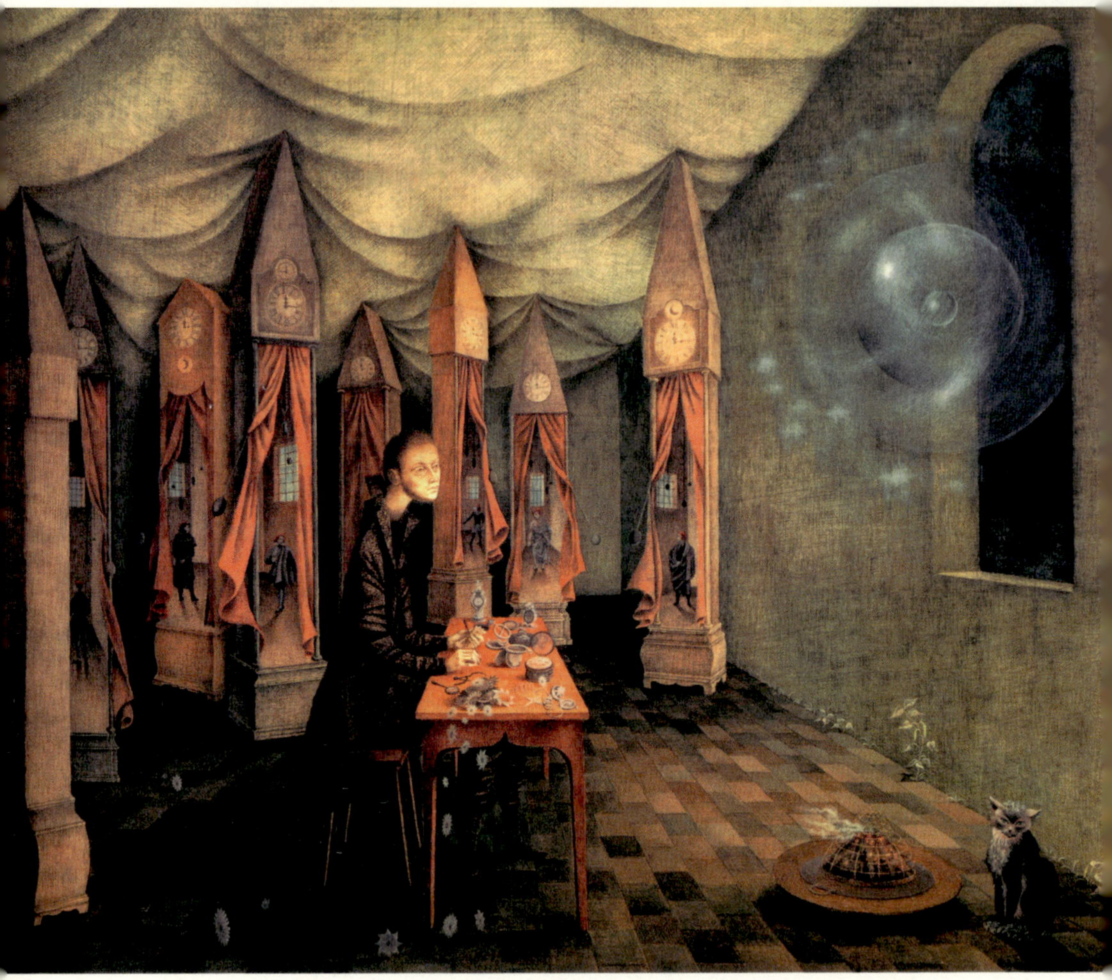

La Revelación, 1955, óleo/*masonite*[1], 71 × 84, firmado: R. Varo, aid.

Aquí se trata del tiempo. Por eso hay un relojero –que en cierta manera representa el tiempo ordinario nuestro– pero por la ventana entra una «revelación» y comprende de golpe muchísimas cosas. He tratado de darle una expresión de asombro y de iluminación. A su alrededor hay cantidad de relojes que marcan todos la misma hora, pero dentro de cada uno hay el mismo personaje en muy diferentes épocas; eso lo consigo por medio de los trajes característicos de épocas muy distintas. Cada reloj tiene una ventana con rejas, como en una cárcel.

---

[1] *Masonite* (ing.): lámina de fibra de madera (ID, 460). Actualmente se utiliza como nombre genérico.

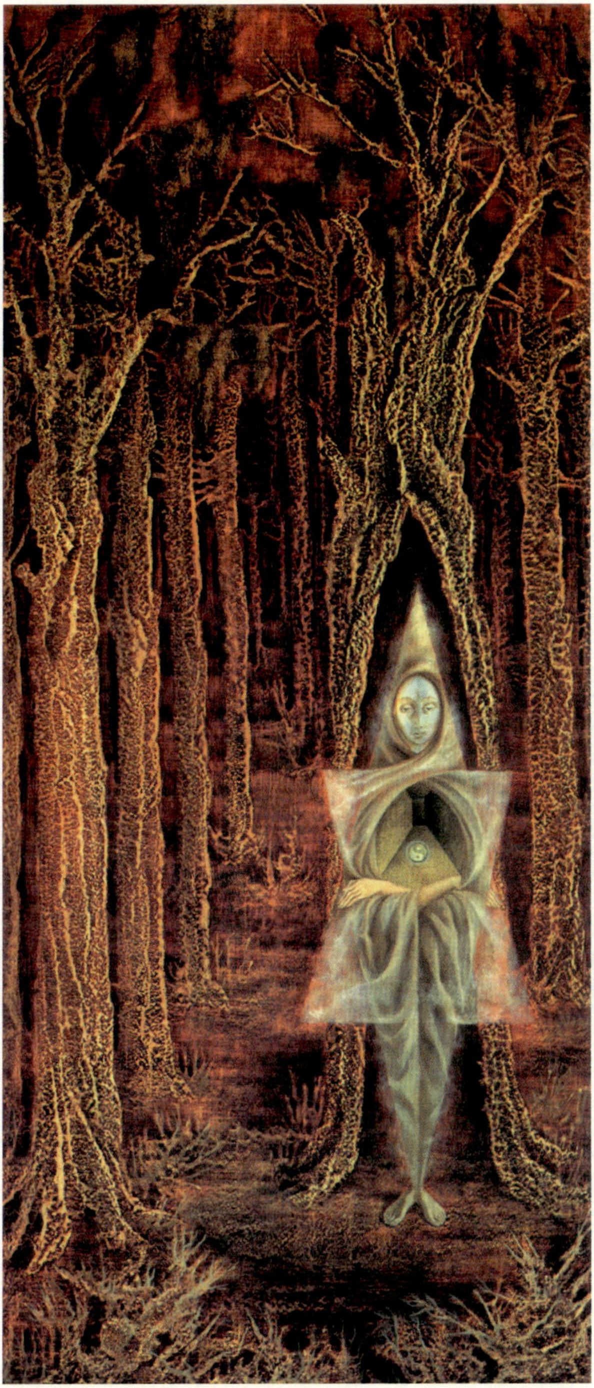

Ermitaño, 1955, óleo y nácar incrustado/ *masonite*, 91 × 40, firmado: R. Varo, aid.

Éste es un ermitaño. Ya está fuera del tiempo y espacio comunes. Su cuerpo está formado por dos triángulos que al cortarse, uno con el vértice para arriba y el otro para abajo, son una estrella de seis puntas, símbolo del tiempo y del espacio en las antiguas enseñanzas esotéricas; dentro del pecho tiene a *Yan[g]* y *Yin*, el más hermoso símbolo a mi juicio de la unidad interior, pues el símbolo está ya rodeado de un círculo y se ha convertido en unidad.

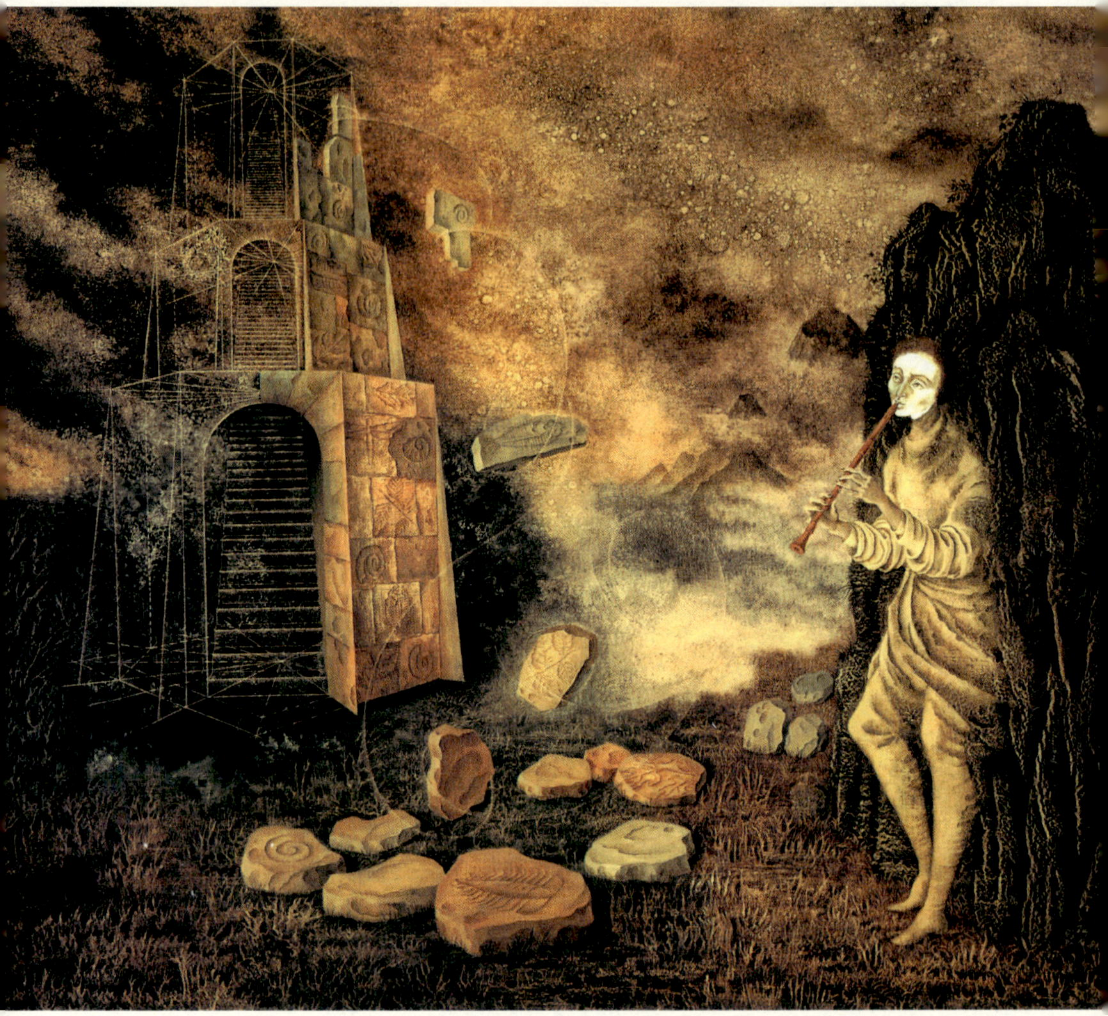

El Flautista, 1955, óleo y nácar incrustado/*masonite*, 77 × 95 firmado: R. Varo, aid.

El flautista construye esa torre octogonal levantando las piedras con el poder e impulso del sonido de su flauta. Las piedras son fósiles. La torre es octogonal para simbolizar –algo vagamente, debo decir– la teoría de las octavas, teoría muy importante en ciertas enseñanzas esotéricas. La mitad de la torre es como transparente y sólo dibujada porque está imaginada por el que la va construyendo.

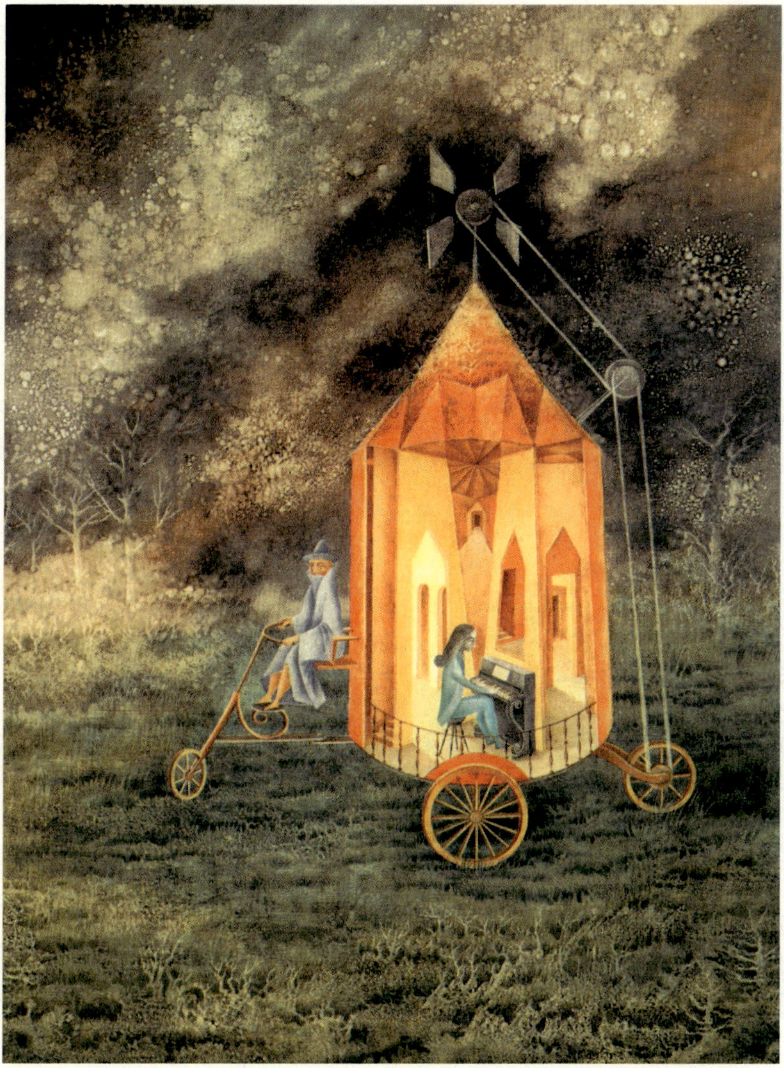

Roulotte[2], 1955, óleo/*masonite*, 78 × 60, firmado: R. Varo, aid.

Este carricoche[3] representa un hogar verdadero y armonioso. Dentro de él hay todas las perspectivas y felizmente se transporta de acá para allá: el hombre dirigiéndolo, la mujer produciendo música tranquilamente.

---

[2] *Roulotte* (fr.): carromato, remolque (FELAR, 663).

[3] Carricoche: coche viejo o de mala figura cuya caja es como la de un coche (RAE).

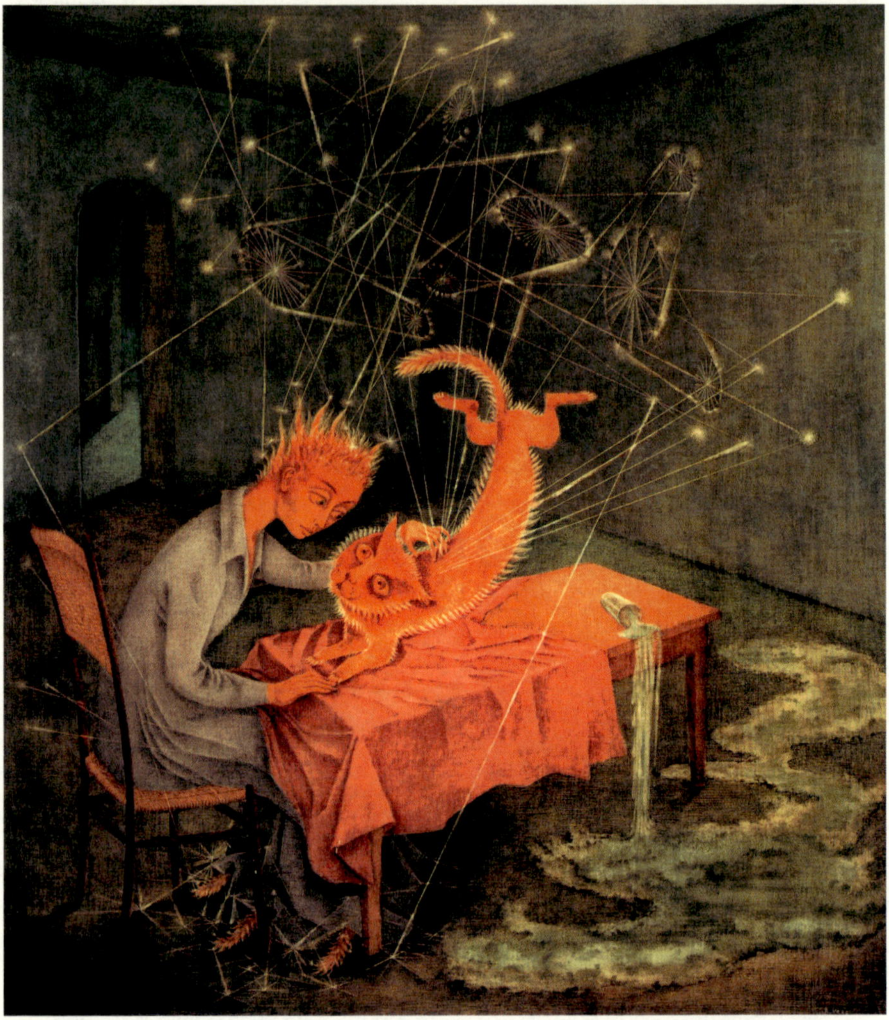

Simpatía, 1955, óleo/*masonite*, 95 × 83.5, firmado: R. Varo, aid.

El gato de esta señora salta sobre la mesa produciendo los desórdenes que es costumbre tolerar si quiere uno a los gatos –como me pasa a mí–. Al acariciarlo brotan tantas chispas que forman todo este artilugio eléctrico muy complicado. Algunas chispas y electricidad van a la cabeza de ella y son aprovechadas para hacer rápidamente una ondulación permanente.

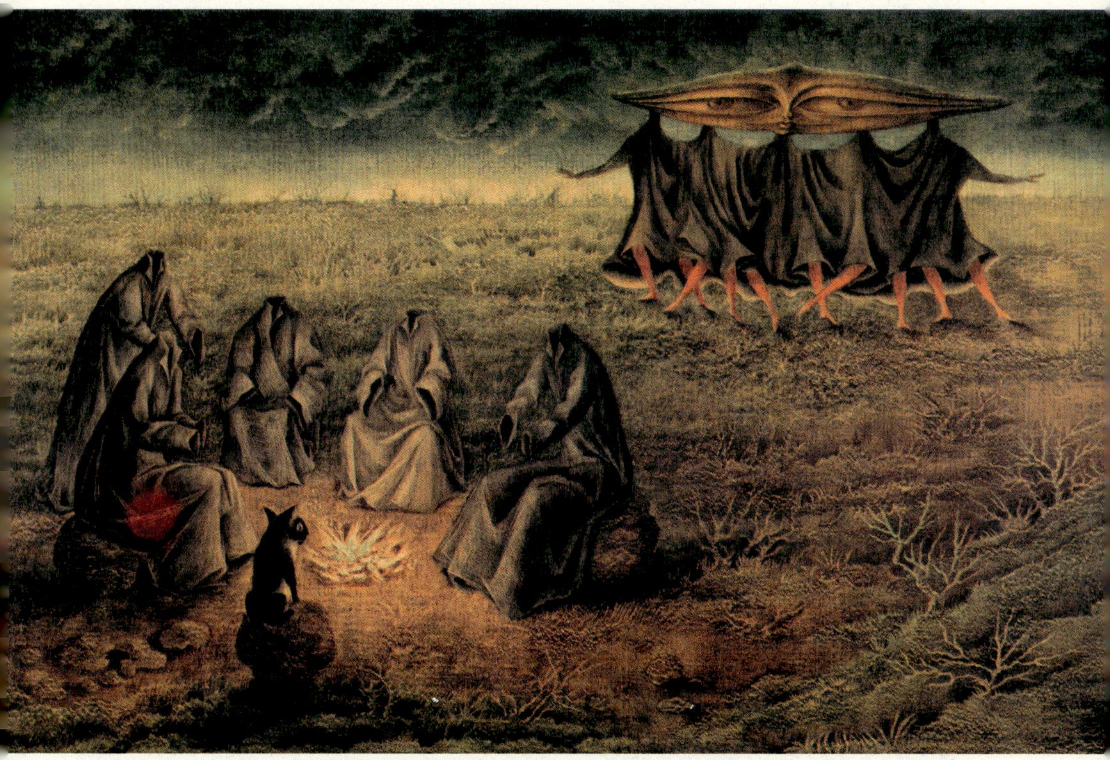

Robo de sustancia, 1955, óleo/*masonite* 58 × 82, firmado: R. Varo, aid.

Este personaje del fondo sencillamente se apropió de la sustancia de esos otros cinco y por eso se quedaron las túnicas vacías.

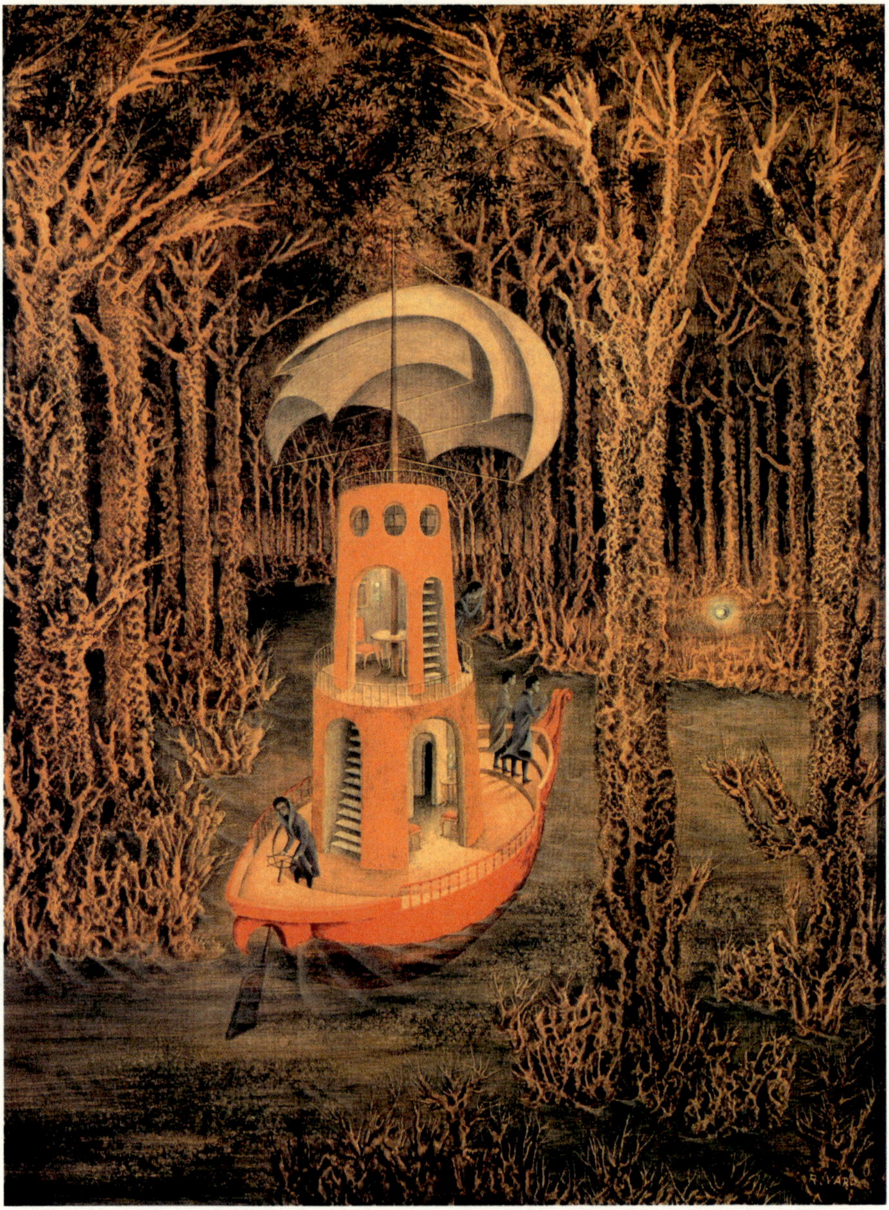

Hallazgo, 1956, óleo/*masonite* 78 × 69, firmado: R. Varo, aid.

Esos viajeros después de mucho ir y venir encuentran por fin esa especie de perla gruesa en el bosquecillo al fondo. Esa esferita luminosa o perla representa la unidad interior; los viajeros representan gentes que buscan llegar a un nivel más alto espiritual.

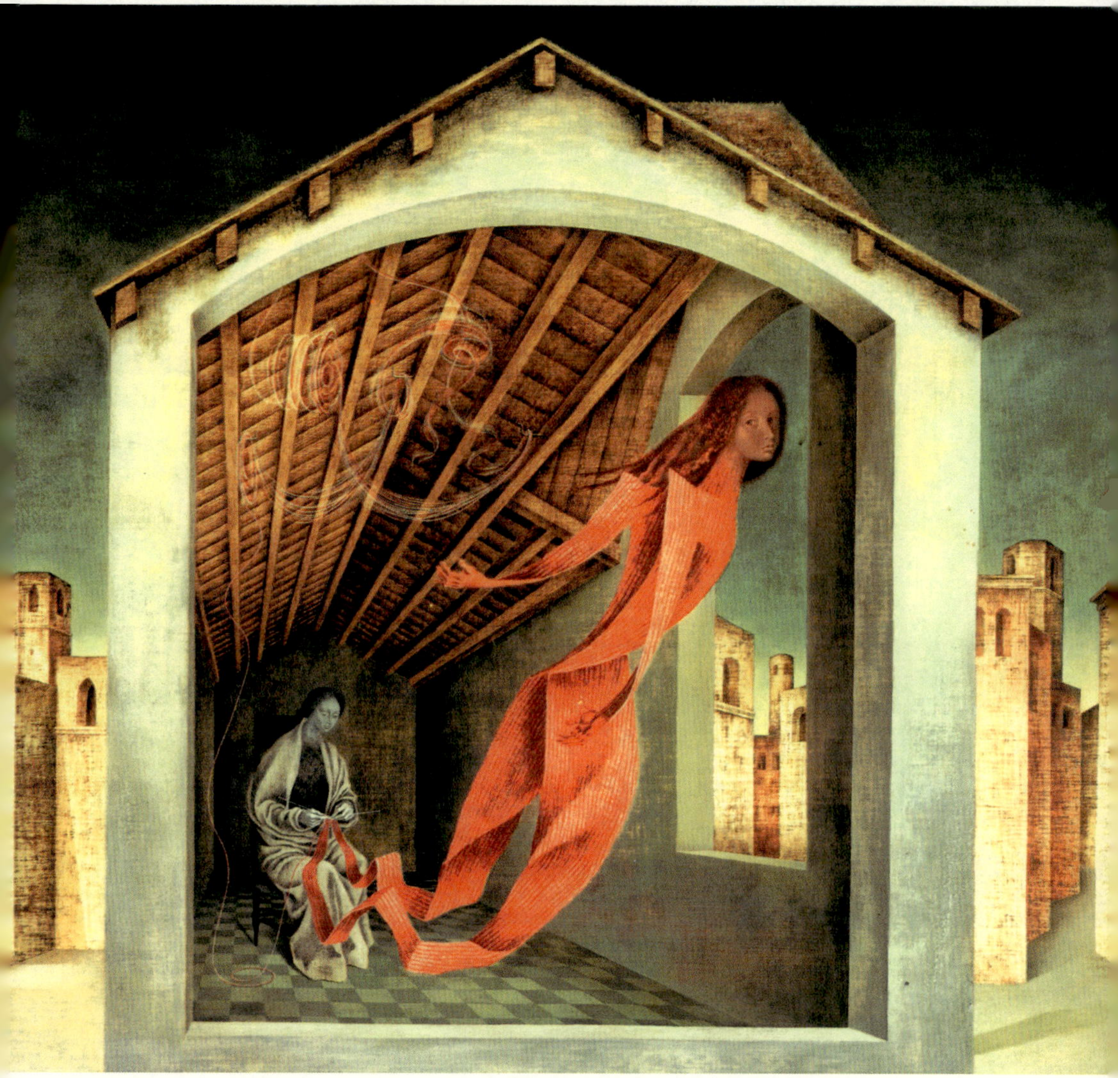

La tejedora de Verona, 1956. óleo/*masonite*, 86 × 105, firmado: R. Varo, aii.

Lo que aquí sucede es evidente: esa señora que está tejiendo punto inglés fabrica personajes animados que salen por la ventana.

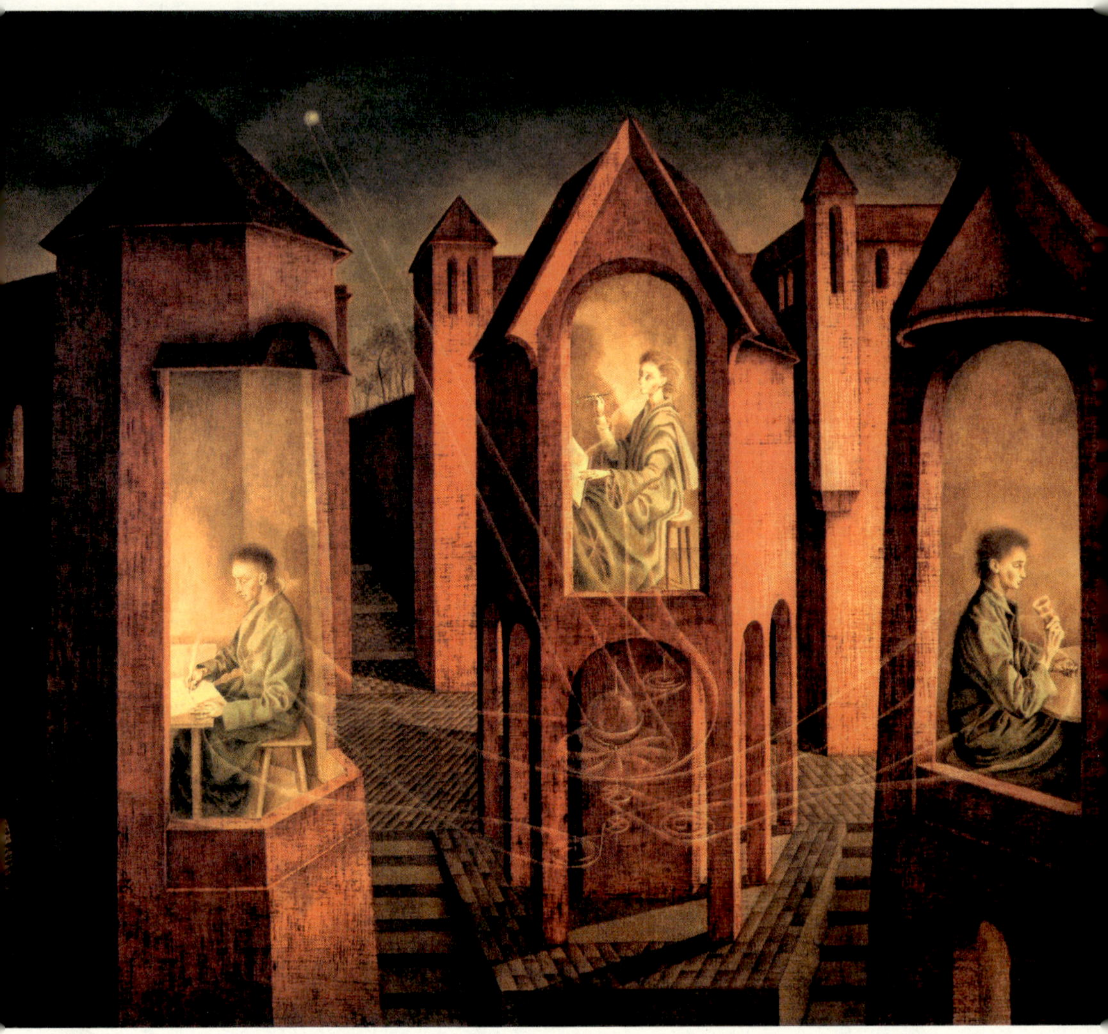

Tres destinos, 1956, óleo/*masonite,* 90 × 108, firmado: R.Varo, aid.

Esos tres personajes se dedican tranquilamente a lo que quieren, ni se conocen entre sí, pero hay una complicada máquina de la que salen poleas, que se enrollan en ellos y los hacen moverse –ellos creen moverse libremente–. Esa máquina es movida a su vez por una polea que va hasta un astro y éste mueve el total. Ese astro representa el destino de esa gente que, sin ellos saberlo, está mezclado, y algún día sus vidas se cruzarán y mezclarán.

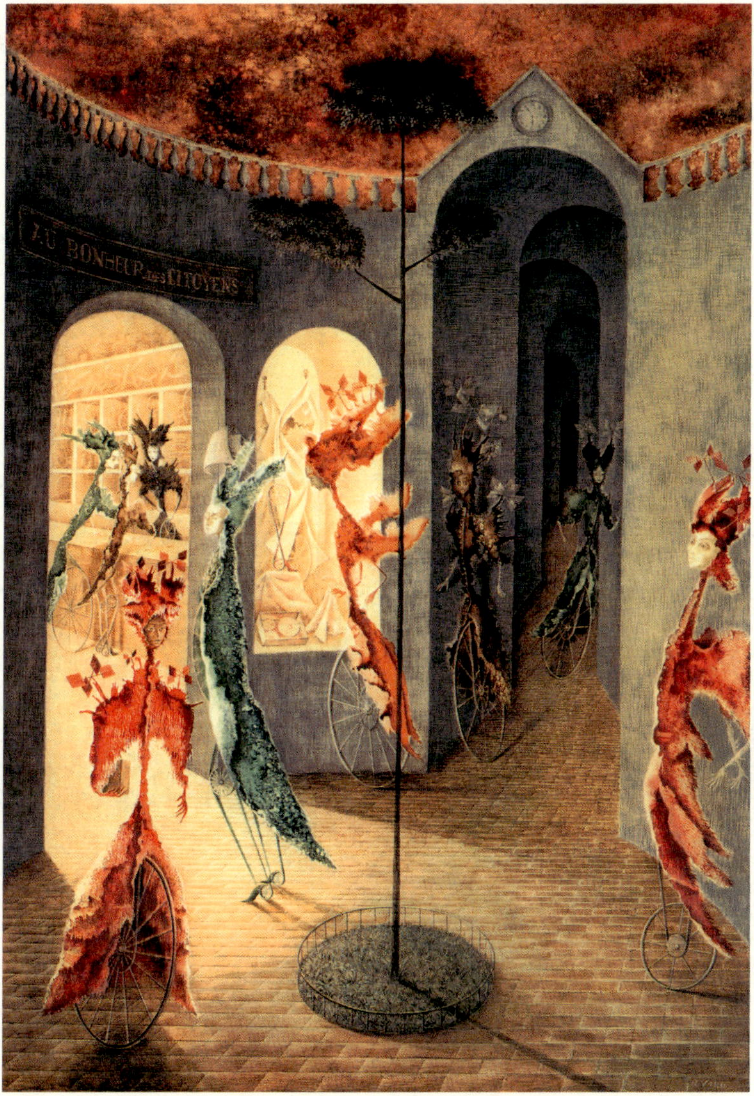

Au bonheur de dames[4], 1956, óleo/*masonite*, 88.6 × 60.3, firmado: R. Varo, aid.

Criaturas caídas en la peor mecanización; todas las partes de su cuerpo son ya ruedecillas, etcétera. En la tienda venden las piezas que se deseen adquirir para sustituir las usadas. Criaturas de nuestra época, sin ideas propias, mecanizadas y próximas a pasar al estado de insectos, hormigas en particular.

---

[4] *Au bonheur de dames* (fr.): La dicha de las señoras.

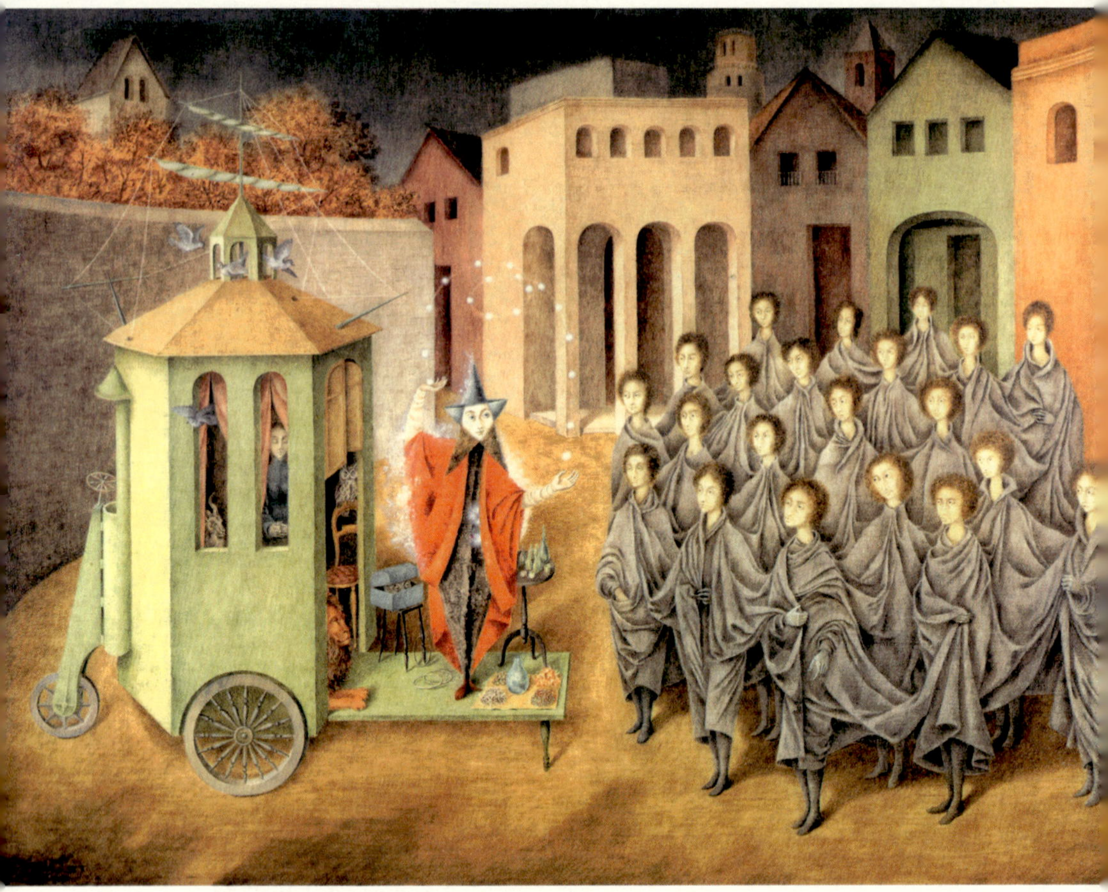

El Malabarista, 1956, óleo y nácar incrustado/*masonite* 91 × 122,
firmado: R. Varo, aid.

Se trata de un prestidigitador. Está lleno de trucos, de color, de vida; en el carricoche lleva toda clase de cosas milagrosas y animales. Ante él está «la masa»; para que sea más «masa» hasta llevan un traje común, un enorme pedazo de tela gris con agujeros para sacar la cabeza. Todos se parecen, tienen igual pelo, etcétera.

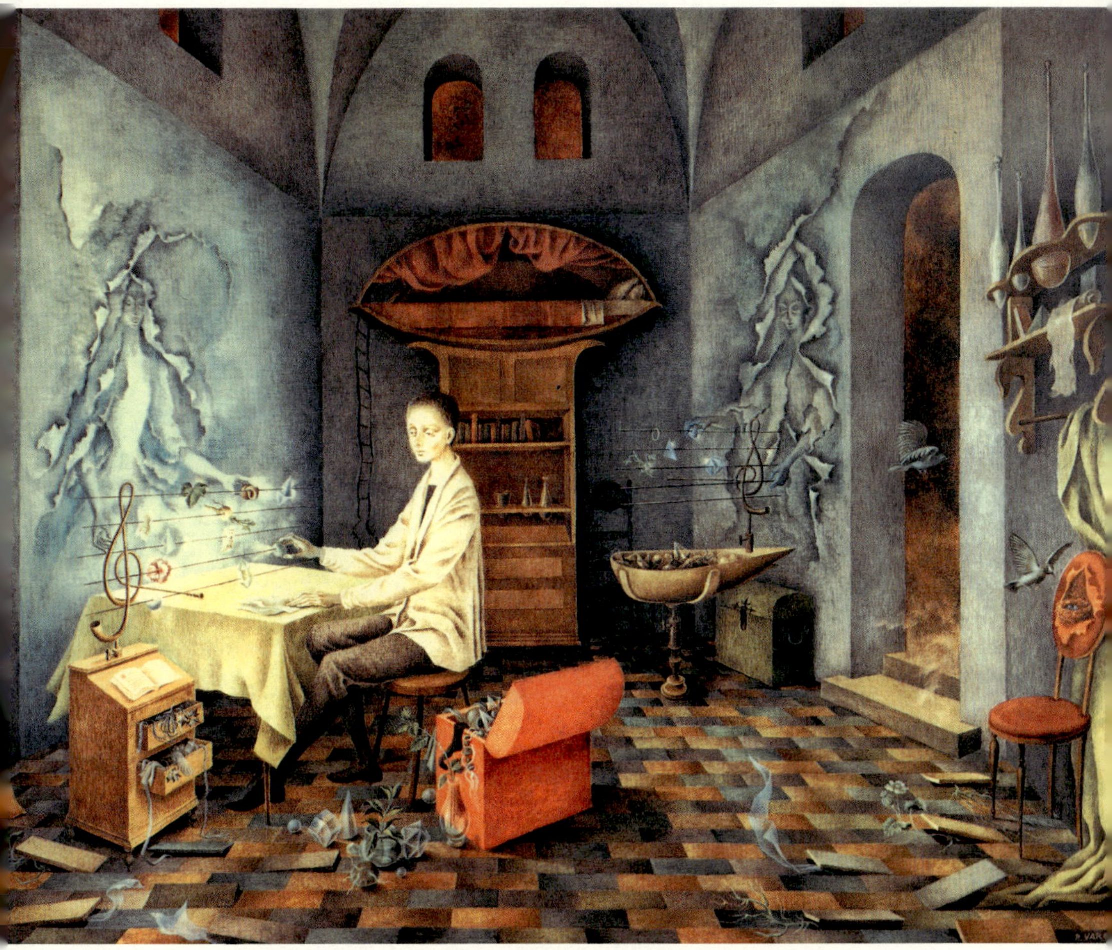

Armonía, 1956, óleo/*masonite*, 76 ¥ 94, firmado: R. Varo, aid.

El personaje está tratando de encontrar el hilo invisible que une todas las cosas, por eso, en un pentagrama de hilos de metal, ensarta toda clase de objetos: desde el más simple hasta un papelito conteniendo una fórmula matemática, que es ya en sí un cúmulo de cosas. Cuando consigue colocar en su sitio los diversos objetos, soplando por la clave que sostiene el pentagrama, debe salir una música no sólo armoniosa sino también objetiva, es decir, capaz de mover las cosas a su alrededor si así se desea usarla. La figura que se desprende de la pared y colabora con él representa el azar –que tantas veces interviene en todos los descubrimientos–, pero el azar objetivo. Cuando uso la palabra «objetivo», entiendo por ello que es algo fuera de nuestro mundo, o mejor dicho más allá de él, y que se encuentra conectado con el mundo de las causas, y no de los fenómenos que es el nuestro.

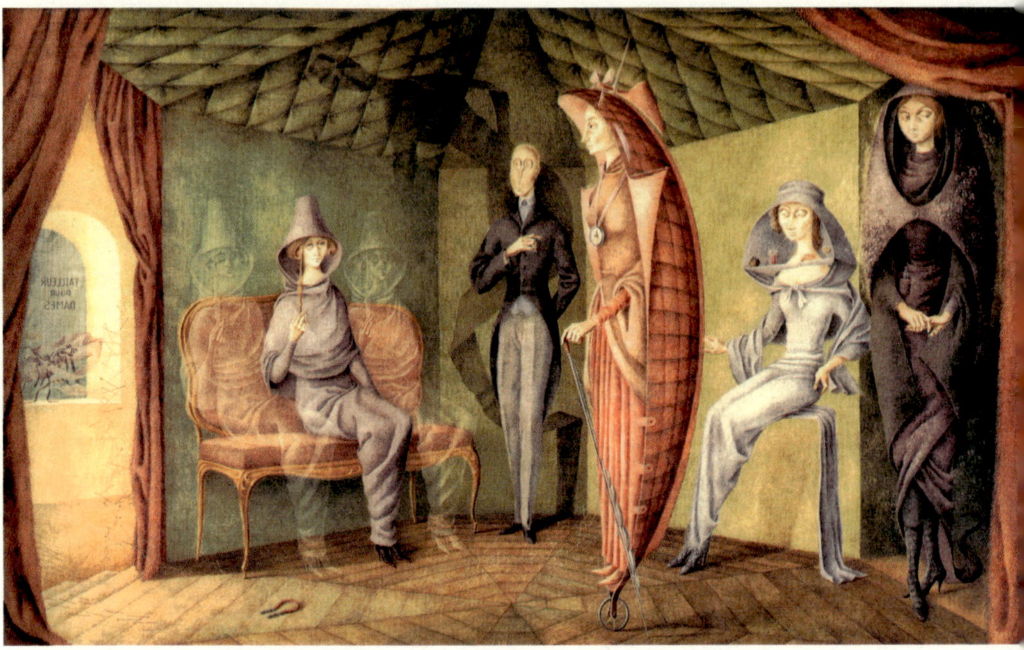

Tailleur pour dames[5], 1957, óleo/*masonite*, 77 × 95, firmado: R. Varo, aid.

Esto es el salón de un modista para señoras. Un modelo es para viaje, muy práctico en forma de barco por detrás; al llegar ante una extensión de agua se deja caer de espaldas; detrás de la cabeza está el timón que se maneja tirando de las cintas que van hasta el pecho y de las que cuelga una brújula. Todo ello sirve también de adorno, en tierra firme rueda y las solapas sirven de pequeñas velas, así como el bastón en el que hay una vela enrollada que se despliega. El modelo sentado es para ir a esos *cocktail-party*[6] en donde no cabe un alfiler y no sabe uno ni dónde poner su vaso ni menos sentarse; el tejido de la *écharpe*[7] es de una sustancia milagrosa que se endurece a voluntad y sirve de asiento. El modelo de la derecha es para viuda. Es de un tejido efervescente, como el *champagne*[8]; tiene un bolsillito para llevar el frasco de veneno. Termina en una cola de reptil muy favorecedora. El sastre tiene una cara dibujada en forma de tijeras; su sombra es tan rebelde que hay que sujetarla al techo con un alfiler. La clienta que contempla los modelos se despliega en dos personas, más no sabe cuál de los tres modelos elegir, y las repeticiones de ella, a cada lado y algo transparentes, representan la duda en que se encuentra.

---

[5] *Tailleur pour dames* (fr.): modista (FELAR, 713).

[6] *Cocktail-party* (ing.): coctel, reunión o fiesta generalmente por la tarde (ID, 124).

[7] *Écharpe* (fr.): chal (FELAR, 258).

[8] *Champagne* (fr.): champaña (FELAR, 136).

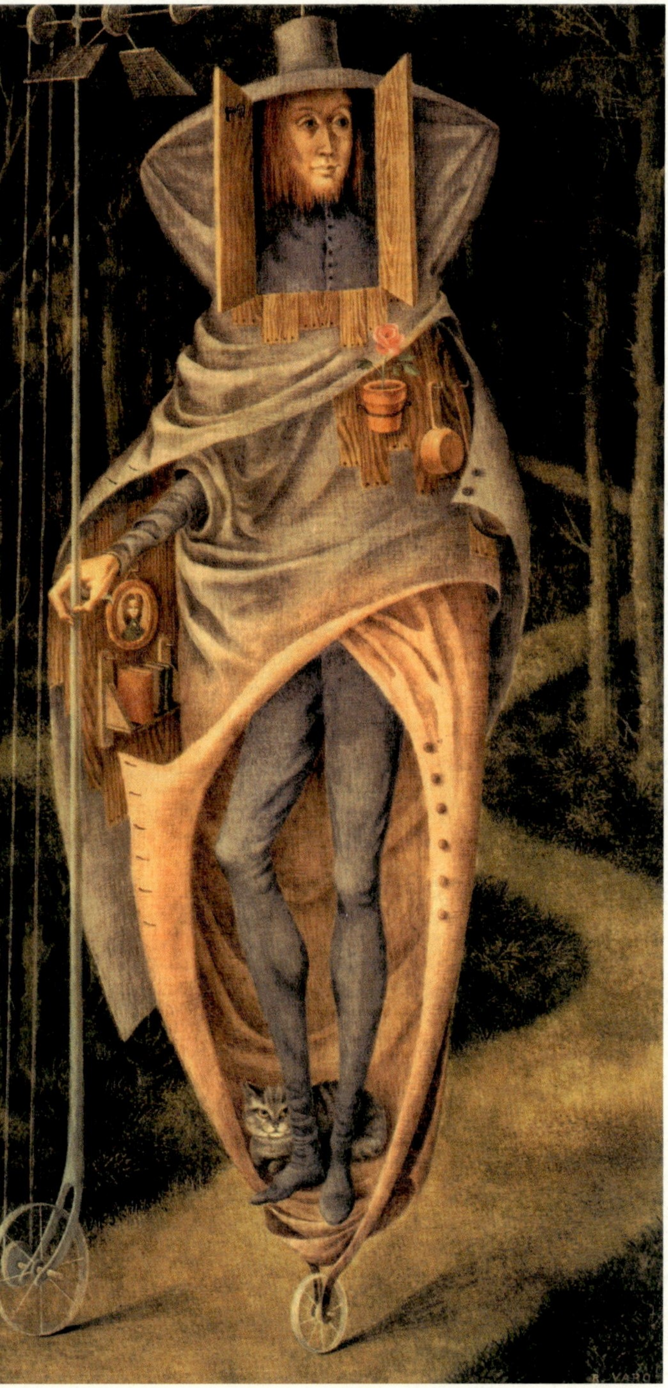

Vagabundo, 1957, óleo/*masonite*, 56 × 27, firmado: R. Varo, aid.

Este cuadro es, a mi juicio, uno de los mejores que he pintado. Es un modelo de traje de vagabundo, pero se trata de un vagabundo no liberado. Es un traje muy práctico y cómodo: como locomoción tiene tracción delantera, si levanta el bastón se detiene; el traje se puede cerrar herméticamente por la noche, tiene una puertecilla que se puede cerrar con llave; algunas partes del traje son de madera, pero –como digo– el hombre no está liberado. En un lado del traje hay un recoveco que equivale a la sala, allí hay un retrato colgado con tres libros; en el pecho lleva una maceta donde cultiva una rosa, planta más fina y delicada que la que encuentra por esos bosques, pero necesita el retrato, la rosa –añoranza de un jardincito en una casa– y su gato. No es verdaderamente libre.

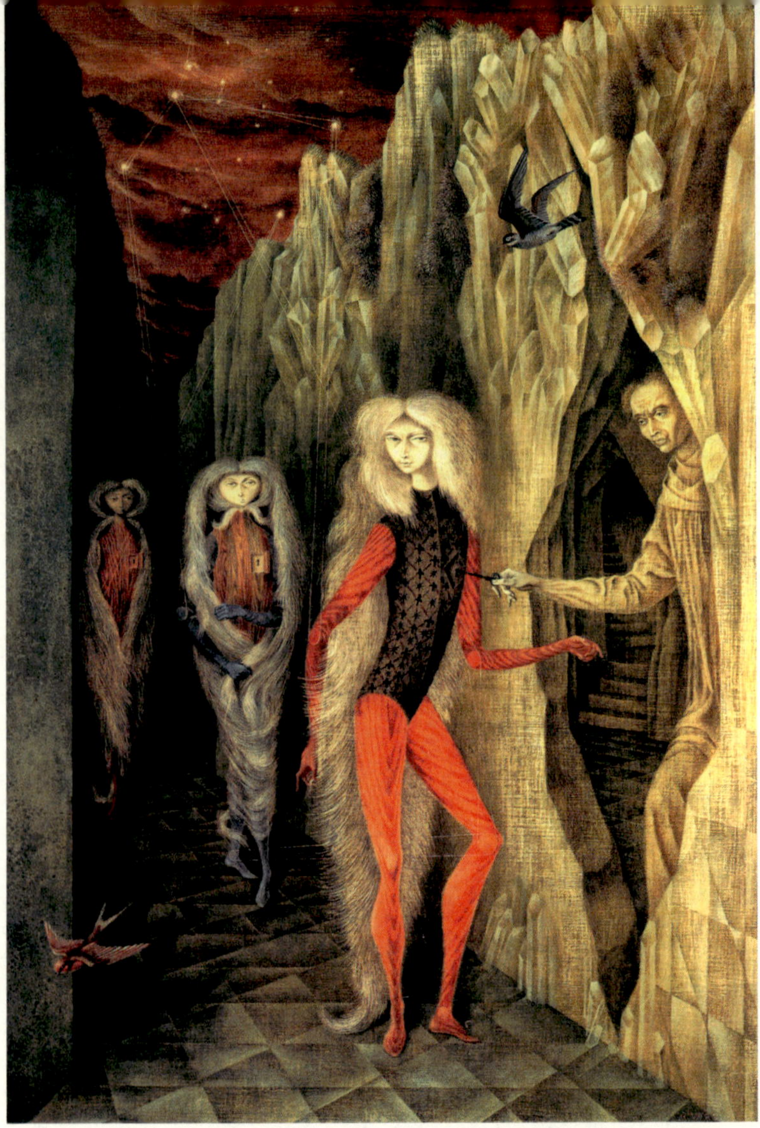

Retrato del doctor Ignacio Chávez, 1957, óleo/*masonite*, 93 × 61, firmado: R.Varo, aid.

Éste es el cuadro que pinté para el doctor Chávez. El personaje que está en esta gruta cristaloide es el propio doctor –tomé sus rasgos más característicos, pero no traté de hacer un retrato–. Lo he vestido con un ropaje algo sacerdotal para sugerir que su profesión es quizá una especie de sacerdocio. En la mano tiene una llave. Los personajes que vienen por ese desfiladero tienen una puertecita en el sitio de su corazón, y según van pasando él les da cuerda. Estos personajes son muy irreales y más bien como marionetas y se mueven por medio de unas cuerdas que van de ruedecillas de sus codos y articulaciones hasta los astros de la constelación del cangrejo. Según los antiguos libros de fisiología que consulté, esta constelación preside las enfermedades y asuntos del corazón.

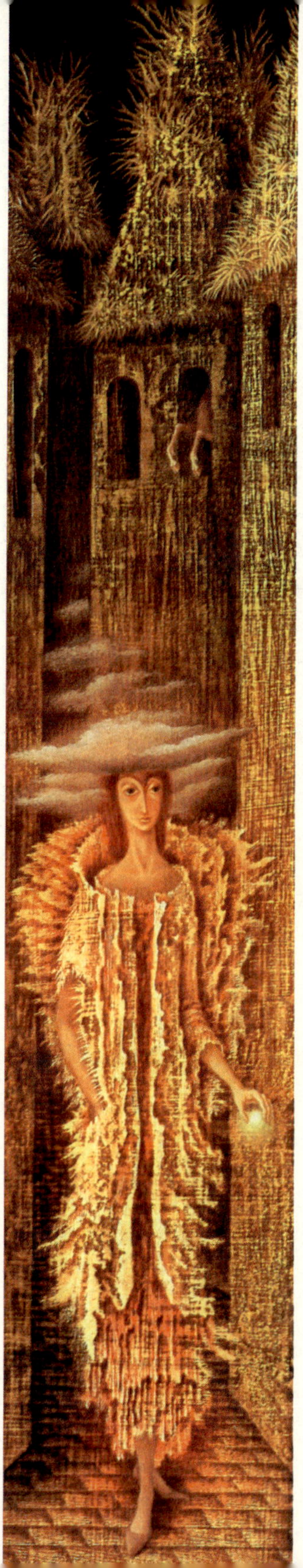

Sea usted breve, 1958, óleo/*masonite*, 72 × 14, firmado: R. varo, aii.

Aquí no sucede nada de muy particular. Esa señora se pasea con un talismán en la mano; el sombrero es una nubecilla que va dejando trozos tras de sí; en el primer piso de la casa de atrás, a la derecha, vive un caballo.

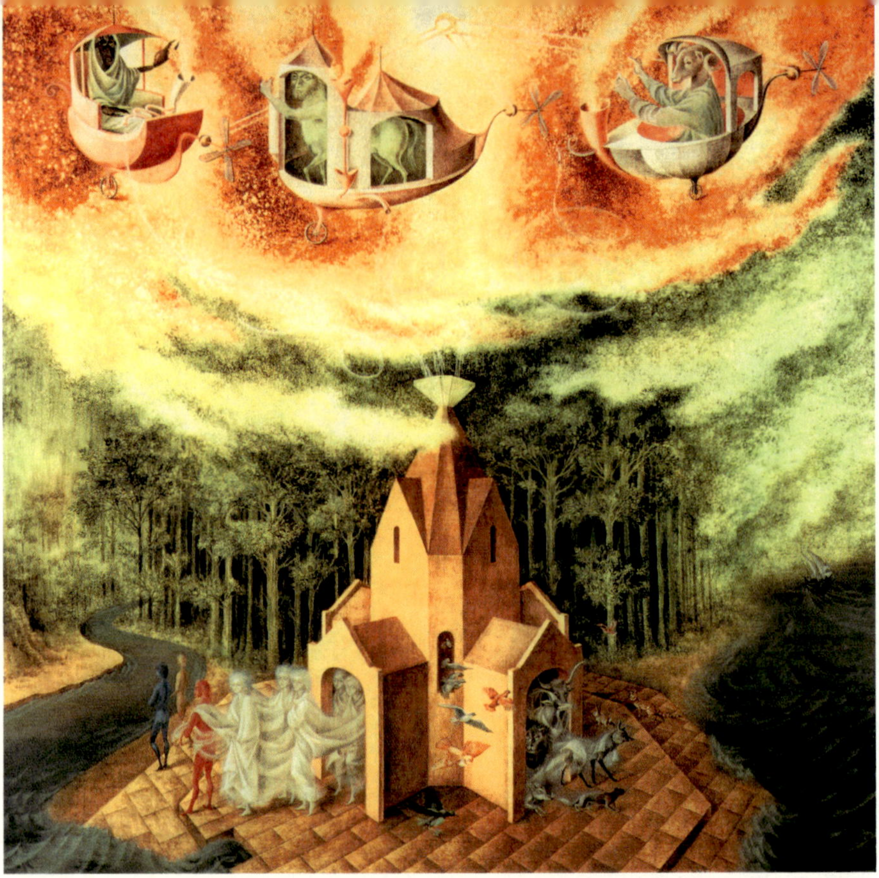

Creación del mundo, 1958, *gouache*[9]/cartulina, 50 × 100.

Este cuadro es una parte del proyecto que hice cuando me encargaron aquellos murales para el Pabellón de Cancerología que por fin no quise realizar. Arriba se ve una pequeña parte del zodiaco. En las navecillas están, de izquierda a derecha, Escorpión, Sagitario y Capricornio –se supone que el resto del Zodiaco queda fuera del cuadro–. Como veréis, están jalando con las manos sustancias celestes, que salen después por los tubos de escape de las naves; esos tubos de escape tienen cada uno la forma del signo; las sustancias celestes caen a esa especie de templo, donde después de conveniente ebullantación[10] y transformación química, se producen las criaturas diversas que salen por las puertas y se reparten por el mundo. Al salir son todos blancos y están envueltos en una vestimenta blanca común, a modo de placenta celeste, y al separarse en individuos toman color. Por una parte trato de seguir una especie de determinismo, y por otra de armonía, esta última, por medio del astro motor que mueve las manecillas, y que es uno. En la parte del proyecto que no pinté en este cuadro, la falta de armonía era una nave horripilante, obedeciendo a dos centros motores, etcétera.

---

[9] *Gouache* (fr.): acuarela, pintura aguada (FELAR, 362).

[10] Ebullantación: puede leerse como una intensa ebullición.

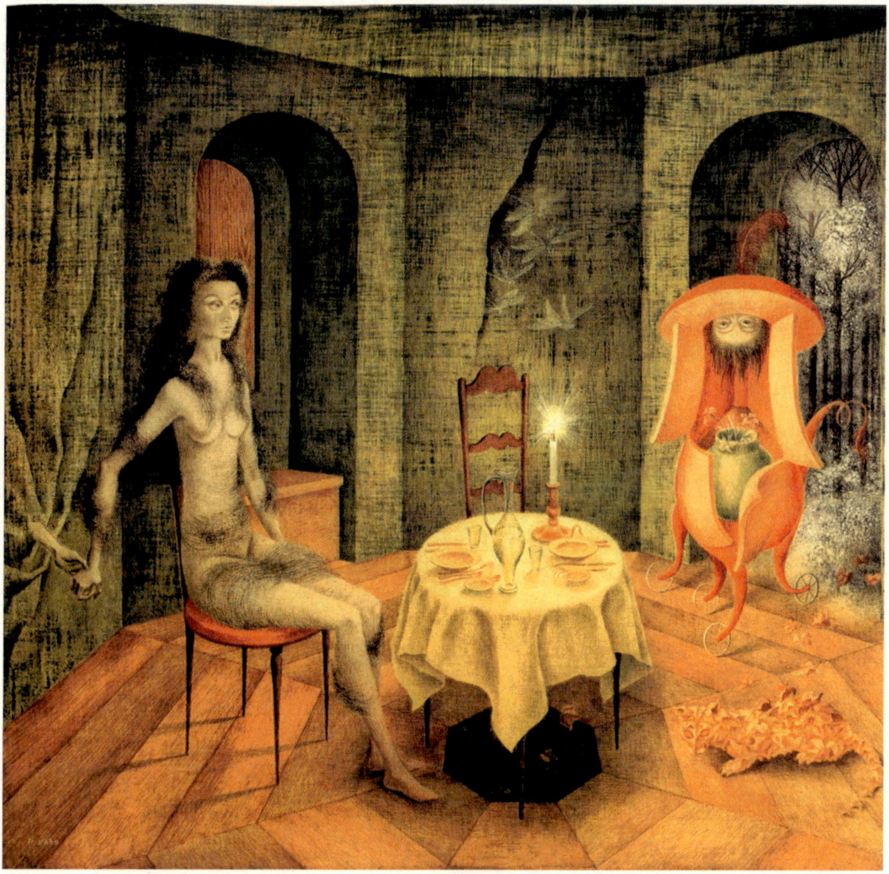

Visita inesperada, 1958, óleo/*masonite*, 60 × 61, firmado: R. Varo, aii.

Esta mujer esperaba a un invitado, pero no ése, y está asustadísima, al echar la mano atrás como pidiendo auxilio, su deseo se materializa y sale una mano de la pared que ella estrecha. Debajo de la mesa hay un pozo disimulado donde acostumbra precipitar a las víctimas, pero a éste que llega no lo podrá precipitar, pues ni siquiera cabe. El animal a la derecha, abajo, se formó de un conglomerado de hojas secas.

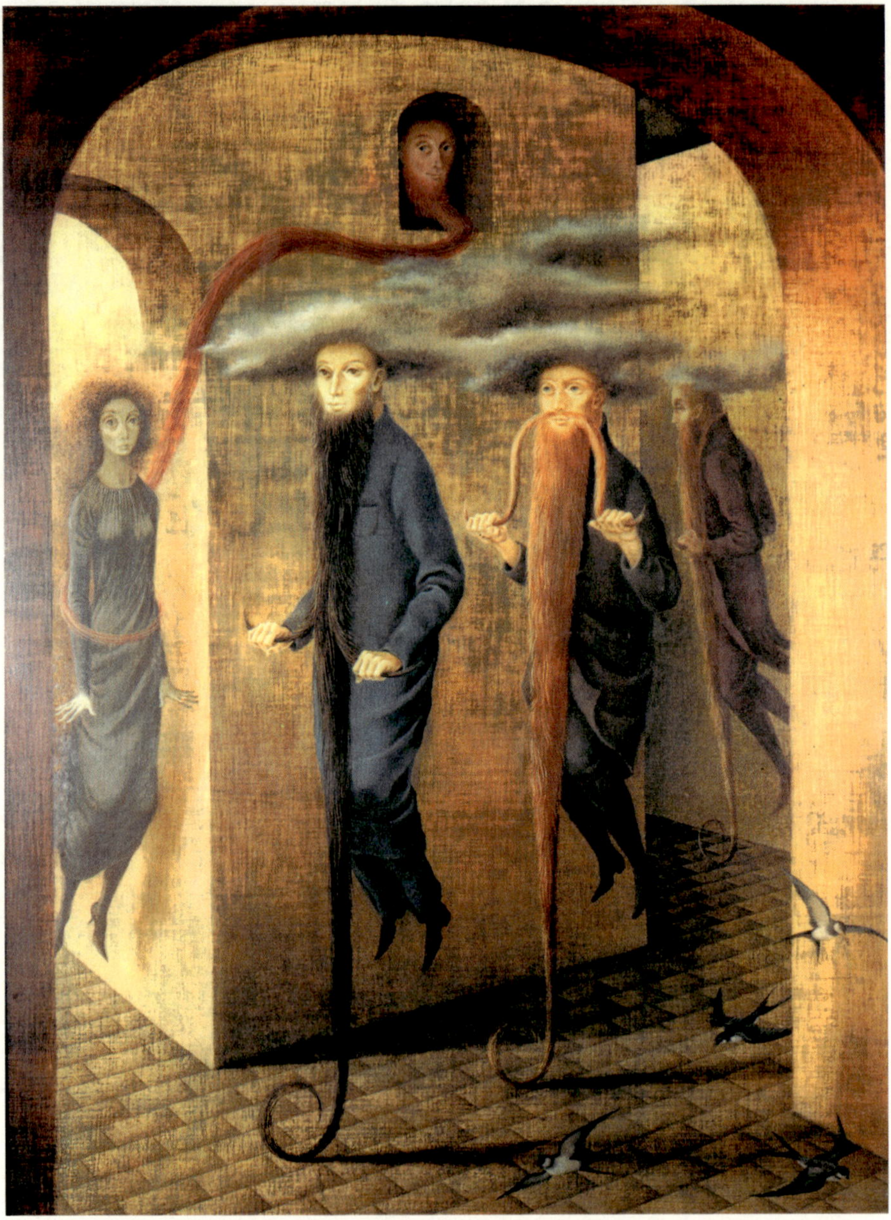

Locomoción capilar, 1959, óleo/*masonite*, 83 × 61, firmado: R. Varo, aii.

Estos señores son unos detectives bien disfrazados para pasar desapercibidos; las barbas también les sirven de medio de locomoción. El hombre que se asoma a la ventana usa su barba para raptar a esa pobre joven asustada, que está a la vuelta de la esquina.

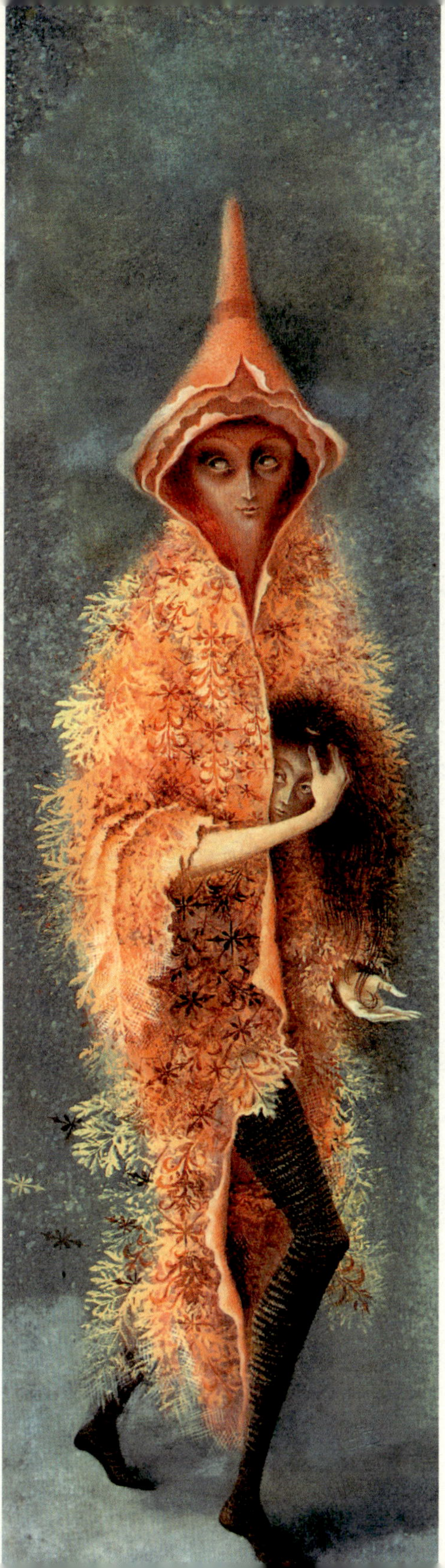

Personaje, 1959, óleo/*masonite*, 61 × 17, firmado: R. Varo, aii.

Éste huye con su presa, como es evidente. A causa de la velocidad, algunos de los motivos estampados en la parte baja de su vestido quedan atrás.

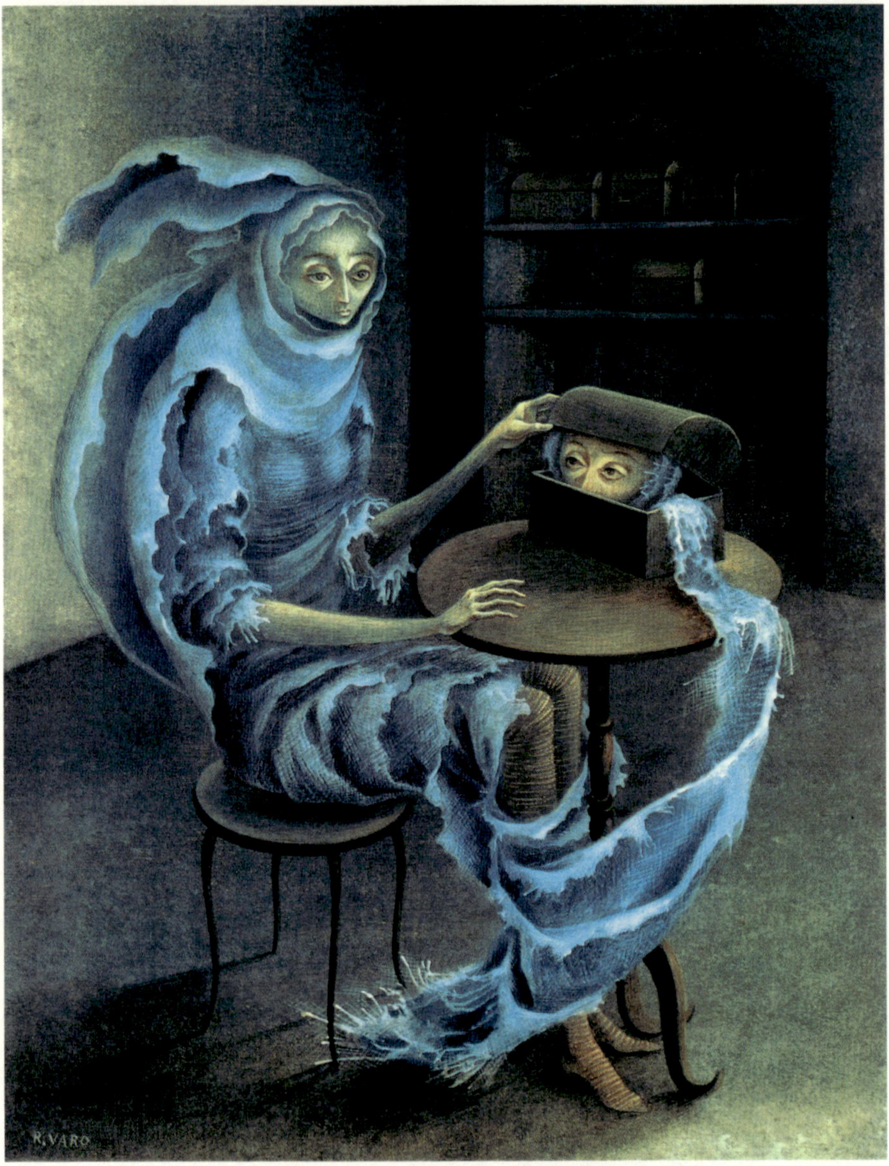

Encuentro, 1959, óleo/tela, 40 × 30, firmado: R. Varo, aii.

Esta pobre mujer, al abrir llena de curiosidad y esperanza el cofrecillo, se encuentra consigo misma; al fondo, en los estantes, hay más cofrecillos y quién sabe si cuando los abra encontrará alguna novedad.

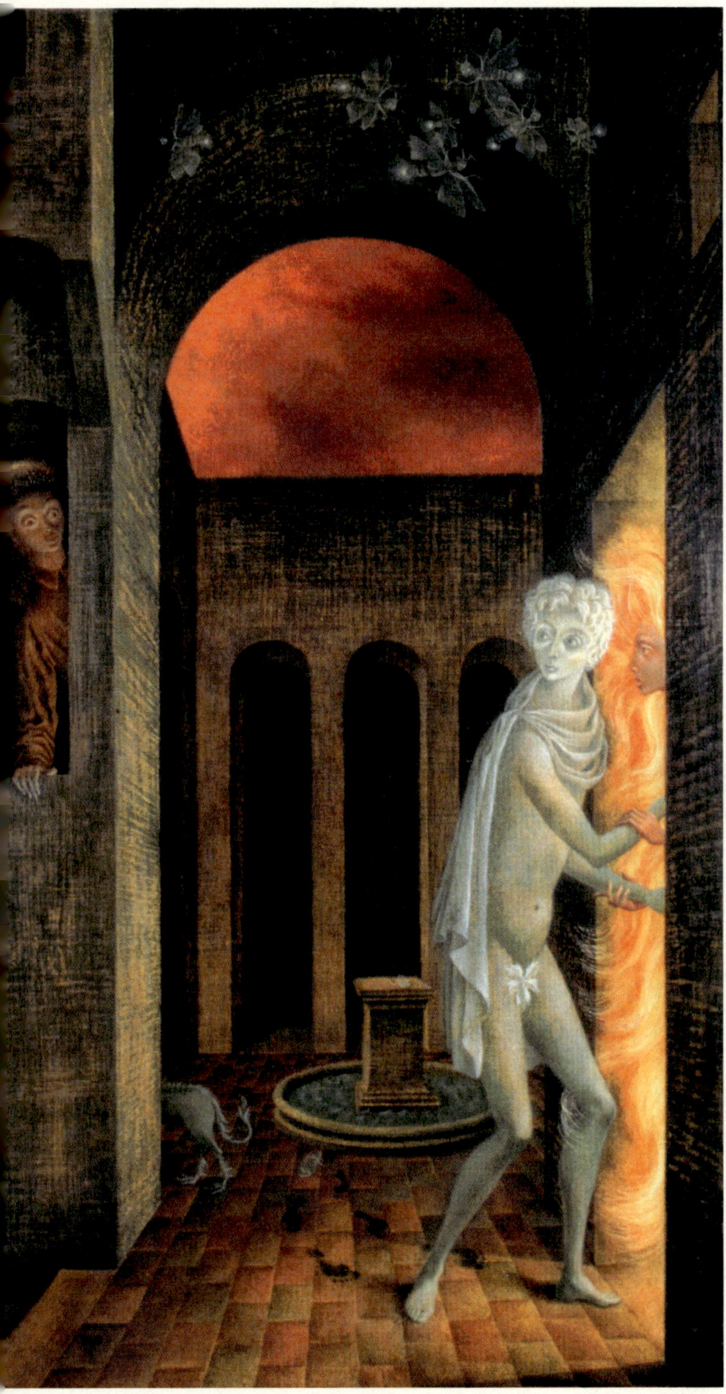

Encuentro, 1959, óleo/*masonite* 70 × 40, firmado: R. Varo, aii.

Esta estatua se baja del pedestal para acudir a la cita que tenía con la mujer que le abre la puerta y que es de fuego, cosa ideal para la estatua que tiene frío. Una vecina de enfrente observa escandalizada.

Ascensión al monte análogo,
1960, óleo/*triplay*[11],
67 × 31,
firmado: R. Varo, aii.

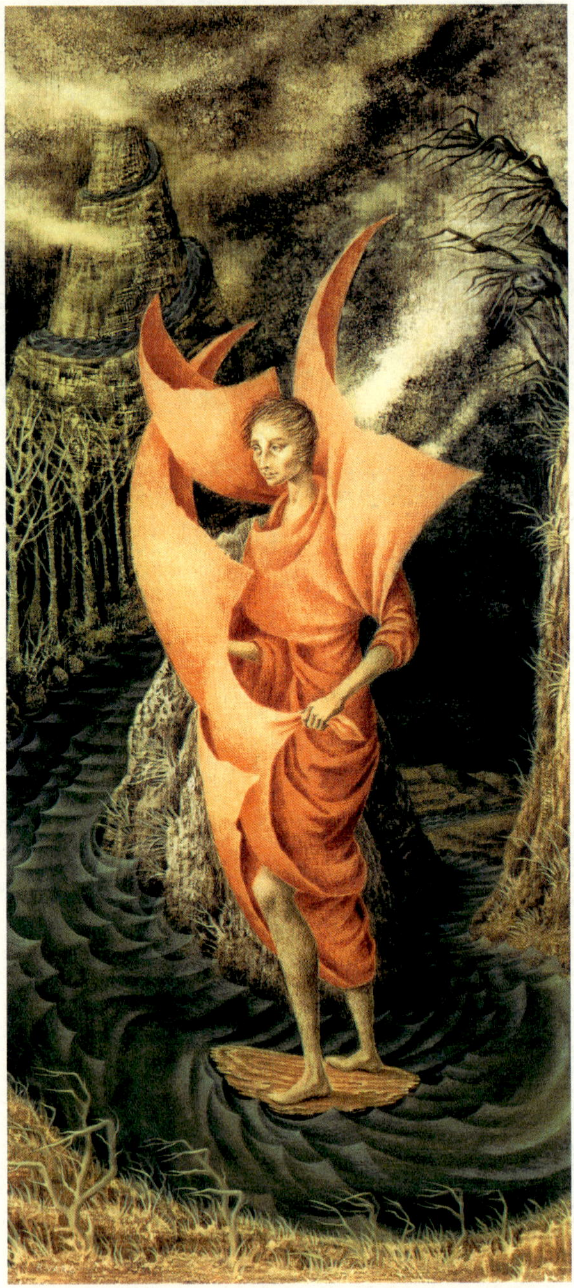

Como veis, ese personaje está remontando la corriente solo, sobre un fragilísimo trocito de madera, y sus propios vestidos le sirven de vela. Es el esfuerzo de aquellos que tratan de subir a otro nivel espiritual.

11 *Triplay* (ing.): lámina de fibra de madera conocida también como *triplex* (ID, 569). Actualmente se utiliza como nombre genérico.

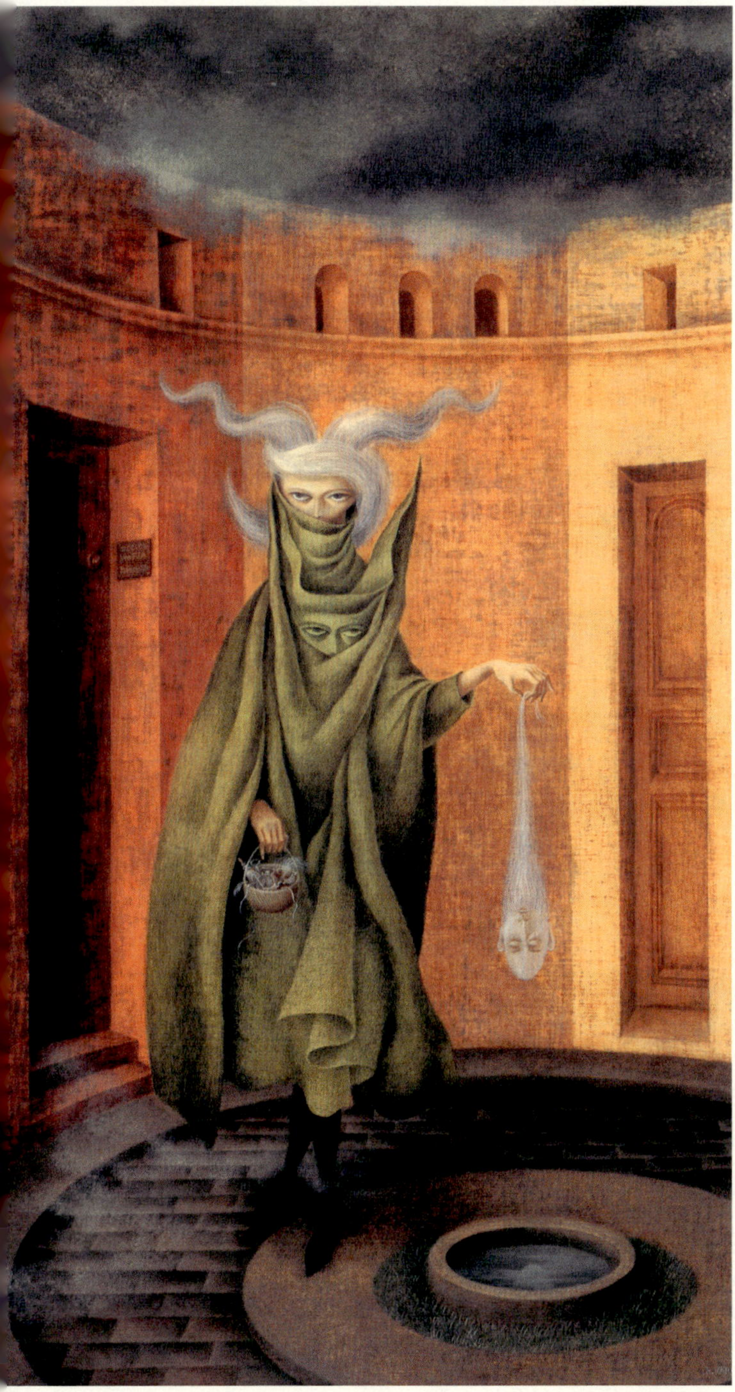

Mujer saliendo del psicoanalista, 1960, óleo/tela, 70.5 × 40.5, firmado: R. Varo, aid.

Esta señora sale del psicoanalista arrojando a un pozo la cabeza de su padre –como es correcto al salir del psicoanalista–. En el cesto lleva desperdicios psicológicos: un reloj, símbolo del temor de llegar tarde, etcétera. El doctor se llama Dr. FJA (Freud, Jung, Adler).

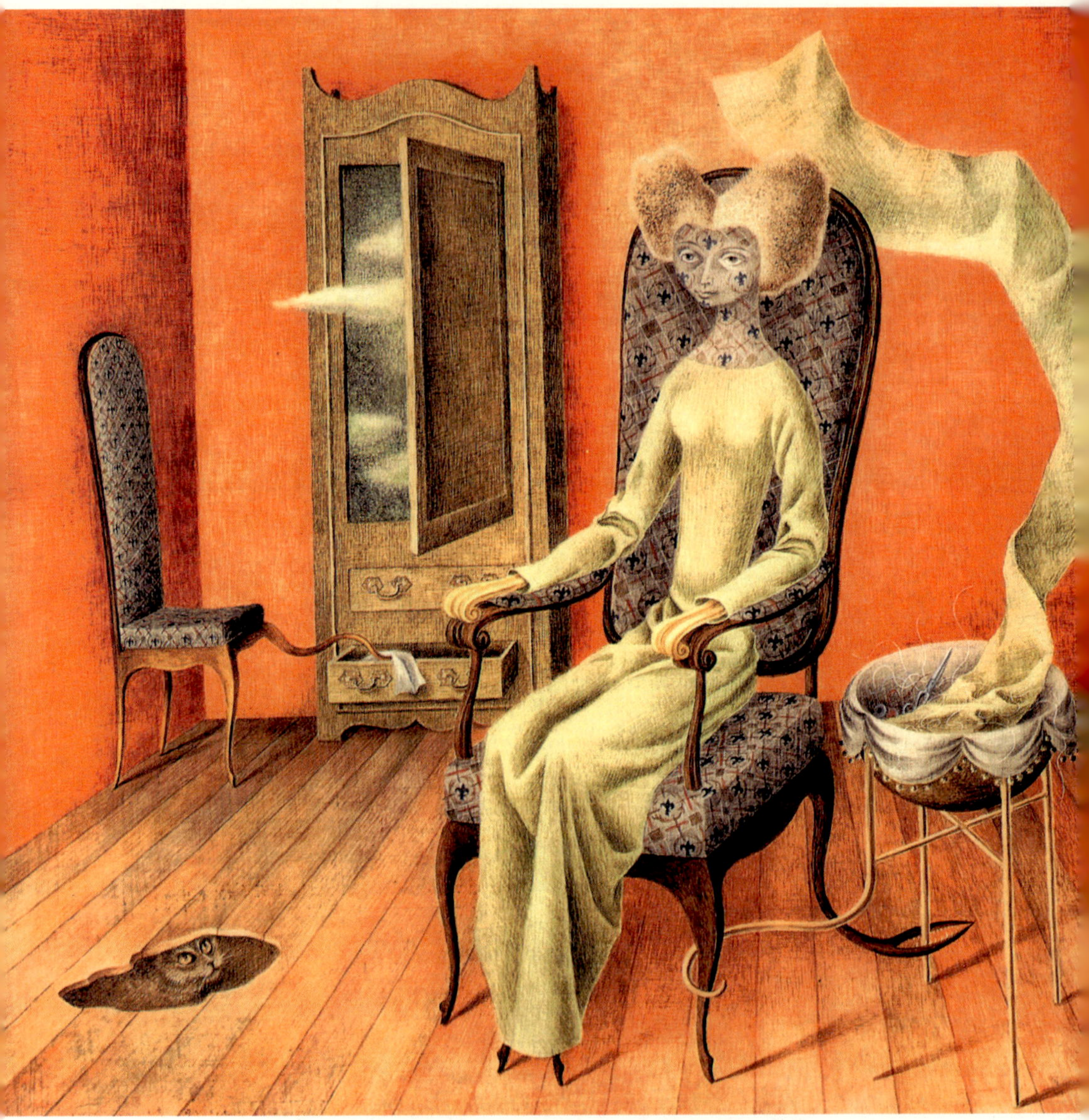

Mimetismo, 1960, óleo/*masonite*, 48 × 50, firmado: R. Varo, aii.

Éste es un inquietante caso de mimetismo. Esta señora quedó tanto rato pensativa e inmóvil que se está transformando en sillón; la carne se le ha puesto igual que la tela del sillón, y las manos y los pies ya son de manera torneada. Los muebles se aburren y el sillón le muerde a la mesa; la silla del fondo investiga lo que contiene el cajón; el gato que salió a cazar, sufre susto y asombro al regreso, cuando ve la transformación.

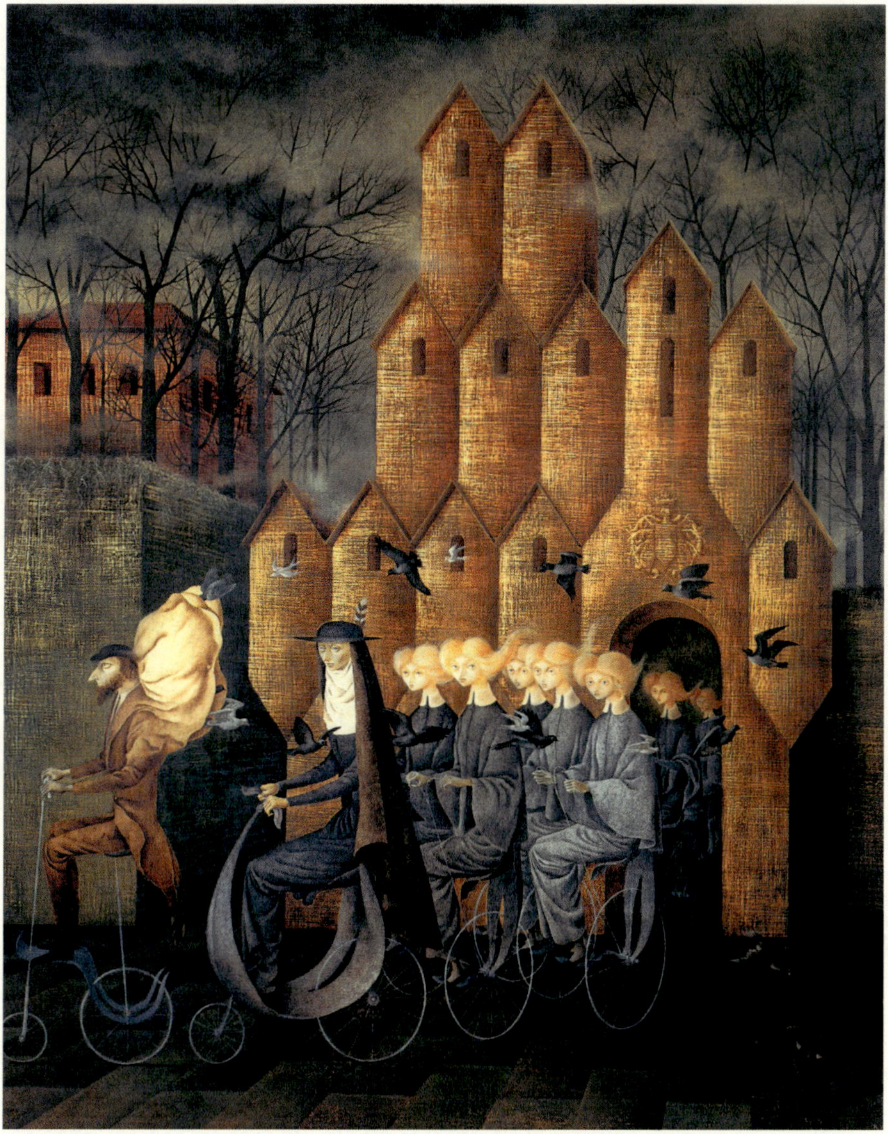

Hacia la torre. [Primer panel del tríptico], 1960, óleo/*masonite*, 123 × 100, firmado: R. Varo, aid.

Las muchachas salen de su casa-colmenar para ir al trabajo. Están guardadas por los pájaros para que ninguna se pueda fugar. Tienen la mirada como hipnotizada, llevan sus agujas de tejer como manubrio. Sólo la muchacha del primer término se resiste a la hipnosis.

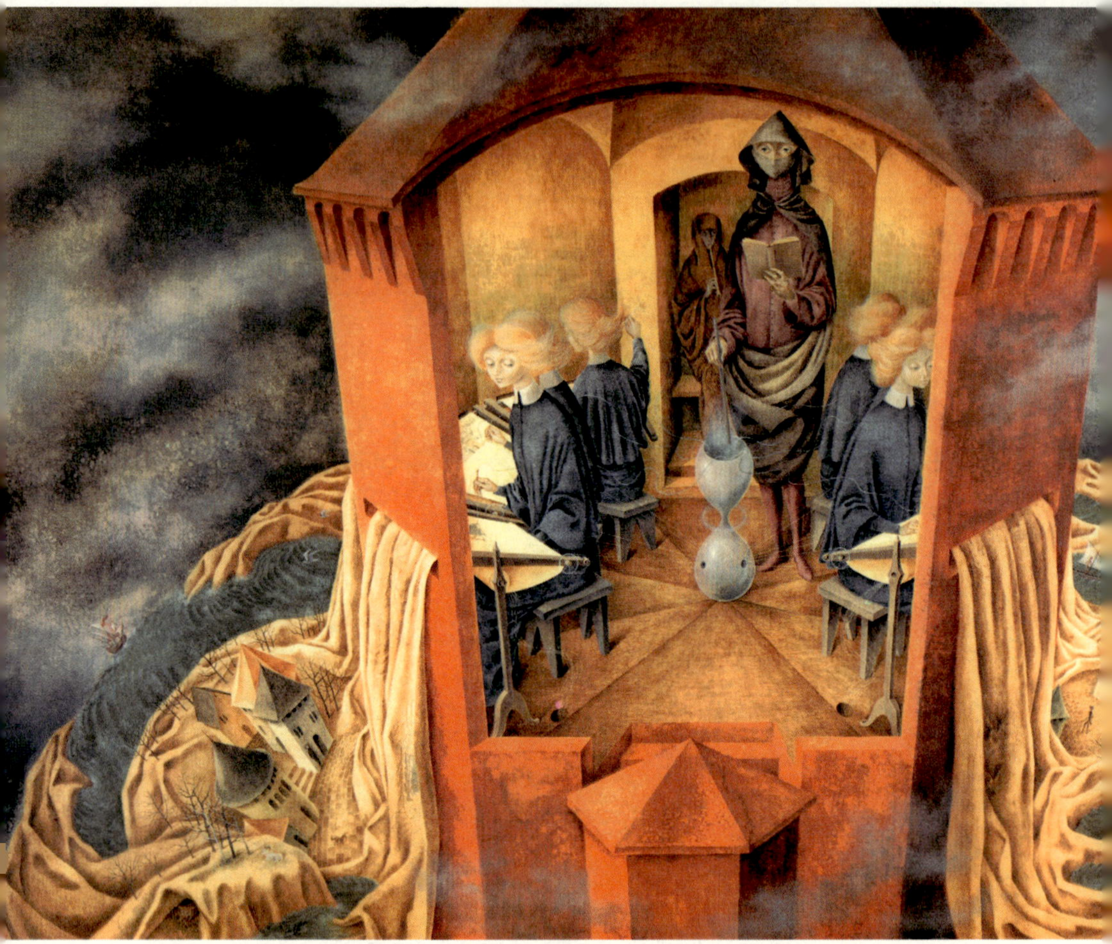

Bordando el manto terrestre. [Panel central del tríptico], 1961, óleo/ *masonite* 100 × 1.23,firmado: R. Varo, aid.

Bajo las órdenes del Gran Maestro, bordan el manto terrestre, mares, montañas y seres vivos. Sólo la muchacha ha tejido una trampa en la que se le ve junto a su bienamado.

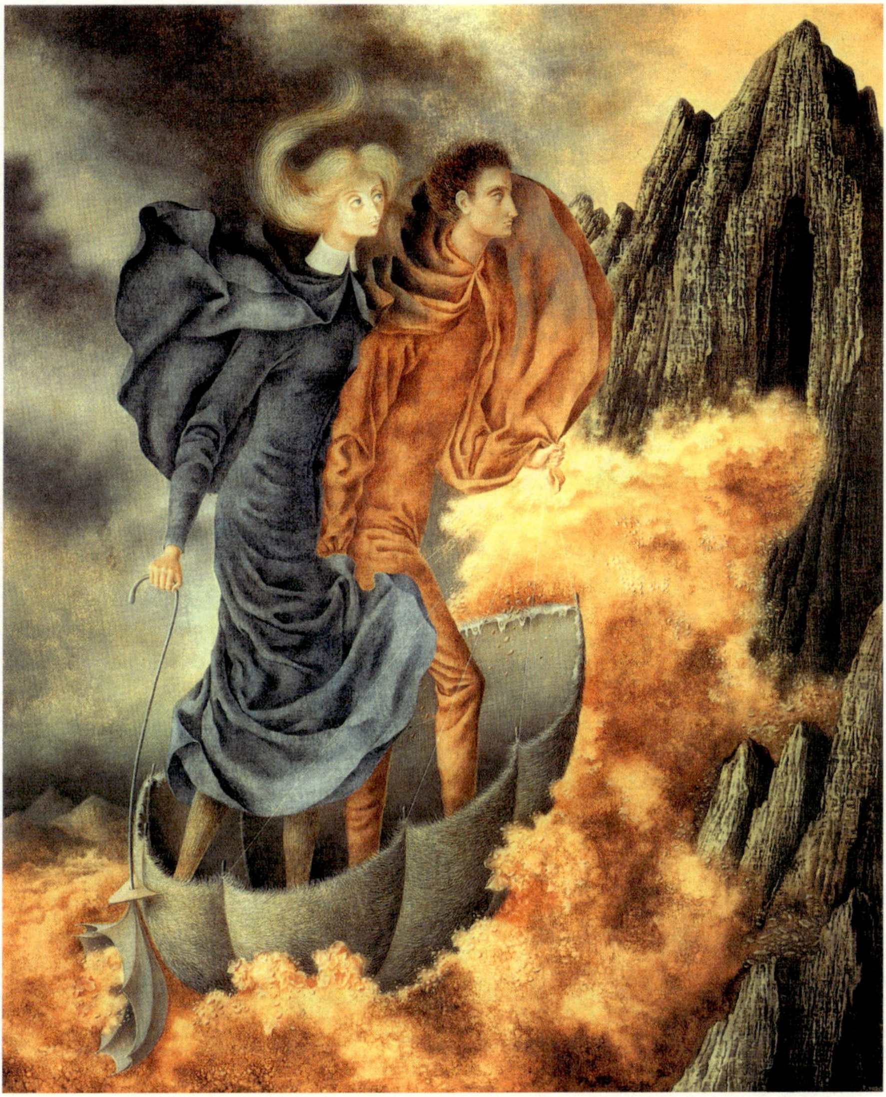

La huida. [Tercer panel del tríptico], 1961, óleo/*masonite*, 123 × 98, firmado: R. Varo, aid.

Como consecuencia de su trampa consigue fugarse con su amado y se encaminan en un vehículo especial, a través de un desierto, hacia una gruta.

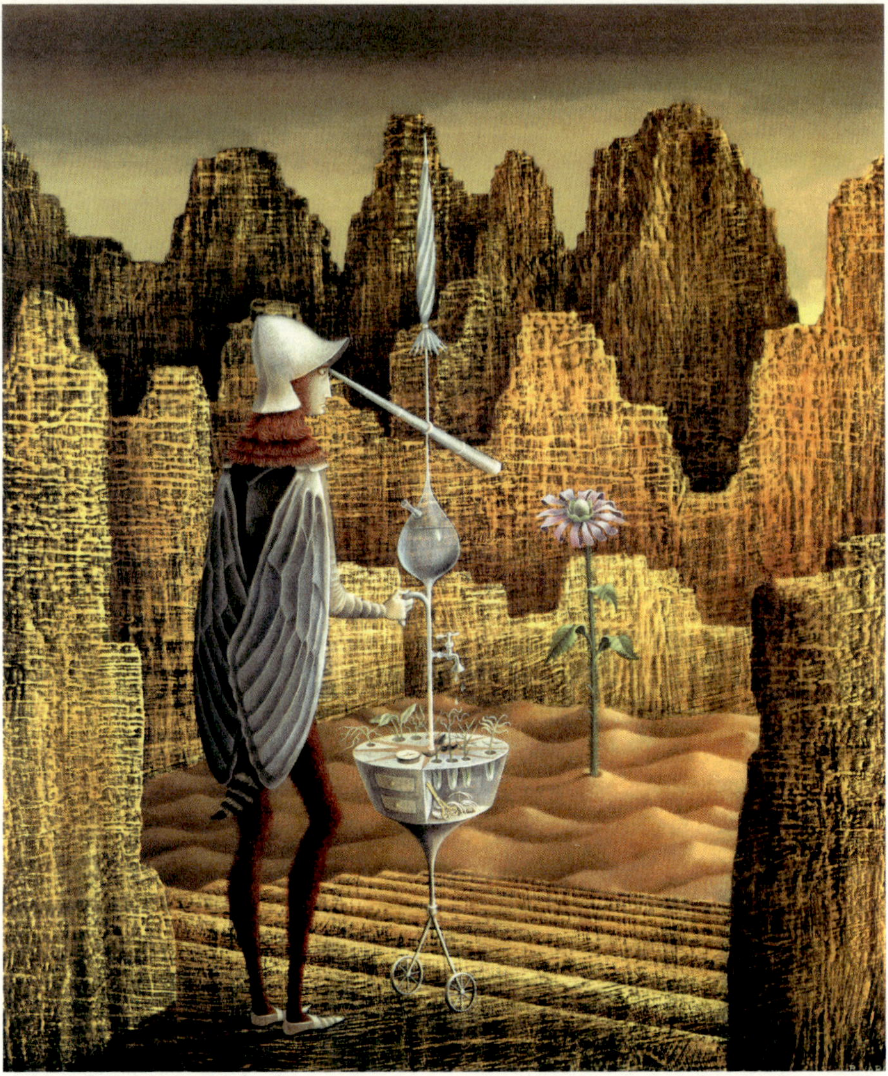

Descubrimiento de un geólogo mutante, 1961, óleo/*masonite*, 60.2 × 50.6, firmado: R. Varo.

En un paisaje devastado por la bomba atómica, un geólogo, mutante por las radiaciones, examina una gigantesca flor. El geólogo está cargado con un instrumento-laboratorio muy interesante.

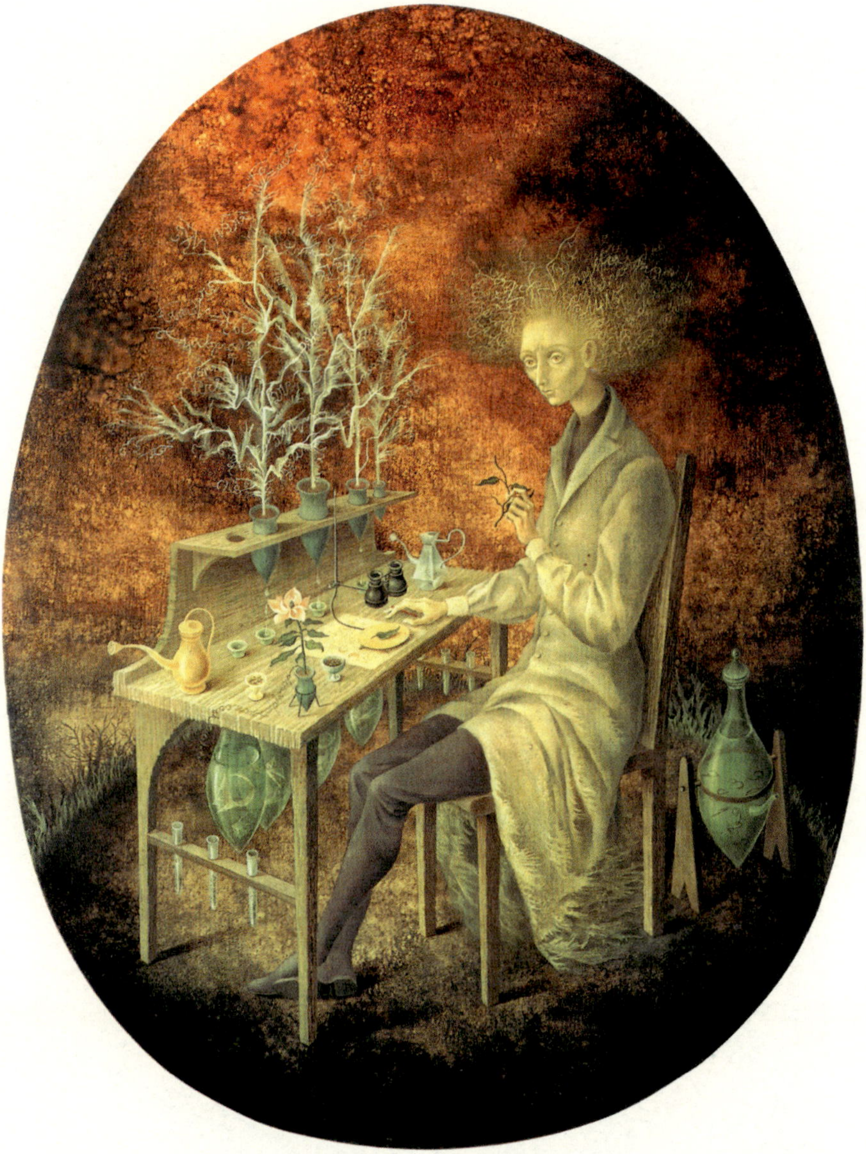

Planta insumisa, 1961, óleo/*masonite*, 84 × 62 (oval), firmado: R. Varo.

Este científico experimenta con plantas y vegetales diversos. Está perplejo porque hay una planta rebelde. Todas están ya echando sus ramas en forma de figuras y fórmulas, menos una que insiste en dar una flor, y la única ramita matemática que echó al principio, y que cae sobre la mesa, era muy débil y mustia y, además, equivocada, pues dice: «Dos y dos son casi cuatro». Cada pelo del científico es una fórmula matemática.

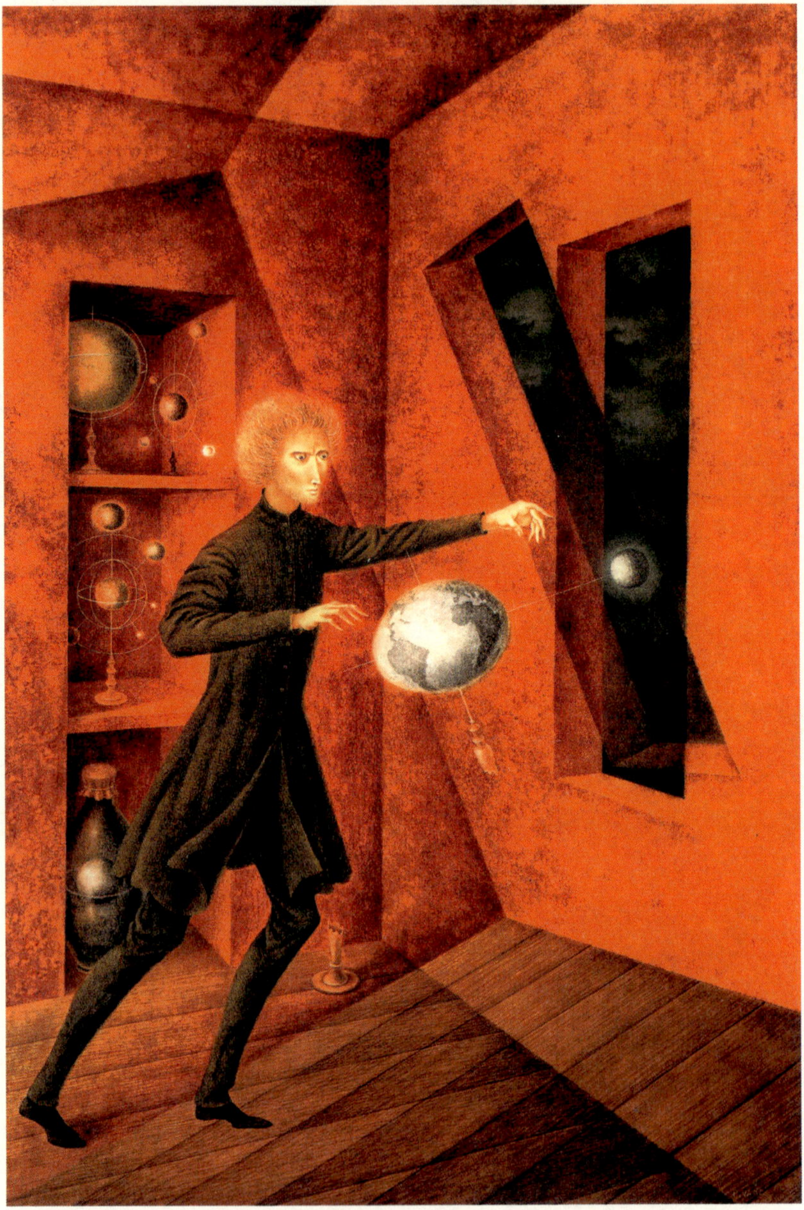

Fenómeno de ingravidez, 1963, óleo/tela 75 × 50, firmado: R. Varo, aid.

La tierra se escapa de su eje y su centro de gravedad al grandísimo asombro del astrónomo que trata de conservar su equilibrio encontrándose con el pie izquierdo en una dimensión y con el derecho en otra.

De Homo Rodans

Después de leer el tratado sobre huesos lumbares debido a la erudita pluma del conocido antropólogo W. H. Strudlees, difundido por la Cofradía de Antropólogos vieneses, y de constatar cuánto daño hace y la gran confusión que añade a la ya reinante, me decido a escribir las siguientes notas.

No tengo reparo en tachar dicho tratado de lascivo e inexacto y no sé qué me produce más congoja, si la inexactitud histórico-ósea[1] o la refinada lascivia que destila.

Antes de entrar en materia, permitidme que os recuerde aquellas palabras que el venerable y sabio cardenal Avelino di Portocarriere pronunció en el famoso concilio de Melusia:

> *«...et de fragmentus oseus lumbaris non verbalem non pensarem, conditionæ humanitas Luciférica est. Et de pensarem ou parlarem lumbarismus pericoloso et cogitandum est...»*[2]

Sin duda, este punto de vista tan austero no es de nuestros días, ya que estamos acostumbrados a que se mencionen sin ambages cosas tales como tibia, peroné y hasta fémur. Pero me gustaría ver el uso de términos latinos o griegos para mencionar otras estructuras óseas situadas en la región del cuerpo humano en que «*...pericoloso et cogitandum est*».

Y ahora pasemos al análisis histórico-óseo de la situación antropológica actual que da origen a la aparición de escritos tales como el del señor W. H. Strudlees.

En primer lugar, creo muy acertado recordar a los lectores que la mayor parte de los que se consideran grandes hallazgos, antropológicamente hablan-

---

[1] Histórico-ósea: neologismo, relativo a la historia de los huesos.

[2] Los intertextos fueron redactados en «un latín inventado» según comentario de Remedios Varo en una carta dirigida a su madre (*BV*, 228).

do, han sido hechos cuando se ha dejado de lado el equivocado concepto actual sobre los «Mitos» y éstos han recuperado su verdadera significación de «Mirtos».

En la antigüedad, «Mitos» se llamaban unas cortas fábulas que las nodrizas babilonias tenían costumbre de contar a los niños. Ninguna de ellas ha llegado hasta nosotros.

«Mirto» era el nombre que se daba al relato de hechos fenomenales comprobados empíricamente y trasmitido ya sea por escrito ya verbalmente. Tomaron el nombre de «Mirto» a causa del gran consumo de esta planta que se hacía en las ceremonias y reuniones intelectuales. La corrupción de la palabra «Mirto» tuvo su origen en el 850 antes de Cristo, cuando el erudito y sabio Abencifar ebn el Mull –cuyo tratado *Mirtitrología Necrófila* es un ejemplo de objetividad científica– pronunció su famosa disertación sobre el antiguo «Mirto» llamado *«De los usos ambarinos en los pueblos de Tulzur»*. El venerable Abencifar ebn el Mull padecía fuerte coriza[3] y ronquera y al empezar su alocución: *«y este mirto de que voy a hablaros para propagar e impulsar el uso post-trepanatorio del ámbar en su estado pre-sólido-elástico...»*, su voz no era clara y algunos escribas venidos de Calcaréa para tomar nota de sus palabras entendieron mal y anotaron la palabra «Mito» en lugar de «Mirto». Desde entonces existe una gran confusión, pues algunos informes verbales sobre la significación de «Mito» se han ido transmitiendo, pero sin aclarar bien su limitado y particular uso entre las nodrizas de Babilonia.

Continuando con mi análisis de la situación, creo muy urgente dejar bien establecido que la palabra «evolución», con su contenido de ideas erróneas sobre la posible mudanza de las cosas en forma mecánicamente desprovista de voluntad trascendental, es el origen de la ignorancia y confusión reinantes. Asimismo lo decía el gran Algecífaro, cuyas palabras conocemos a través de Tivio Tercio *«...et ainsi evolutionæ irreparabile esjundem confusionæ per secula seculorum est»*. No hay duda de que nuestro Universo conocido se divide en dos claras tendencias: la de aquello que tiende a endurecerse y la de aquello que tiende a ablandarse. Ésta es la situación actual.

La Primera Actitud era la unánime preferencia hacia el endurecimiento. Las grandes masas de tejido conjuntivo se separaron en trozos de durezas

[3] Coriza: también conocida como rinitis, es una inflamación de la mucosa de las fosas nasales que hace que la voz se torne gangosa.

diversas después de reñidísimos combates, y las partes más ambiciosas no cejaron en su empeño hasta constatar, con espanto, que el límite conveniente había sido horriblemente sobrepasado. Estos grupos, mal llamados hoy día materia inorgánica, tienen ahora una constante tendencia al reblandecimiento, mientras la otra parte parecería que tiende al endurecimiento. El endurecimiento cobra cada día más prestigio: músculos duros, carácter inflexible, ejercicios destinados a endurecer las superficies y volúmenes anatómicos femeninos, etc. Esta tendencia hacia el endurecimiento ya era notable en la época de Quintiliano, quien nos relata en sus *Narraciones Tórbidas*:

> *«...et procer venerabile et vetustus caminandum naturæ vislumbratum virgo impúdica virgo tórbida et ornata duobus globis durissimos et homo vetustus appetitum venere ardencens luxuria et sudore suæ atque recondidit membra simulacris voluptatem consumatum est».*

La unánime tendencia hacia el endurecimiento –mejor que tendencia, el anhelo, diría yo– que reinó durante la Primera Actitud o el Primer Movimiento, como tan acertadamente lo llama Jean Fraçois de la Croupiette, ¿qué es sino el irrefrenable deseo de trascender que anima a todas y cada una de las cosas? Deseo quizás inconsciente y desordenado, pero no por eso menos tenaz y peligroso, ya que tenemos muchos ejemplos de los terribles resultados del reblandecimiento trascendental de los abismos minerales cuando éstos comenzaron a retroceder en su equivocado y audaz camino hacia la dureza absoluta. Desde la erupción del Moolookao, en el África central, hasta nuestros días, ¡cuántas ruinas y desastres! Pompeya, Herculano, Parfis, Moscolawia, Bois-Colombes, El Pedregal, etc., etc.

Para ilustrar este anhelo trascendental, quiero recordaros aquel singular hallazgo hecho en las excavaciones de Lilibia en Mesopotamia, cuando después de sacar a la superficie desde una profundidad de 25 metros el famoso cofre tallado en roca hipogénica[4], que contenía las tabletas de arcilla con el diario cuneiforme de la reina Tol, se continuó excavando y apareció un paraguas, dos metros más abajo de lo que estaba el cofre.

Este objeto, actualmente en el Museo Británico, dio lugar a grandes controversias y se han escrito un total de 32 ensayos que tratan de aclarar su ori-

[4] Hipogénica: roca formada en el interior de la tierra (RAE).

gen y naturaleza. Todos ellos están equivocados. Los unos pretenden que no se trata de un paraguas, sino de un ala bastante completa y muy bien conservada de un joven pterodáctilo[5]; los otros afirman que es un paraguas ordinario, arrastrado hasta allí por un deslizamiento subterráneo de tierras arcilloides.

El hecho de que el objeto se hallase rodeado de carbón de 1/3 35^3 y de no menos de 50 huesos lumbares, todos ellos pertenecientes al mismo individuo, ni siquiera se menciona, y creo que es el momento de mencionarlo.

Como sabemos muy bien, el carbón 1/3 35^3 es escasísimo y sólo se puede encontrar entre los estratos post-trodilíticos[6] mesopotamios. La época del carbón 1/3 35^3 corresponde exactamente al comienzo del uso del bastón. Es muy natural que el hombre, cuando decidió caminar sobre dos extremidades, se ayudase al principio con bastones. Estos bastones eran tan importantes que sus oscuros anhelos trascendentales se realizaban poco a poco, ya que constituían un tercer miembro locomotivo, pero al ser bruscamente abandonado su uso, la mayoría, atacados de violenta frustración, quedaron petrificados. Algunos con más recia capacidad trascendental abandonaron la pierna como modelo y meta y hallaron rápidamente otros ideales de desplazamiento y locomoción.

Las poderosas alas del pterodáctilo fueron la meta para muchos bastones y así lo fue para el bastón aparaguado que se halló en Mesopotamia, que en realidad no era otra cosa. El hecho de haber continuado trascendiendo más allá del pterodáctilo y de haberse convertido en el primer paraguas causó la confusión y la discordia en el grupo de antropólogos que se ocuparon de este objeto.

El trascender de los bastones está fielmente redactado en el libro quinto del *Multimirto Cadencioso*, conjunto de poemas y cantares del año 2.300 antes de Cristo, debido a un anónimo persa y que se conserva en la colección de palimpsestos[7] del palacio del príncipe Odelfo di Malspartini en Mantúa.

Como es natural en nuestros días, todo ese conjunto de poemas históricos y de cánticos científicos se considera solamente como una curiosidad para bibliófilos y no como un útil libro de consulta.

---

[5] Pterodáctilo: reptil fósil, probablemente volador gracias a unas membranas semejantes a las del murciélago, y del cual se han hallado restos petrificados principalmente en el terreno jurásico (RAE).

[6] Post-trodilícticos: neologismo que alude a un período de la Edad de Piedra.

[7] Palimpsestos: manuscritos antiguos (RAE).

Si el señor W. H. Strudlees se tomase el trabajo de consultar el *Multimirto adencioso*, sabría inmediatamente la verdad sobre la inexplicable abundancia de vértebras lumbares pertenecientes a un solo individuo, que fueron halladas en la vertiente sur de los Cárpatos y sobre las cuales no se guardó el mismo silencio que sobre las halladas bajo el cofre de la reina Tool.

Tales vértebras son indiscutiblemente humanas, y de ahí que se esté pensando seriamente en la necesidad de considerar la existencia de un «*Homo Reptans*», anterior al «*Homo Sapiens*», lo cual sería un error profundo.

El «*Homo Reptans*» nunca ha existido, pero sí existió el «*Homo Rodans*», cuya detallada descripción podemos encontrar en el *Multimirto* y no sólo su descripción, sino también un dibujo tan preciso que me limito a reproducirlo.

Espero que esto aclare definitivamente la oscura situación antropológica creada por el señor Strudlees, así como la lasciva suposición de reptalidad afrodisíaca con intenciones procreadoras.

Pero, aun cuando creo haber conseguido mi principal propósito, no quiero terminar sin poner antes en guardia a la expedición capitaneada por *Mr.* Frederik Zathergille, que se dirige a la región de Eritrarquia para realizar excavaciones, a los cuales aconsejo infinita cautela y mucha desconfianza.

En época muy anterior al *Multimirto Cadencioso*, la buena sociedad de Eritarquia se interesó sobremanera en las excavaciones antropológicas, convirtiéndose este gusto en un deporte o juego al que se dedicaban con frecuencia. Como no deseaban hacer ejercicios violentos ni ensuciar sus suntuosos atuendos, pronto surgió una industria ingeniosa que consistía en la educación de cierta raza de topos, particularmente inteligentes, a quienes se enseñaba a perforar rápidamente un túnel hasta encontrar algún objeto, hueso o fragmento de cerámica, que una vez hallado traían entre sus dientes.

En las campiñas cercanas a Eritarquia, se habían establecido varios educadores de topos con corrales adecuados para estos animales. Los elegantes de la ciudad alquilaban uno o dos topos y también una varita de almendro, que antes de lanzar al topo usaban para detectar, a la manera de los manantialeros[8], el lugar donde se encontraban enterrados dichos fragmentos.

[8] Manantialeros: personas que son capaces de encontrar manantiales subterráneos utilizando una rama con forma de horqueta que le ayuda a percibir vibraciones emanadas de la superficie de algunos terrenos.

Pronto hubo tanta competencia entre los diversos propietarios de corrales y terrenos arqueológicos, que algunos se dedicaron, por la noche y con gran cautela, a enterrar toda clase de huesos, cerámica y objetos que traían de contrabando de las regiones lejanas de Mulm, lo cual hacía que los clientes fuesen mucho más numerosos y su terreno muy bien reputado. Sin duda, han quedado muchos objetos de éstos enterrados allí, y los antropólogos y arqueólogos de hoy deben tener sumo cuidado al clasificar sus hallazgos.

Y termino recordando a todos los que estamos en los umbrales del Segundo Movimiento: lo blando y elástico se endurece; lo pétreo y rígido se ablanda. Esperemos que al llegar al peligroso momento crucial unificante, cada una de estas tendencias rebote en la muralla del tiempo y retroceda, ya que si no, se cruzarán en el espacio y después de una época de dolorosa confusión en que toda materia será *Infernalina Híbrido-Maniaca*[9], lo uno pasará a ocupar el lugar que antes tenía lo otro.

Confío en que la profecía del iluminado Augurusthus se cumpla:

> «...*et de materiæ petreus, nefanda et scabrosissima trascendentia producerese, et de tiernam elastiqua materiæ movimiento petrificatore adrivate. Tempora murallis separatum duos et rebotandum majesticamentæ con fungoide luminaria, petreus materiæ et elastiqua substanciæ, ocuparem suos lugarem naturalis ad majorem comprensionibus mutua per milenariæ tempora*...».

Hälikcio von Fuhrängschmidt

---

[9] Infernalia Híbrido-Maniaca: neologismo, que a manera de juego de palabras, alude al término médico «psicosis maniaco-depresiva» utilizado para referirse al trastorno afectivo caracterizado por la alternancia de excitación y depresión del ánimo y, en general, de todas las actividades orgánicas (RAE).

El caballero Casildo Martín de Vilboa

Fue armado caballero en el año de gracia[1] de 1462 por su Majestad Amarraco IX, quien así recompensó su abnegada y peligrosa cruzada en bien de la Corona y de la Santa Iglesia. Hízose a la mar dicho caballero en una pequeña y frágil goleta[2] acompañado solamente por su secretaria, la intrépida doncella Dulcifrís de Iruña[3] y tres bellacos[4], ladrones profesionales escapados la víspera de unas horcas y que guarecídose habían en las entrañas del barco. El caballero Martín de Vilboa[5] era entonces un simple y modesto varón de ciencia, audaz ornitólogo que tiempo ha sospechaba la existencia en Islandia de unas familias de búhos parlantes. Habiendo sido arrastrada la goleta por vientos contrarios y habiendo ido a dar a unas playas ardorosas[6], topóse el joven Casildo con multitud de búhos parlantes, aunque de un color verde asaz, insólito para un búho. Capturó, con ayuda de la doncella Dulcifrís, una pareja de dichos búhos verdosos y un buen centenar de huevos.

Afortunadamente, los tres malandrines[7] que ocultádose habían en la goleta yacían delirantes e inmóviles, presas de unas fiebres muy violentas, por lo que fácilmente pudo el futuro caballero distribuir sobre ellos los huevos de búho parlante y hacer así que fuesen empollados convenientemente. Viéndose los tres hombres enfermos tan cerca de la muerte, recitaron oraciones durante todo el viaje de regreso y tal fue la influencia de estos rezos que al

---

[1] Año de gracia: año de la era cristiana (RAE).

[2] Goleta: embarcación de velas pequeñas (RAE).

[3] Iruña (vasco): Pamplona.

[4] Bellacos: malos, pícaros, ruines (RAE).

[5] Vilboa: paronomasia de Bilbao. Dada su ortografía, posible juego de palabras con «vil serpiente», lo que aludiendo a la «multivocidad simbólica de la serpiente» (DSC, 405) podría relacionarse «con las tentaciones de quienes han vencido la constricción de la materia y han penetrado ya en los dominios de la sequedad espiritual» (DSC, 406).

[6] Ardorosas: puede leerse como *playas cálidas.*

[7] Malandrines: personas de mal vivir, malvados (RAE).

nacer los polluelos, hecho que tuvo lugar al avistarse las costas de las tierras vascas, ya hablaban con soltura recitando oraciones sin parar, lo que desde luego hacían también la pareja de búhos adultos.

Hallábase entonces el reino de Vilboa en un estado de gran disipación y herejía y sus habitantes dejaban pasar hasta 3 y hasta 4 horas sin recitar oración alguna. Este estado de cosas hacía que la «Espiral Sonora de la Oración»[8] no llegase al cielo con regularidad, provocando por lo tanto muchos disturbios atmosféricos y tempestades. Pero llegado que hubo el gran ornitólogo con sus búhos orantes y habiéndolos distribuido por toda la región, subió de nuevo una gran Espiral en forma muy regular y mejoró no sólo el tiempo, sino que, avergonzados los vilbohítas[9], tomaron ejemplo de las aves y recuperaron su alto nivel espiritual.

Fue pintado este retrato por la beata Rodriga de Varo y Antequera que dedícase a este Arte, con venia[10] de su Obispo y Abadesa, en el claustro del Convento donde vive retirada.

---

[8] «Espiral Sonora de la Oración»: metáfora para señalar que el murmullo de las oraciones asciende al cielo ininterrumpidamente. La forma de espiral es «la forma esquemática de la evolución del universo» (DSC, 201).

[9] Vilbohítas: usado para referirse a los habitantes de Vilboa.

[10] Venia: licencia o permiso para ejecutar algo (RAE).

Los textos autógrafos que no hizo públicos Remedios Varo

Relatos

Domingo

Estamos en casa de los Bal y Gay (es una casa muy diferente a la que habitan en la realidad). Jesús nos ha convocado para ver si puede aclarar el origen de una tarjeta postal que contiene algunas frases injuriosas para él, sobre todo una frase (no la puedo recordar). Es una tarjeta postal, tipo «carta anónima» amenazadora. Hemos ido a esa reunión Walter y yo, Manuel, Gerardo, Mario Stern y algunos más que no recuerdo. Walter me dice que más tarde llegará la madre de Mario, pero no la veo. Yo me siento muy cansada y decido acostarme en una de las dos camas que hay en la sala. Antes de acostarme observo un tapete muy extraño que hay en el suelo y que tapiza toda la sala; es de un color garbanzo y está formado por pequeños rectángulos unidos con algún procedimiento que hace que no estén todos planos sino que algunos sobresalen más que otros. Entiendo que es algo que ha fabricado Rosita. Antes de acostarme me enrollo el pelo en esos tubos de plástico usados en las peluquerías, me acuesto y veo a Rosita acostada en la otra cama; entonces le digo: «Rosita, ¿no te importa que use esta cama? Te aseguro que estoy sumamente limpia, me he bañado hace sólo media hora y por otra parte todos los análisis que [me] hicieron hace poco revelan que estoy en buena salud». Rosita me asegura que no le importa que use la cama.

El asunto que se debe descubrir con Jesús sobre la postal hay que discutirlo a las 12 de la noche y mientras llega esa hora, todos circulan de un lado a otro.

LUNES

Me asomo a la ventana y veo con disgusto que el cartero cruza muy deprisa la calle y lleva puesta mi camisa de lana fina *beige* (es una camisa inglesa que me regaló Eva). Lleva la camisa sujeta en la cintura con un cinturón michoacano de lana azul (éste no existe en la realidad), también mío. Estoy indignada y corro para adentro y bajo a buscar al cartero para quitarle mis prendas. Pero no lo encuentro y veo una maleta vieja (una maleta gris que traje a México cuando vine). Comprendo que allí debe estar mi camisa y empiezo a sacar alguna ropa; encuentro, además de mis cosas, un saco[1] de tela de buena calidad propiedad de mi compadre *Bill.* Decido guardar este saco hasta que pueda él venir a buscarlo y lo cuelgo en el respaldo de una silla para que no se arrugue, pero veo que la manga derecha está volteada al revés y arremangada[2], es decir, con varios pliegues como para hacerla más corta y como si hubiese sido usada así, al revés, mientras que la otra manga fue usada normalmente. Esto me parece una imposibilidad física y me deja perpleja.

---

[1] Saco: prenda de vestir que cubre el tórax, desde el cuello hasta la cadera, generalmente con solapas, mangas, bolsas y abotonado al frente (EUM, 800).

[2] Arremangada: uso coloquial del verbo *remangar.*

[Los cuadros de Paalen]

Estábamos Eva y yo en mi casa, en la sala. Era esta casa, pero sin embargo diferente a como es; por la ventana se veía la avenida, que era muchísimo más ancha, los edificios de enfrente estaban algo lejos. Mirábamos por la ventana y de repente Eva me dijo: «¡Ah! Paalen acaba de entrar en ese hotel de ahí enfrente (en realidad no hay ningún hotel). Ahora me siento más tranquila porque no sabía con seguridad si iba a llegar ahora o no». Yo le contesté que lo mejor que podía hacer era telefonear inmediatamente al hotel pero mientras tanto me di cuenta, asomándome a una especie de balcón, que Paalen no se iba a quedar en ese hotel y que había venido a buscar cosas de su propiedad. Lo pude ver porque el hotel estaba ahora muy cerca y desde el balcón de mi casa (que no existe en realidad) veía el patio del hotel. Le hice ver a Eva que estaban sacando una mesa grande de dibujo; un mueble alto y estrecho, como biblioteca; un caballete, etc. Todo lo ponían rapidísimamente en una plataforma con ruedas y se lo llevaban velozmente, todo bamboleándose y con riesgo de que se cayesen las cosas. Nos quedamos perplejas. Continuamos en la casa que ahora era completamente diferente, muy grande y más bien como planta baja; yo me había puesto en la cara un producto de belleza para el cutis, que era un agua que al secarse me dejó la cara como cubierta con sal (algo así como las lágrimas cuando se secan). Andábamos por la casa que tenía una cocina grandísima con el suelo de mármol blanco y negro, es decir unas losas blancas grandes separadas por tiras más estrechas de mármol negro.

Entré un momento en esta cocina y me disgustó ver que había bastante desorden y suciedad y gran cantidad de pieles de jitomate[3] por todos lados; de repente tocaron a la puerta de la casa y Eva y yo vimos con bastante trastorno que era Paalen, que llegaba acompañado de unas personas. Nuestro trastorno se debía a que él venía a buscar algunos cuadros suyos para mostrárselos a unos posibles compradores y estos cuadros no estaban colocados en sitio conveniente, sino un poco por todos lados y en un caballete en la cocina; también me trastornó la idea de que yo tenía la cara recubierta de una especie de sal y no quería que Paalen me viese así. No tuve tiempo de correr

[3] Jitomate: fruto redondo, de 6 a 8 cm de diámetro, de color rojo y piel lustrosa, muy utilizado para preparar variados platillos y salsas mexicanas características (EUM, 531).

al baño a lavarme la cara y me tropecé con él. Me saludó sin las demostraciones que se hacen al ver a alguien después de estar mucho tiempo lejos, más bien como si nos hubiésemos visto ayer y me quiso presentar a un hombre de pequeña estatura y cabeza muy redonda que estaba con él. Yo me excusé y corrí a lavarme la cara, me quité la sal y salí a buscarlo y vi con disgusto que Paalen llevaba a la cocina, para enseñarle los cuadros suyos que estaban allí en un caballete, a una señora muy elegante con un abrigo de visón (sin ser la señora Gelman la identifiqué con ella). Tanto Eva como yo estábamos disgustadas de que Paalen encontrase tal desorden en la manera de guardar sus cuadros; la señora elegante y Paalen empezaron a entrar en la cocina y oí que Paalen le decía: «*oui ma chère, dans la cuisine!*»[4]. Yo no sabía qué hacer y mirando a la cocina me consoló la idea de que al fin y al cabo era una cocina muy hermosa, con suelo de mármol y con una mesa grandísima y sólida y algunos otros muebles de buen aspecto, todos ellos antiguos y hermosos.

[4] *Oui ma chère, dans la cuisine!* (fr.): Sí querida, en la cocina.

[Paseíto por Londres]

Eva y yo debíamos hacer un viaje muy largo (quizás alrededor del mundo); teníamos que embarcarnos, yo le pregunté si veía necesarios pasaportes y papeles de identidad pero me dijo que no. Nos embarcamos y entonces me di cuenta de que también venían unos amigos de Eva, un matrimonio desconocido para mí, con su hija, una joven muy hermosa. El barco era muy pequeño y ancho y sólo vi pasillos interiores pero ninguna cubierta, ni aire, ni mar, ni nada. Me puse a escribir dos cartas muy importantes y las dejé (antes de meterlas en sus sobres) en una mesa y cuando volví a recogerlas, vi con disgusto que los señores amigos de Eva habían remojado una de las cartas en la salsa de aceite y vinagre de una ensalada que estaban comiendo, y la otra carta estaba remojándose en el jugo de unos trozos de carne guisada en otro plato. Me enojé muchísimo y me peleé con ellos pero no tuve tiempo de aclarar las cosas porque en ese momento llegamos a Londres.

Quisimos desembarcar enseguida pero a la salida del barco comenzaba inmediatamente una calle y allí había un gendarme de tránsito que me pidió mis papeles y como no los tenía no me dejaba pasar. Entonces me puse a conquistarlo con sonrisas y guiñándole el ojo y le prometí que era sólo para dar un paseíto por Londres y que nadie se enteraría. Aceptó el dejarme pasear, y entonces yo me metí otra vez en el barco para trusquinarme[5] altamente.

Mientras buscaba mi vestido me di cuenta que junto al barco estaba la *terrasse*[6] de un café y que allí había tres mujeres con aspecto mejicano hablando en español. Una decía: «Ya no sé qué pensar, pero no recibo carta de él desde hace mucho tiempo». Otra de ellas le contestó: «No te debes preocupar porque Monterrey está muy lejos y además él se ocupa ahora de cosas demasiado serias y no tiene tanto tiempo libre». Mientras decían todo esto se miraban fijamente con expresión de comunicarse cosas de gran significado oculto. Yo comprendí inmediatamente que se trataba de contrabando de marihuana.

---

[5] Trusquinarme: neologismo que se deriva del verbo en francés *trusquiner*, que significa «trazar líneas con el gramil» (FELAR, 753). El gramil es un instrumento de carpintería y otros oficios, que sirve para trazar paralelas al borde de la madera para su corte (RAE). En este caso se puede leer como *arreglarme.*

[6] *Terrasse* (fr.): terraza (FELAR, 723).

[Plastilina]

Fui a visitar a Javier y Amaya y encontré también en su casa a sus padres. Al cabo de un rato me di cuenta con sorpresa que toda la familia parecía haber hecho una especie de descubrimiento nutritivo basado en un gran desarrollo espiritual que ellos habían alcanzado.

Vi que todos ellos estaban trabajando con pedazos de plastilina dándole formas huecas, algo así como tacitas y cacerolitas que después podían comerse resultando altamente nutritivas. Pensé que gracias a una poderosa influencia psíquica sobre la plastilina podían transformar su composición y convertirla en algo digestible, pero vi que no era eso, sino que la plastilina no cambiaba en nada, pero ellos podían dominar sus cuerpos gracias a su gran desarrollo espiritual y así digerir la plastilina con mucho provecho alimenticio. Era únicamente necesario que la plastilina no estuviese en bolas compactas sino trabajadas en formas huecas de paredes delgadas para contener la mayor cantidad posible de aire.

Me quedé admirada pero preocupada, porque enseguida supe que esto no era «objetivo», que lo parecía, pero que era una manifestación personal de magia terrestre sin ninguna relación verdadera con el Universo y que a causa de esta apariencia de conquista espiritual, ellos quedarían incapacitados para un verdadero desarrollo.

[NO QUIERO QUE DESPIERTES]

Soñaba que estaba dormida acostada en mi recámara y que un ruido fuerte me despertaba. El ruido venía de arriba, del estudio, y era como si arrastrasen un sillón. Pensé que eso quería decir que alguien intentaba entrar desde la terraza y que empujaba el sillón que estaba contra la puerta. Estaba asustada y me pareció prudente hacer comprender a quien fuese que estaba despierta, pero hacérselo comprender sin que se diese cuenta que yo sabía que era él, para que así se pudiera retirar sin mayores males. Me levanté y desde la puerta de la recámara hablé en voz alta hacia arriba dirigiéndome al gato, le pregunté: ¿qué jaleo es ése, Gordi? Di un paso más hacia adelante, y en ese momento sentí con horror espantoso algo detrás de mí, que más bien salía de mí misma, y simultáneamente comprendí que no era verdad el haber oído ese ruido peligroso arriba pero que yo había en cierto modo querido oír esa amenaza afuera y arriba, pero que en realidad estaba siempre junto a mí o en mí. Esa «cosa» detrás de mí me produjo un terror enorme y una sensación de sueño pesadísimo y angustioso del que me esforzaba en despertar totalmente para defenderme pero la criatura misteriosa me agarró fuertemente de la nuca, metiendo los dedos como intentando juntar esos dos músculos largos y estrechos que hay detrás en el cuello (o que me pareció que tenía yo en la nuca) y con la otra mano me apretó la frente entre los ojos; al mismo tiempo me decía: «Esto es para que no te despiertes, no quiero que despiertes, necesito que duermas profundamente para hacer yo lo que tengo que hacer».

No me hacía daño ni sentía dolor, pero sentía un terror mucho peor que todo y no quería dormirme. «Él» me dio un último apretón más fuerte y al sentir que caía en un sueño profundo me desperté realmente angustiadísima y bañada en sudor.

[VERDAD ABSOLUTA]

Yo había descubierto un importantísimo secreto, algo así como una parte de la «verdad absoluta». No sé cómo, pero personas poderosas y autoridades gobernantes se enteraron que yo poseía ese secreto y lo consideraron peligrosísimo para la sociedad, pues de ser conocido por todo el mundo, toda la estructura social funcionando actualmente se vendría abajo. Entonces me capturaron y me condenaron a muerte. El verdugo me llevó a un lugar que parecía como la muralla de una ciudad; de cada lado de la muralla bajaba una pendiente muy inclinada de tierra. El verdugo parecía muy satisfecho; yo sentía un miedo y una angustia muy grandes.

Cuando vi que ya se disponía a decapitarme, empecé a llorar y a suplicarle que no me matase, que todavía era pronto para morir y que reflexionase en que yo tenía todavía por delante muchos años de vida. Entonces el verdugo empezó a reírse y a burlarse de mí. Me dijo: «¿Por qué tienes miedo a la muerte si sabes tanto? Teniendo tanta sabiduría no debías temer a la muerte». Entonces me di cuenta, de repente, que lo que él decía era cierto y que mi horror era no tanto hacia la muerte, sino por haber olvidado hacer algo de suma importancia antes de morir. Le supliqué que me concediese todavía unos momentos más de vida para hacer algo que me permitiese morir tranquila. Le expliqué que yo amaba a alguien y que necesitaba tejer sus «destinos» con los míos, pues una vez hecho este tejimiento quedaríamos unidos para la eternidad. El verdugo pareció encontrar muy razonable mi petición y me concedió unos diez minutos más de vida. Entonces yo procedí rápidamente y tejí a mi alrededor (a la manera como van tejidos los cestos y canastas) una especie de jaula de la forma de un huevo enorme (cuatro o cinco veces mayor que yo). El material con que lo tejí era como [de] cintas que se materializaban en mis manos y que sin ver de dónde venían yo sabía que eran su substancia y la mía. Cuando acabé de tejer esa especie de huevo me sentí tranquila, pero seguía llorando; entonces le dije al verdugo que ya podía matarme porque el hombre que yo quería estaba tejido conmigo para toda la eternidad.

[ENTERRADA EN MIEL]

Pero no es así… Pluma caída, pluma de ave, desde luego, y ni siquiera se ha dado cuenta, [y] esos productos para impedir la calvicie. (Bueno… ¡nada es claro!). Tres hombres velados a la manera secreta de los que deben ocultarse porque SABEN[a], pero… al lado de esa sabiduría, que no es cotidiana, no tienen el menor sentido de lo cotidiano, y… ¡claro! caen en un pozo, que descuidadamente quedó abierto en medio de la calle, pues era necesario arreglar las alcantarillas; una vez caídos allí y sucios los velos, tuvieron que abandonarlos, caminando, caminando (no es exacto: nadando). ¿Que si llegaron? Quién sabe. Se oye a medianoche, para ser clásicamente negros, quiero decir negramente humorísticos.

Una vida inocente, nada de temor, ni de dolor, ni de culpabilidad, el metro cuadrado alrededor es completamente seguro, pero… tantas abejas han entrado y se han puesto a fabricar miel, que ya hay casi un metro y me llega a más de medio cuerpo. No sé qué hacer, si siguen quedaré enterrada en miel… adorable manera de morir

a. *Se respetan mayúsculas del Ms.*

Recetas y consejos para ahuyentar los sueños inoportunos, el insomnio y los desiertos de arenas movedizas bajo la cama

Algecífaro ben el Abed
Traducido del árabe por Felina Caprino Mandrágora[7]

Alá es Alá y Mahoma su profeta.

Sin embargo…

Es muy desagradable pasar toda la noche corriendo perseguido por un león, llegar –¡por fin!– ante una puerta, buscar refugio tras ella y encontrar que hay un pozo profundo donde desearíamos caer (en brazos placento-maternales[8], desde luego), pero donde no caemos; inesperadamente volamos por encima, llegamos a una sala enorme con muchas puertas y tras cada una de ellas está el mismo león. La única huida es subiendo por el candil de cristal tallado, pero es imposible porque precisamente del candil baja el cartero con un telegrama anunciando el nacimiento de cuatro gemelos mauritanos en la cocina… etc., etc. ¡Ya saben ustedes lo que viene después!

Para evitar tales contrariedades lo mejor es seguir los sencillos y sanos consejos que damos a continuación:

Para provocar sueños eróticos

Ingredientes:

Un kilo de raíz fuerte[9].
Tres gallinas blancas.
Una cabeza de ajos.
Cuatro kilos de miel.
Un espejo.
Dos hígados de ternera.
Un ladrillo.

---

7 Mandrágora: planta a la cual se atribuían virtudes mágicas por tener sus raíces una figura parecida a la humana (DSC, 303). Se ha usado en medicina como narcótico, y acerca de sus propiedades corrían en la Antigüedad muchas fábulas (RAE).

8 Brazos placento-maternales: metáfora para señalar el deseo de retornar al seno materno.

9 Raíz fuerte: rábano.

Dos pinzas para ropa.
Un corsé con ballenas[10].
Dos bigotes postizos.
Sombreros al gusto.

Se despluman las gallinas conservando cuidadosamente las plumas. Se ponen a hervir en dos litros de agua destilada o de lluvia, sin sal y con la cabeza de ajos pelados y molidos. Se deja hervir a fuego lento.

Mientras hierven las aves, colóquese la cama orientada de noroeste a sudeste y déjese reposar con la ventana abierta. Ciérrese la ventana media hora después y colóquese el ladrillo bajo la pata izquierda de la cabecera de la cama que debe estar al noroeste. Déjese reposar.

Mientras reposa la cama, rállese directamente sobre el caldo la raíz fuerte, teniendo cuidado de que las manos estén constantemente impregnadas por el vapor. Revuélvase y déjese hervir.

Se toman los cuatro kilos de miel y se extienden con una espátula sobre las sábanas de la cama. Tómense las plumas de las gallinas y espárzanse sobre las sábanas embadurnadas de miel. Tiéndase la cama con cuidado. (No es indispensable que las plumas sean blancas, pueden también usarse de color, pero hay que evitar las llamadas de gallina de Guinea[11] pues éstas producen a veces un estado ninfomaníaco de larga duración o graves casos de priapismo[12]).

Póngase el corsé bastante apretado. Siéntese ante el espejo, afloje su tensión nerviosa, sonríase, pruébese los bigotes y los sombreros según sus gustos (tricornio napoleónico, capelo cardenalicio, cofia con encajes, boina vasca, etc.)

Ponga en un platito las dos pinzas para ropa y déjelo junto a la cama.

Entíbiense al baño de María los hígados de ternera teniendo mucho cuidado de que no lleguen a hervir. Colóquense los hígados tibios en lugar de la almohada (en casos de masoquismo) o en ambos lados de la cama al alcance

---

[10] Corsé con ballenas: prenda de ropa interior armada con tiras, llamadas ballenas, usada para ceñirse el cuerpo desde debajo el pecho hasta las caderas (RAE).

[11] Gallina de Guinea: ave poco mayor que la gallina común, de cabeza pelada, cresta ósea, carúnculas rojizas en las mejillas y plumaje negro azulado, con manchas blancas, pequeñas y redondas, simétricamente distribuidas por todo el cuerpo; cola corta y puntiaguda, lo mismo en el macho que en la hembra, y tarsos sin espolones. Originaria del país de su nombre, se ha domesticado en Europa, y su carne es muy estimada (RAE). En México, se le llama gallina de Guinea a una variedad más pequeña que la gallina común pero con el plumaje manchado igualmente.

[12] Priapismo: erección continua y dolorosa del miembro viril, sin apetito venéreo (RAE).

de las manos (en casos de sadismo). A partir de este momento todo debe terminar de hacerse a gran velocidad para impedir que los hígados se enfríen.

Corra y vierta velozmente el caldo (que debe estar muy reducido) en una taza. Regrese con ella apresuradamente ante el espejo; sonría, beba un sorbo del caldo; pruébese un bigote, beba otro sorbo; pruébese un sombrero, beba; pruébese todo. Tome sorbitos entre prueba y prueba y hágalo todo tan velozmente como sea capaz.

[Con] el caldo ya ingerido, corra a la cama, acuéstese entre las sábanas preparadas, tome rápidamente las pinzas para ropa e introduzca en cada una de ellas el dedo pulgar del pie. Estas pinzas deben conservarse toda la noche y colocarse en un ángulo de 45° en relación con el dedo oprimiendo fuertemente la uña.

Esta sencilla receta da siempre buenos resultados y las personas normales pueden ir placenteramente del beso a la estrangulación; de la violación al incesto etc., etc.

Las recetas para casos más complicados, como son los de necrofilia, autofagia, tauromaquia, alpinismo y otros, se encuentran en un volumen especial de nuestra colección *Consejos discretamente sanos.*

Para soñar que sois rey de Inglaterra

Ingredientes:

Una docena de piernas de carnero.
20 huevos.
40 ladrillos.
3 $^{1}/_{2}$ metros de seda natural.
Un pincel grande y suave de pelo de marta.

Se toman las piernas de carnero que deberán estar limpias y desprovistas de lana (la lana debe conservarse en un platito aparte). Se ponen a hervir con fuego de leña, en una barrica vacía que haya contenido aguardiente de ciruela.

Se separan las claras y las yemas de los huevos con gran cuidado para no romper las yemas. Éstas deben depositarse sobre un trozo de papel de China[13]

[13] Papel de China: el que se fabrica con la parte interior de la corteza de la caña del bambú y que, por su fibra larga, es muy consistente a pesar de su extremada delgadez (RAE).

de unos dos metros y medio formando un dibujo regular. Se dejan en reposo hasta que queden bien adheridas al papel. Este papel será usado como cobija.

Una vez que las piernas de carnero hayan hervido hasta dar un caldo sustancial, se arrojan por la ventana en dirección de Alfa Centauro[14]. Se deja enfriar el caldo.

Se toman los 40 ladrillos y se colocan diez debajo de cada una de las patas de la cama. Los 3 $^{1}/_{2}$ metros de seda natural se disponen como sábana, sobre ella el papel de China con las 20 yemas de huevo.

Se baten las claras de huevo con un tenedor de madera y se dejan reposar. En este momento hay que desnudarse y meterse en la barrica que contiene el caldo. El baño debe prolongarse durante unos tres cuartos de hora. Saliendo de la barrica no hay que secarse con ningún lienzo, sino hacer durante media hora ejercicios de gimnasia sueca[15] y dejar que el cuerpo seque por el calor desarrollado durante los ejercicios gimnásticos.

Una vez seco, se toma el pincel de marta y mojándolo en la clara de huevo se comienza a pintar con ella el cuerpo, empezando por los pies. Se aconseja un pincel de rabo largo para alcanzar la espalda y otros lugares posteriores.

Cuando todo el cuerpo esté bien recubierto de clara de huevo...

La Biblioteca $\mathcal{E}\sqrt{-1x}$ hace saber al público que su «Departamento de conservación y estudio de los libros y documentos que se refieren a los usos y costumbres de los siglos XX y XXI» no es responsable del estado del presente volumen.

Las feroces y sanguinarias guerras que se desencadenaron a fines del siglo XX no fueron ocasionadas por diferencias políticas sino por la posesión de este libro. Las recetas y consejos que contiene, una vez practicadas por la mayoría de la población del imperio de Gibraltar, llevaron a éste hacia la cúspide del poder, amenaza intolerable para los otros imperios. Fue robado, pasó por muchas manos y finalmente el intrépido caballero Igor López Smith, su último posesor, murió en una hoguera de plástico verde. El libro se encontraba en un bolsillo interno y por estar todavía verde el plástico, no se quemó totalmente.

Hoy día tales recetas no tienen mucho valor práctico, pues las gallinas actuales de un metro de altas, sin huesos ni pluma no pueden proporcionar la materia prima para las sábanas afrodisíacas.

---

[14] Alfa-Centauro: estrella más luminosa de la constelación de Centauro.

[15] Gimnasia sueca: la que se hace sin aparatos (RAE).

[Días de meditación]

Son las 4 de la madrugada y Ellen Ramsbottom da vueltas y más vueltas en su catre en un estado de *demi-sommeil*[16]; no hay demasiados mosquitos pero sí los suficientes para molestar a Ellen, que tiene un cutis muy delicado. Felina Caprino-Mandrágora duerme pesadamente en otro catre a su lado. Esa noche, y a pesar de las súplicas de Ellen para disuadirla, se tomó un gran vaso de ron para tranquilizarse y levantar su ánimo.

Felina y Ellen están instaladas desde hace dos días en una tienda de campaña que trajeron consigo cuando decidieron alejarse por algún tiempo de la ciudad, pues tanto la una como la otra necesitaban descanso y unos días de meditación para poner orden en el tumulto de sus temores, emociones y dudas.

Les acompaña, para atenderlas y protegerlas, el joven Lucio, quien les es muy adicto y [al] que Felina conoce desde niño. Como la región no es muy segura, Lucio duerme atravesado en la puerta envuelto en un sarape[17] y armado hasta los dientes. Ellen acabó de despertarse completamente y oyó muy claro un rumor próximo a la tienda.

Alarmada tomó la larga varita que siempre coloca junto a su catre por las noches, con el fin de poder despertar a Lucio pinchándolo ligeramente, si oye algún ruido sospechoso. Lo cosquilleó suavemente y Lucio despertó enseguida.

–¿Es usted, señorita? –susurró.

–Sí, Lucio. Oí un rumor muy raro. Escucha, ¿no oyes?

–¡Ah! Eso no es nada, señorita. Es sólo el ánima de don Pedrito, que murió el mes pasado y que escupe muy fuerte esta noche. Por aquí todas las ánimas tienen costumbre de escupir, ¿no lo sabía usted?

–No, Lucio, y no sé si me gusta mucho, ¿tú crees que estamos seguros?

–Sí, señorita, no hay que hacerles caso y así se retiran a llamar la atención en otra parte.

Descanse usted tranquila.

---

16 *Demi-sommeil* (fr.): sueño ligero, entre sueños (FELAR, 220).

17 Sarape: especie de cobija de lana o algodón tejidos, de forma rectangular y, por lo general, de colores vivos, adornada con dibujos o grecas, que se usa como cobertor de cama o encima del cuerpo a manera de capa, en cuyo caso lleva una abertura en el centro en forma de ojal para pasar por ella la cabeza (EUM, 807).

–Sí, es lo mejor. Además estamos despertando a Felina. Mira, ya tiene pies en vez de pezuñas[18].

Efectivamente, *Madame*[19] de Caprino ha comenzado a despertarse por los pies, como de costumbre; pronto sólo le quedan de su estado nocturno de cabra unos vagos cuernecillos que desaparecen cuando se incorpora y se sienta en el borde del catre bostezando.

–¿Qué sucede? –preguntó [Felina]–. Me han despertado ustedes justo cuando estaba en una situación comprometida. Soñé que me encontraba en el Paseo de la Retorta con nuestro querido y viejo amigo Benjamín Pérez, nos saludábamos afectuosamente y me persuadía de que lo acompañase a su casa que estaba algo lejana, pero me mostró una bicicleta de su propiedad y me aseguró que podía llevarnos a los dos cómodamente. Así lo hicimos y vi con sorpresa su maestría en el manejo de la bicicleta; cuando le manifesté mi admiración, me contestó que eso no era nada y que lo que valía la pena era verlo cuando ganó el primer lugar en el último torneo celebrado en el *Vélodrome d'Hiver*[20] en París. Así platicando llegamos a su casa y subimos al último piso por una escalera de caracol. Me explicó que estas alturas le eran necesarias a causa de sus negocios; abrió una puerta y entramos en una sala muy grande, enteramente llena de palomas. Para poder sentarnos tuvimos que desalojar unas cuantas de las sillas. Benjamín se sentó distraídamente sobre un huevo que acababa de poner una de las aves, y como yo le preguntase a qué se debía[n] tantas palomas, me explicó que actualmente y en vista del mal estado de los teléfonos, tenía un negocio de palomas mensajeras; él mismo las educaba y contaba ya con bastantes clientes. Me ofreció unos traguitos de aguardiente y enseguida me propuso pasar el rato con una diversión estupenda y posible solamente si llovía, que era precisamente lo que sucedía en ese momento. Sacó de detrás de un nido de paloma un paquete de cigarrillos que tenía allí oculto, me ofreció uno y me llevó con él hasta un balcón. Entonces prendió su cigarro y el mío, y me instó a que soplase el humo con-

---

[18] «Ya tiene pies en vez de pezuñas»: la transformación nocturna es un elemento recurrente en algunos cuentos fantásticos; particularmente, según señala Cirlot, las mujeres de pie de cabra son una figura simbólica del folklore hispánico (DSC, 320). En esta ocasión se relaciona, además, con el apelativo del personaje Felina Caprino-Mandrágora, de resonancias mágicas.

[19] *Madame* (fr.): señora.

[20] *Vélodrome d'Hiver* (fr.): velódromo de Invierno.

tra la lluvia. Así lo hicimos y vi con sorpresa que ese humo tenía la propiedad de endurecer repentinamente las gotas de agua, que caían como una lluvia de piedrecillas sobre la gente que pasaba por la calle. Él se divertía mucho y de vez en cuando se retiraba al interior para poder reír a carcajadas.

Yo vi que se formaba un grupo de gente furiosa que se lanzaba dentro de la casa, seguramente para llegar hasta nosotros, y entonces ustedes me han despertado, ¡cuánto me alegro!

Ellen había escuchado atentamente el relato del sueño; cuando Felina terminó, quedó pensativa unos instantes.

–Es curioso su sueño, Felina –dijo–. Precisamente he tenido noticias últimamente de nuestro viejo amigo y sé que realmente se ocupa en un negocio de palomas mensajeras. Olvidé contárselo a usted a causa de los muchos trastornos que hemos tenido. Cuando regresemos investigaré qué hay de cierto respecto al resto de lo que ha soñado; creo que debemos ponerlo en claro. Me interesan mucho los fenómenos somno-telepáticos[21].

Aunque todavía era noche oscura nadie tenía ganas de dormir.

–¿Qué le parece, Ellen, –propuso Felina– si vamos hasta la playa para ver el amanecer?

–Excelente idea –asintió Ellen–. ¡Vamos! Quizás podríamos también bañarnos una vez haya amanecido. Lucio, busca los trajes de baño y acompáñanos. Se pusieron los tres en marcha y caminaron en silencio, sin saber por qué se sentían inquietos y se movían haciendo el menor ruido posible. Lucio guardaba un silencio respetuoso; Ellen y Felina iban sumidas en sus pensamientos.

–No me siento bien –se decía Ellen–, este lugar me inquieta. No sé porqué hemos venido aquí; Felina tiene a veces ideas muy raras. El venir aquí fue idea suya; vinimos para descansar y meditar, pero yo no me he sentido nunca tan cansada como ahora, todo el día recogiendo cocos para tener algo que beber. No me gusta beber agua de coco y menos lavarme con ella, pero ¿qué hacer? No hay otra cosa en varios kilómetros a la redonda. Menos mal que me gustan mucho los huevos de tortuga, base de nuestra alimentación. En cuanto a me-

---

[21] Fenómenos somno-telepáticos: neologismo para nombrar la relación de los sueños y la telepatía, que se refiere a la coincidencia de pensamientos o sensaciones entre personas generalmente distantes entre sí, sin el concurso de los sentidos y que induce a pensar en la existencia de una comunicación de índole desconocida (RAE).

ditar, es inútil intentarlo habiendo tal cantidad de iguanas; en cuanto me quedo callada e inmóvil tratando de recoger mis pensamientos y cierro los ojos, ya tengo una iguana subida encima. Yo creo que lo mejor será regresar cuanto antes a la ciudad; hablaré con Felina en la primera ocasión propicia.

–Yo no sé por qué –va pensando Felina– me siento mal, pero el hecho es que este lugar me causa inquietud; a veces Ellen no tiene ideas muy felices. El venir aquí fue idea suya; me siento cansadísima, todo el día buscando huevos de tortuga en la playa para tener algo que comer y no me gustan nada esos huevos. Mi hígado no los tolera; felizmente tenemos agua de coco que me gusta mucho y para lavarse es ideal, deja el cutis como seda. Lo malo es la imposibilidad de dedicarse a la meditación, ¡hay tantos armadillos[22]! En cuanto me abstraigo y me inmovilizo con los ojos cerrados, ya tengo encima un armadillo. Deberíamos regresar cuanto antes; hablaré a Ellen con tacto mañana por la mañana.

También Lucio está preocupado.

–No sé qué hacer –se pregunta– si decirles o no lo que pienso a las señoras; pero no creo que fuese el ánima de don Pedrito quien escupió tan fuerte esta noche. La saliva de las ánimas nunca se materializa ni deja huellas, y sin embargo cuando prendí la linterna hace un rato para buscar los trajes de baño, vi, sin lugar a dudas, señales de que alguien que no es un ánima había escupido. Tendré que ir al pueblo mañana (aunque esté tan lejos) para preguntar si se han oído rumores sobre el «Güero Trabuco», que quizás anda merodeando otra vez por aquí.

Siguieron caminando en silencio hasta que Ellen se detuvo y señaló un lugar lejano hacia su derecha.

–Mire, Felina, –susurró– cuántas luciérnagas.

–No son luciérnagas, señorita, –dijo Lucio– son seguramente los gringos[23]. Me olvidé de decirles que ayer por la mañana, cuando fui al estero[24]

---

[22] Armadillos: mamíferos americanos que miden entre 30 y 50 cm de largo y están cubiertos por una coraza de laminillas óseas, negra y flexible, que los protege completamente cuando se enrollan sobre sí mismos. Su carne es comestible (EUM, 129).

[23] Gringos: originarios de los Estados Unidos de América; son rubios y hablan en lengua extranjera (EUM, 469).

[24] Estero: extensión poco profunda de agua, cercana a la costa y dentro del área de desembocadura de un río, que es alimentada por la marea de pleamar y por las filtraciones fluviales, donde se desarrollan numerosas especies acuáticas, vegetales y animales (EUM, 410).

para ver si pescaba alguna lisa[25], descubrí una casita donde viven unos gringos. Bueno, quizá no sean gringos, pero parecen extranjeros; lo que me llamó la atención es que una señora muy güera[26] estaba poniendo a secar, colgándolos de los arbustos, hasta dos docenas de corsés. Es raro que se haya traído tantos corsés a este lugar solitario donde no hay mucha ocasión de lucirse; eso que usted ve no son luciérnagas, son luces de linternas, seguramente han salido a pescar y regresan ahora.

–Vamos a acercarnos –propuso Felina– y los observaremos, si nos parecen personas de buen aspecto podríamos trabar amistad con ellos.

Ellen aceptó y se encaminaron hacia allá. Al cabo de 20 minutos estuvieron lo suficientemente cerca para observar, a través de las hojas de un macizo de daturas[27] en que se ocultaron, una casa no muy grande de piedra y techo de palapa[28]; la veranda[29], bastante amplia, estaba iluminada por la luz que salía de una ventana. No se veía a nadie, salvo varios cangrejos enormes que paseaban plácidamente, pero se oía ruido de discusión en el interior de la casa. Desde donde estaban se podía oír perfectamente lo que hablaban[a]:

–Vous ne voulez jamais m'écouter, Florian et voilà ce qui arrive, maintenant vous avez sur les bras 250 gants tous pour la main droite, c'est malin! L'affaire de corsetterie marchait admirablement, pourquoi avez vous voulu

a. *En el Ms a partir de la línea siguiente y hasta el final del relato el idioma utilizado es el francés. Solamente se mantiene el idioma francés en el diálogo entre Florian y Pompeya.*

25 Lisa: pez marino que habita en mares tropicales y templados, en aguas costeras, estuarios de aguas saladas y en ocasiones penetra hasta en aguas dulces (EUM, 561).

26 Güera: que tiene el pelo de color amarillo o de tono semejante, rubia (EUM, 472).

27 Daturas: género de plantas al que pertenece el estramonio; planta herbácea con tallos ramosos de cuatro a seis decímetros, hojas grandes, anchas y dentadas, flores grandes, blancas y de un solo pétalo a manera de embudo, y fruto como una nuez, espinoso. Toda la planta exhala un olor fuerte y sus hojas secas se usaban como medicamento contra las afecciones asmáticas, fumándolas mezcladas con tabaco, y las hojas y las semillas, como narcótico y antiespasmódico. El toloache (del nahua *toloatzin*, de *toloa*, cabecear por efecto del sueño, y *tzin*) pertenece al mismo género que el estramonio (RAE).

28 Palapa: construcción rústica que consiste en un techo de hojas secas de palma, a manera de sombrilla, o sostenida por postes y largueros de madera, como la que se hace como techo de muchas chozas, o la que se emplea en las playas y lugares calurosos para protegerse del sol (EUM, 667).

29 Veranda: porche (RAE).

qu'on fasse aussi de la ganterie? Le capitaine Fitgerald doit être déjà en haute mer et surement rit de bon cœur en pensant comment il vous a eu[a].

–Ma chère Pompeya –respondió tranquilamente una voz muy conocida que hizo estremecerse a Ellen y a Felina– c'est possible que le capitaine Fitgerald ai voulu m'escroquer, mais ces gants je saurais les utiliser de façon qu'ils doubleront de prix, d'un autre coté, comme vous dites bien, le capitaine doit être en haute mer et il recevra son châtiment –la voz se tornó más alta y tomó un tono profético– je sent qu'un ouragan se lève quelque part dans la Mer de Sargasse, je vois cet ouragan se précipiter sur le côtes de l'Amérique, il obéit a mes volontés, il redouble de vitesse et de puissance, et fonce droit sur la corvette du pauvre capitaine Fitgerald. Le voilà aux prises avec des vagues immenses bientôt...[b]

–Ecoutez papa –lo interrumpió Pompeya, a la que Felina y Ellen podían ver a través de la ventana– ne soyez pas ridicule. Vous faites de la déformation professionnelle. Vous n'avez aucun public maintenant et à moi ne venez pas me raconter des sornettes sur de ouragans qui vous obéissent! Regardons plutôt le contenu des caisses que le capitaine a apportées, il faut sortir tous les corsets et les étaler dehors pour empêcher qu'ils sentent le moisi, ils arrivent toujours un peu humides, je voudrais voir aussi s'il a apporté la nouvelle silhouette égyptienne avec de fausses anches pyramidales[c].

–C'est bien, maman, appelez les autres, surement ils prennent du café dans la cuisine, apportez-moi aussi une tasse s'il vous plaît[d].

---

a. *Usted jamás me quiere escuchar, Florian, y he aquí lo que llega, 250 guantes todos para la mano derecha. ¡Qué listo! El negocio de la corsetería marchaba admirablemente. ¿Por qué ha querido también el de la guantería? El Capitán Fitgerald debe estar en alta mar riéndose de buena gana y pensando cómo lo ha engañado.* b. *Mi querida Pompeya, es posible que el general Fitgerald haya querido timarme, pero esos guantes los utilizaré de manera que les duplicaré el precio. Por otro lado, como bien dices, el capitán debe estar en alta mar y recibirá su castigo. Siento que un huracán se forma en el Mar de los Sargazos. Veo que este huracán se precipita sobre las costas de América, obedece mi voluntad, duplica su velocidad y fuerza, y arremete contra la corbeta del pobre capitán Fitgerald. Pronto es presa de las olas inmensas.* c. *Escuche, papá, no sea ridículo. Padece de deformación profesional. Aquí no tiene ningún público y no me venga a contar sandeces de que le obedecen los huracanes. Mejor veamos el contenido de las cajas que ha traído el capitán. Hay que sacar los corsés y tenderlos afuera para evitar que se enmohezcan, siempre llegan un poco húmedos. También quiero ver si llegó la nueva silueta egipcia con las caderas postizas de forma piramidal.*
d. *Está bien, mamá, llama a los otros que seguramente toman café en la cocina. Tráeme una taza, por favor.*

Ellen y Felina están petrificadas por el miedo y la sorpresa, pero devoradas también por la curiosidad. Desde su escondite observan la casa intentando comprender qué es lo que todo aquello querrá decir: ¿Será acaso una sombría empresa de magia negra? ¿Por qué tantos corsés? ¿Quién es ése capitán del que hablan? En voz baja se cuestionan una a la otra, pero Lucio, quien ha observado todo, les dice en voz muy baja, sólo una palabra: contrabando.

[TRIGO, ACEITUNAS Y NARANJAS. PRESÉRVATE DEL FRÍO CON LANA DE OVEJA]

Doña Milagra tiene miedo [a] la oscuridad. Nunca está segura de que no va a surgir de algún lugar una mano abrasadora que la agarre de un tobillo y la deje clavada en el sitio, mientras un fuego devorador se propaga del [mismo] tobillo al resto de su cuerpo convirtiéndola en un montón de cenizas. Lo peor es que tiene que disimular siempre sus temores ante los demás, pues el confesarlos sería confesar al mismo tiempo su culpabilidad y su miedo al castigo.

Estos temores sólo la asaltan de vez en cuando. El resto del tiempo vive tranquila porque... ¿no es Dios misericordioso? Entonces... ¡tiempo le queda de arrepentirse! Todavía es joven, cuando ya se acerque a los 60 (y eso según sea su estado de salud) hará una confesión general y se retirará al campo; mientras tanto, ¿para qué mortificarse?

Una vez ante la puerta del maestro dio unos golpecitos rápidos y respetuosos, y seguidamente entró en la celda. *Mr. Randolf*, absorto en su trabajo, tardó unos momentos en alzar los ojos hacia ella, pero al ver de quien se trataba demostró una satisfacción visible.

–Usted aquí, doña Milagra, a estas horas. ¿Qué sucede?

–Ay, maestro, a riesgo de molestarlo y de interrumpir su trabajo, he venido a traerle un mensaje urgentísimo.

–Ha hecho usted muy bien, Milagra, y se lo agradezco tanto más cuanto que me encuentro muy necesitado en estos momentos de algún consejo superior. Esta tarde tuve una visita que... pero dígame, dígame.

Tomándola afectuosamente del brazo, la llevó hasta un amplio banco de madera donde se sentaron los dos.

–Pues verá, maestro, estaba yo acostada y dormida. Me retiré hoy muy temprano porque me sentía sumamente débil y el corazón me flaqueaba. Llevaría una media hora durmiendo cuando me despertó un ruido en mi *boudoir*[30], que está inmediato a la alcoba. Me extrañó y me levanté para ver de qué se trataba y vi a una mujer que me daba la espalda y que estaba revolviendo entre mis objetos de *toilette*[31]. Me quedé observándola y vi con asombro que cuando encontró mi *«rouge à lèvres»*[32] se inclinó hacia el espejo y

---

30 *Boudoir* (fr.): gabinete, camarín, saloncito (FELAR, 102).

31 *Toilette* (fr.): tocador (FELAR, 732).

32 *Rouge à lèvres* (fr.): pintalabios, lápiz de labios (FELAR, 662).

comenzó a maquillarse; entonces me vió reflejada en el espejo y se volvió hacia mí sonriendo. Me miró intensamente y enseguida comprendí que me traía un mensaje. Tomé inmediatamente mi cuaderno y mi lápiz para anotarlo y esperé. Me miró todavía unos instantes y dijo: «Vete a ver a *Randolf*. Dile de mi parte lo siguiente: *Trigo, aceitunas y naranjas. Preséruate del frío con lana de oveja*», nada más. Yo, naturalmente, no tengo la menor idea de lo que significa, pero usted lo comprenderá inmediatamente. También sepa quizás quién es la señora; para mí es desconocida. Me pareció como de unos 40 años, tenía bastante bozo sobre el labio superior, ojos claros y llevaba un vestido que no me pareció muy adecuado para su edad: una falda con pliegues, muy corta, de tela escocesa, zapatos de *sport*[33] y calcetines. ¿La reconoce, maestro?

–Creo reconocerlo[a], dígame, ¿había buena luz en su *boudoir*?

–No, solamente una lamparita en la *coiffeusse*[34].

–¡Ah! Por eso tomó usted por una señora a mi abuelo Frederik, que era escocés y siempre vistió el traje de su tierra. En cuanto al mensaje, sí, lo comprendo perfectamente. Es más, en realidad son dos mensajes. Le quedo muy agradecido, mi querida Milagra, su celo por ayudarnos merece encomio.

–Yo sólo cumplo con mi deber, maestro. Ahora voy a dejarlo [con] sus trabajos y meditaciones.

Se pusieron en pie y *Mr. Brown* acompañó galantemente a Doña Milagra hasta el zaguán[35] de salida y esperó en la puerta hasta que el coche arrancó y emprendió su camino de regreso. Después caminó pensativo unos cuantos pasos por el zaguán y tomando una resolución súbita subió las escaleras hasta el primer piso y llamó a la puerta de la celda de don José María Iturrimendi. Don José María, que todavía no se había acostado y estaba preparándose a pasar una noche de sueño excelente por medio de unos tragos de vino de ciruela, abrió la puerta inmediatamente y quedó muy extrañado de ver al maestro. Noche tras noche esperaba inútilmente que doña Daphne, por la que sentía atracción irresistible, tuviese a bien visitarlo para contemplar algunas fotografías (que él tenía ocultas) de bárbaros espectáculos, tales como

---

a. *Nótese la discordancia intencional en el uso del género.*

[33] *Sport* (ing.): deporte (ID, 720).

[34] *Coifeusse* (fr.): mueble de tocador (FELAR, 158).

[35] Zaguán: espacio cubierto situado dentro de una casa, que sirve de entrada a ella y está inmediato a la puerta de la calle (RAE).

toros corriendo libremente por las calles de una ciudad; varios individuos vestidos de blanco y sentados en un estrado en franca competencia gastronómica; el campeón, que fue capaz de ingerir 175 huevos fritos, etc., etc. Al ver al maestro sintió una especie de culpabilidad difusa.

–Buenas noches, don Randolfo. ¿Qué se le ofrece? –preguntó solícito–.

–Sr. Iturrimendi, dispense que lo moleste a estas horas –contestó con tacto el maestro–, pero como usted se encarga generalmente de la cuestión alimenticia y de vigilancia en la cocina, quisiera pedirle que dé órdenes mañana muy temprano para que durante 15 días nos alimentemos exclusivamente de trigo, aceitunas y naranjas.

–Perfectamente, maestro, para el desayuno, ¿verdad? Las comidas como de costumbre, ¿no es eso?

–No, no. Quiero decir que nos alimentaremos exclusivamente de esas tres cosas –aclaró el maestro–.

–Bueno, yo soy todavía algo ignorante, dispénseme, ¿qué hacemos con el trigo? Hay bastante del que se les da a las palomas pero quizás sería conveniente molerlo o remojarlo, ¿no le parece?

–Dejo el asunto en sus manos, señor Iturrimendi. Estoy seguro que se desenvolverá perfectamente. Si ponen el trigo en remojo, sugiero que lo hagan en jugo de naranja.

Con este consejo y un «buenas noches», el maestro se retiró de nuevo a su celda meditando sobre el mensaje de su abuelo. Está clarísimo –se repetía–, debemos estar alerta y prepararnos con una comida adecuada; lo de la lana de oveja también es evidente, sólo debemos usar camisetas, abrigos y especialmente *sweaters*[36] que estén tejidos con inocente lana de oveja, cualquier otro material debe ser considerado peligroso y un instrumento de los Malatesta para robar energía. Mañana daré órdenes en ese sentido y algunas explicaciones a los que están más preparados para entenderme.

Algo más tranquilo, volvió a concentrarse en su trabajo y vio con satisfacción que antes del amanecer quedaría terminado el capítulo sobre las misteriosas propiedades de la galena[37].

---

[36] *Sweaters* (ing.): suéteres, jersey. Prenda de vestir de punto, cerrada y con mangas, que cubre desde el cuello hasta la cintura aproximadamente (RAE).

[37] Galena: Mineral compuesto de azufre y plomo, de color gris y lustre intenso. Es la mejor mena del plomo (RAE).

Cartas

[Carta 1]

¡Oh Diosas, tan admirables cuan esquivas!

Ocurrídome ha una cantidad de singulares acontecimientos entre alcohólicos, musicales y vodevilescos[1] (perdonad el galicismo). Todo ello salpicado con fuerte condimento folletinesco.

Aunque vivís apartadas del mundanal ruido, quizás aceptéis el venir uno de estos días a esta muy humilde choza donde platicaremos y beberemos agua de castañas, jugo de espárragos y quizás admiremos unos grabados bastante buenos que tengo representando a Baco, a Noé y a alguno que otro coronel británico retirado ya de su servicio en las Indias. La contemplación de estos grabados produce un cierto estado de embriaguez no alcohólica, sino más bien hipnofotónica[2]. Dicen los especialistas que no ataca al hígado sino únicamente a las glándulas salivales y es inofensiva.

[1] Vodevilesco: del francés, *vaudeville*, comedia ligera (FELAR, 762).

[2] Hipnofotónica: neologismo que denota cierto estado semejante a la embriaguez o a la hipnosis causado por la contemplación de imágenes.

[CARTA 2]

Muy señor mío,

He dejado pasar un tiempo prudencial y ahora veo, es más, tengo la seguridad de que vuestro espíritu se encuentra propicio a comunicarse conmigo. Yo soy una reencarnación de una amiga que tuvisteis en otros tiempos. Ella era poco agraciada físicamente hablando: nariz abundante, cutis pecoso, cabello rojizo, peso inferior al que debiera. Afortunadamente mi actual encarnación sólo ha conservado como característica física el cabello rojizo. El resto..., amigo mío, ¡qué mango[3]! Nariz griega, curvas seductoras, sin ser obesa beneficio de abundancias sin par y en resumidas cuentas... ¿que tengo algunas arrugas? Detalle insignificante [que] es el equivalente a la noble pátina[4] que adquieren los objetos de buena calidad.

Esta reencarnación no fue fácil. Después de atravesar mi espíritu, primero por el cuerpo de un gato, después por el de una criatura desconocida perteneciente al mundo de la velocidad, es decir a ése que nos atraviesa a más de 300 000 km. por segundo (y que por lo tanto no vemos), después fue a dar, inexplicablemente, al corazón de un trozo de cuarzo. A la favor de una tormenta abominable, los fenómenos eléctricos me fueron favorables y cayendo un rayo en dicho trozo de cuarzo, rescató mi espíritu que describiendo una espiral fue a alojarse en el cuerpo de una mujer metidita en carnes que por allí circulaba. Me siento satisfecha de esta circunstancia y por eso me atrevo a escribiros en el entendimiento de que no me habéis olvidado.

He pensado que el teléfono es un aparato inhibitorio y muy frío para comunicar. Pero escribirse cartas es diferente. Creo que mi alojamiento en un trozo de cuarzo es una experiencia que puede interesaros, otros pequeños descubrimientos también. Yo estoy dispuesta a comunicaros todo.

---

[3] ¡Qué mango!: persona muy atractiva (DEUM, 585)

[4] Pátina: tono sentado y suave que da el tiempo a las pinturas al óleo y a otros objetos antiguos (RAE).

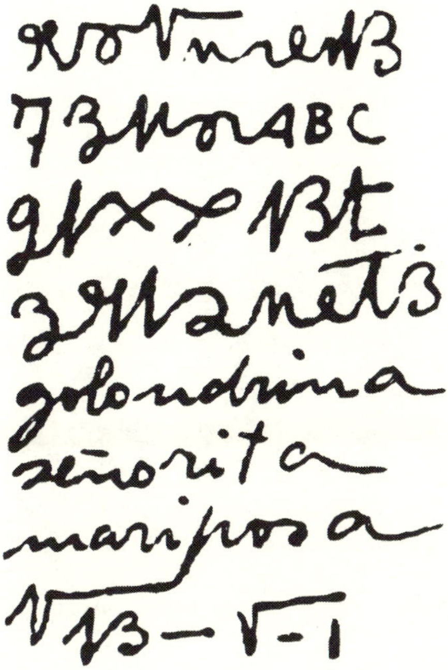

Este poema puede parecer oscuro a primera vista, pero la más sencilla de las máquinas electrónicas, tan usadas hoy día, puede desmenuzarlo y aclararlo.

Si os animáis a contestarme, dadme cuenta detallada de vuestra actual actividad. La mía, en los últimos cuatro meses, ha consistido en la crianza de un sobrenatural cachorro de perro. Es animal parlante, amable y útil si hubiera grandes sequías ya que de su cuerpo fluye casi constantemente un líquido ambarino que la gente común cree ser orina, pero yo sé que es algo de composición química superior. Por vivir yo en una habitación de suelo no absorbente, he considerado que dicho animal debe ir a vivir a Cuernavaca, en un jardín en donde las plantas [se] puedan beneficiar de la humedad que esta criatura produce.

En cuanto a la actividad maniática llamada Pintura… ¿qué puedo deciros? Ambos fuimos atacados de este mal si queréis recordarlo, no sé si habéis persistido en esta rara forma de perversión. Yo sí *¡hélas!*[5] y cada día me siento más avergonzada de tamaña frivolidad.

---

[5] *Hélas* (*fr.*): interjección de queja. En este caso puede leerse *¡Por desgracia!* (FELAR, 378).

¿Fumáis? Yo he emprendido una lucha titánica contra la nicotina y el humo en general; he llegado a la conquista parcial del asunto y en mis días de bondad sólo fumo 6 cigarrillos. En los días de nostalgia, de depresión y cuando todo es un desmadre ¡bueno! Entonces… ¡no sé! Esto debe ser explicado en forma clara y precisa

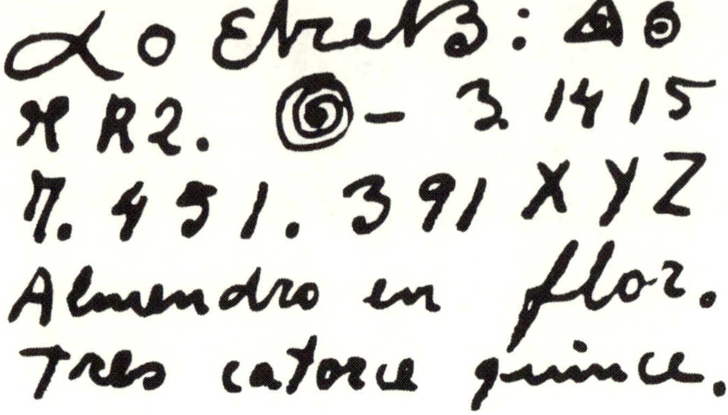

¡Bien! De los insomnios, del sudor frío, de las inyecciones de extracto de hígado, del deseo de perforar en la tierra una madriguera para esconderse allí dentro, no digo nada.

Espero vuestras noticias y sólo entonces os comunicaré cómo fui visitada, tiempo ha, por una sirena hechicera, fervorosa admiradora vuestra y muy preocupada e intranquila a causa de vuestro retraimiento de la vida cotidiana. ¡Misterio!

Vivo como antes, en este castillete de Álvaro Obregón 72, con teléfono 11 20 84. Recuerdo las antiguas paellas, la libre circulación y beso vuestras falanges.

[RELACIÓN DE PERSONAJES]

Nigel Hokogi (*le japonais*)[1].
Mme. Milagra Gertznaf (la Mema).
Dr. Gertznaf (el marido).
Pompeya Malatesta (la Dapa).
Florian Malatesta (el marido).
Randolf Brown (maestro).
Bobby Carruthers (marido Flaca).
Violette Carruthers (flaca).
Ellen Ramsbottom (Leonora y Eva *melangées*)[2].
Ix-Balam Rey (el país).
Convento de Santa Zarabanda.
Mme. Felina Caprino Mandrágora.
Boris Zahareff (M).
José María Iturrimendi (vasco).
Aloisius Dupont (doctor).
Jacinto (jardinero).
Raoul Somers (J. *qui bricole dans*[3] la carpintería).
Daphne Fitz-James (*Mtres.* E.). *Poltergeist*[4].

---

1 *Le japonais* (fr.): El japonés.
2 *M[é]langées* (fr.): combinadas.
3 *Qui bricole dans* (fr.): quien se ocupa en.
4 *Poltergeist* (ing.): espíritu burlón, duende (ID, 572).

LA OBRA DE TEATRO ESCRITA EN COLABORACIÓN POR REMEDIOS VARO Y LEONORA CARRINGTON: [*EL SANTO CUERPO GRASOSO*]

Cualquier parecido del público con algún personaje es pura coincidencia. Esta obra está hecha solamente para diversión de los actores, el público es puro accidente.

[*Personajes*]

REINA NESFATALINA, dama blanca del pico de Oripipí[a].
PELOMIEL, dulce paloma pálida y bellísima hija de Nesfatalina.
DON JON VON AGUILOTA, intrépido piloto de la estratosfera y altos aires.
SCATIJERAS, hombre de ciencia, *attaché*[1] cultural de la corte de Nesfatalina.
PERICO VERDE, alma de un difunto diplomático.
CHANGO NEGRO, alma de Scatijeras.
DOCTOR PON FRUTA, el cirujano real.

[*Acto I. Escena 1*]

En el cráter del lejano y alto pico Oripipí, hogar de la reina Nesfatalina. Hartitos[2] *murciélagos, tecolotes*[3]*, mariposas negras y otros ganados nocturnos*[4] *deambulando por los lujosos departamentos de la Reina. Del suelo de lava*

---

a. *En el Ms las autoras incluyen el nombre de las personas que representarían algunos de los personajes: Chiki Weisz (esposo de Leonora Carrington) y José Horna (esposo de Kati Horna) se encargarían de los personajes femeninos, la reina Nesfatalina y la princesa Pelomiel, respectivamente; Leonora Carrington y Remedios Varo de los personajes masculinos, Perico Verde y Scatijeras; y el papel de Jon von Aguilota lo realizaría Jean Nicolle (amigo íntimo de Remedios Varo).*

[1] *Attaché* (fr.): se refiere a *attaché culturel* (FELAR, 57), nombramiento para el encargado de los asuntos de cultura en las embajadas.

[2] Hartitos: diminutivo del adverbio de uso popular, *muchos* (EUM).

[3] Tecolotes (del náhuatl, *tecolotl*): búho. En México, se usa para nombrar cualquier miembro del cuerpo de Policía (RAE).

[4] Otros ganados nocturnos: en sentido figurado, puede referirse a la guardia que vigila por las noches el reino.

arrugada suben plumas de humo. Se oyen gruñidos profundos de la misma barriga de la tierra. Entra Scatijeras con aspecto de conspirador, juega nerviosamente con su larga barba roja. Salen de aquella cascada de pelos colorados algunas moscas grandes; empieza a mirar atentamente un frasquito que tiene en la mano.

SCATIJERAS ¡Elíxir divino! ¡Aceite celestial! ¡Fruta mágica de mi inmenso saber! ¡Oh, humanidad bestial, tiembla delante [de] este Santo Cuerpo Grasoso!

Entra el Perico verde humildemente.

PERICO ¡Oh, Scatijeras, emperador de la divina inteligencia, tira este aceite demoniacal[5]!

SCATIJERAS Callado asqueroso pájaro, ¿qué sabes tú de mis invenciones divinas, cerebro de periquito en un cuerpo color de lechuga?

PERICO Gran Scatijeras, yo sé los poderes de esta pequeña botella: basta frotar las nalgas con el aceite para que el alma del humano salga visiblemente del cuerpo y los dos sigan viviendo cada uno por su lado.

SCATIJERAS ¡Cállate, Perico! ¡Oye la llegada de la Reina!

[Acto I. Escena 2]

Música de trompetas. Entra Nesfatalina, impresionante mujer. Altísima, de largo pelo negro, de cara más pálida que la leche, le acompaña su bellísima hija, Pelomiel, una paloma blanca, abundantemente peluda de trenzas rubias. La Reina se sienta en su trono.

NESFATALINA ¡Oh, oh, Scatijeras! Me dijeron que acabaste ya el Santo Cuerpo Grasoso. Enséñame.

---

[5] Demoniacal: neologismo, adj. relativo a lo demoniaco.

Scatijeras le entrega la botella, la Reina la destapa y la huele.

SCATIJERAS Está ya probado, Majestad, estamos en el triunfo total.

PELOMIEL *Con una risa ligera y blanca de virgen loca.*
¿Para qué sirve esta grasa de olor de salchicha? No veo más que líquido. ¡Ni siquiera tiene color!

NESFATALINA ¡Silencio, hija! Pelomiel, peluda paloma, eres más idiota que un rábano.

PELOMIEL Sí, mamá.

NESFATALINA Ahora bien, ¿pretendes tú, Scatijeras, que este elíxir produzca la separación del alma del cuerpo dejando los dos elementos vivos, visibles y en buena salud? La operación, o bien un delicado masaje en las regiones posteriores del cuerpo físico, ¿correcto?

SCATIJERAS Sí, Majestad. Acabamos de hacer la prueba.

PERICO ¡Oh! ¡Miseria!

SCATIJERAS Escúchame, el lunes pasado, día de su imperial planeta, capturamos al santo *Monseigneur*[6], arzobispo de la ciudad Cacatorres. Pensamos gozar a la vista de su santísima alma después de una aplicación discreta de nuestro Cuerpo Grasoso a las *ora pro*[7] nalgas purísimas del *Monseigneur* [de] Cacatorres.

NESFATALINA ¡Oh! ¡Altísima idea! Y ¿cómo salió el alma del santo hombre?

SCATIJERAS Pues ahora para que vea usted, salió nada más que una chuleta asada.

PERICO *¡Confiteos Dei! Ora pro nalgas miserium. Amen.*

---

[6] *Monseigneur* (fr.): Monseñor, Su Ilustrísima (FELAR, 484)

[7] *Los ora pro nalgas purísimas:* en este segmento, las autoras, para describir la prueba a la que fue sometida el monseñor y su resultado, recurren a expresiones que evocan, a partir de su significado reflejo, las letanías empleadas en algunos rezos, así como al latín tradicionalmente utilizado por el clero para el culto.

PELOMIEL ¿Cómo salieron [las] chuletas asadas del Arzobispo? ¿De dónde salieron?

SCATIJERAS Con toda modestia no puedo decir esos detalles a su imperial Alteza, la princesa Pelomiel.

NESFATALINA Vete [a] jugar con los hongos salvajes[8], Pelomiel.

PELOMIEL ¡Ay, mamá, por favorcito!

NESFATALINA ¡Y hablan tanto de sus almas! Entonces, mi buen Scatijeras, haremos un concurso imperial. Manda esclavos a la gran ciudad Cacatorres, que anuncien en todas partes que las mujeres y los hombres que tengan almas tomen parte en el real concurso y el o la que tenga el alma más linda ganará la mano de mi chulísima hija Pelomiel.

TODOS ¡Oh, Santísimo Cuerpo Grasoso!

Un ruido terrible. Una voz gritando «¡Socorro! ¡Socorro!».

PELOMIEL ¡Me revienta el corazón!

Sale Perico corriendo.

NESFATALINA Algo pesado se cayó en nuestro sagrado Oripipí.

SCATIJERAS Será otro cometa…

PELOMIEL O una estrella…

NESFATALINA O alguna cosa…

Entra el Perico.

PERICO Se estrelló un avión en la montaña. Por aquí viene el piloto.

---

8 «Vete a jugar con los hongos salvajes, Pelomiel»: quizá sea una expresión equivalente a la locución adverbial «vete a freír espárragos» que se utiliza para despedir a alguien con rudeza (RAE).

[*Acto I. Escena 3*]

Se oye una dulcísima música de arpa y por una ancha grieta de la roca entran cuatro zopilotes llevando una tabla de madera sobre la que viene acostado y algo desmayado un piloto largo vestido con una túnica de plumas, una gran brújula en medio del pecho y un casco con aspas de molino; el bigote es grande y en cada punta está posado un colibrí.

ZOPILOTE — Señora, aquí está el piloto. Sólo tiene un golpe fuerte, no ha sufrido gran daño.

Todos se acercan precipitadamente a mirar al piloto y exclaman casi al mismo tiempo.

TODOS — ¡Un espía!

PELOMIEL — *Ruborizándose intensamente.*
¡Es él! ¡El que aparece en mis sueños!

SCATIJERAS — ¡Cielos!
En voz más baja y lleno de inquietud.
([*Ap*] ¡Es don Jon von Aguilota! Hay que alejar a la Reina, debo verlo a solas).

PERICO — ([*Ap*] Preveo grandes y sombríos acontecimientos).

SCATIJERAS — Majestad, dejadme que prodigue mis cuidados al piloto. Pronto lo haré volver en sí, pero necesito que todos se alejen.

[Acto I. Escena 4]

Todos salen menos Perico, que se oculta dentro de la cáscara vacía del huevo del gran ave roc[9] *que nació el año pasado y que sirve a Scatijeras para anotar números de teléfono.*

VON AGUILOTA *Suspira varias veces, canta en voz baja una canción bretona.*

Mon mari vient de partir
A la peche en Islande
Il m'a laissé sans le sou
mais avec mon petit... etc.[10]

Abre los ojos poco a poco y viendo a Scatijeras que lo mira con ojos inflamados se incorpora bruscamente y exclama: ¡Tú! ¿Tú, aquí?

SCATIJERAS Calma, baja la voz, nadie debe saber que nos conocimos en la corte del rey Prisma I. Recuerda que fui expulsado y perseguido de aquella corte por un error insignificante que cometí; debía dar al rey tres gotas del elíxir de «Larga vista» y le di tres gotas del elíxir de «Exuberante vegetación». Debido a esto he sabido que hoy crece en su espalda un florido rosal y dos maíces ¿qué mal hay en ello?

VON AGUILOTA Nada de eso me interesa. No te traicionaré pero debes ayudarme. Hace tiempo que mis sueños se ven turbados por la aparición constante de una bellísima doncella, rubia, frágil y maravillosamente peluda. Mis colibrís familiares, que ves aquí en mi bigote, me han enseñado el camino para venir aquí donde según signos infalibles se encuentra ella. ¡La deseo y quiero hacerla mía!

---

9 Ave roc: enorme ave mítica de gran fuerza, aparece en *Las mil y una noches* y en los *Viajes de Marco Polo.*

10 Esta estrofa forma parte de una canción tradicional bretona: «Mon mari vient de partir; / Pour la pêche d'Islande, / mon mari vient de partir, / Il m'a laissée sans le sou, / Mais, trala, trala la lou, / J'en gagne, j'en gagne». También aparece en la novela *Pecheur d'Islande* (1886), de Louis-Marie-Julien Viaud, firmada bajo el seudónimo de Pierre Loti (1850-1923).

SCATIJERAS *¡Ventre bleu!*[11] ¡Ay Chihuahua![12] ¡Precisamente ahora que la Reina ha decidido darla a quien muestre tener un alma más hermosa después de realizar un concurso! ¿Ves este líquido oleoso y divino?

Le muestra la botella.

Tiene la propiedad de separar el alma del cuerpo y hacer los dos independientes y visibles, para ello debe frotarse en la nalga.

VON AGUILOTA ¡No le hace![13] Figúrate que a consecuencia de las heridas que recibí en un heroico y feroz combate, un sabio doctor que me halló desvanecido en el lugar de la lucha me curó injertándome en las nalgas trozos de piel de diversos animales que por allí había. Poseo nalgas con piel de conejo, de caballo y de lagartija, a más de mi propia piel. Esto me da ventaja pues puedo producir cuatro almas.

SCATIJERAS No está mal, pero déjame reflexionar. Ya hablaremos de esto, ahora hay que presentarte a la Reina.

[Acto I. Escena 5]

Llama, aparece un [tecolote][a] *que recibe la orden de llamar a la Reina. Nesfatalina entra majestuosamente.*

SCATIJERAS Señora, he aquí al piloto en buen estado.

NESFATALINA En efecto, ahora deseo saber por qué ha tenido la insolencia de caer en mis tierras.
(*Ap* ¿Será un espía? Pero... ¡Oh qué celeste belleza la suya! Siento un fuego que devora mi corazón y mis entrañas).

---

a. *En el Ms se lee* elote. *Hemos enmendado por* tecolote *siguiendo la lógica de la acotación que aparece en* AI E1, *donde se señala que los tecolotes forman parte de los servidores del palacio.*

[11] *¡Ventre bleu!* (fr.): interj. ¡Voto a Judas!, ¡Cáspita! (FELAR, 785). Expresión que denota sorpresa.

[12] ¡Ay Chihuahua!: interj. eufemística utilizada en México para expresar sorpresa o enfado (RAE).

[13] ¡No le hace!: expresión que se utiliza en sustitución de «no importa» (RAE).

La princesa Pelomiel contempla la escena asomándose tímidamente por la puerta.

VON AGUILOTA *Poniendo una rodilla en tierra.*
Majestad, una tremenda corriente de aire me planeó[14] contra el suelo.

SCATIJERAS Tendré que castigar a mi descuidado *valet de chambre*[15]. Siempre se olvida de cerrar bien la caja donde guardo el viento.

NESFATALINA Que sea castigado.
(*Ap* Pero, ¿qué es este calor tan intenso dentro de mí? No puedo contenerme).
Piloto, te ofrezco mi hospitalidad en el pico de Oripipí.
Agitadísima.
Aquí somos alegres. ¡Mira!

Cada vez más agitada y sin poderse contener comienza una danza lúbrica alrededor del piloto mientras le salen algunas llamas de fuego del pecho.

Perico ha salido discretamente del huevo durante la escena anterior y parte de sus plumasestán erizadas de espanto.

PERICO (*Ap* Lo sé todo. ¿Qué hacer? Yo amo a la Princesa, pero siento gran temor de la Reina. ¡Mis plumas se volverán blancas!).

PELOMIEL *Se ha ido aproximando como atraída por una fuerza oculta hacia Von Aguilota.*
Tú… Sólo tú…

VON AGUILOTA ¡Ella!
Cae desvanecido en los brazos de la Reina, que suspende su danza y lo recibe en su seno.

---

[14] Planeó: dicho de un avión, descender en planeo; dicho de un ave, volar con las alas extendidas e inmóviles (RAE). La animalización del personaje Von Aguilota y su oficio de piloto justifican la utilización de este verbo.

[15] *Valet de chambre* (fr.): mozo, camarero (FELAR, 760).

NESFATALINA ¡Fatalidad! Pelomiel, retírate, nauseabunda criatura. Tu presencia disgusta al hermoso extranjero.
(*Ap ¡Merde!* Creo que la ama, hay que apresurar el concurso y casarla para que se aleje de Oripipí).

PERICO ([*Ap*] Estoy tan transtornado que creo que voy a poner un huevo).

NESFATALINA Corro a ocuparme del concurso, que salgan ya los esclavos en busca de los aspirantes. Tú, Scatijeras, cuida del extranjero. Me respondes de él con tu cabeza.

Sale precipitadamente.

Curtain

[*Acto II. Escena 1*]

La escena representa una terraza del pico de Oripipí.
Nesfatalina se pasea de un lado a otro con gran agitación
jalando la cola de un gato negro que lleva en sus brazos.

NESFATALINA *Hablando sola.*
Divino viento del sur que hasta mí lo trajo, con la ayuda de Scatijeras podré hacerlo mío. Oigo pasos. ¿Será él?

En este momento entra Pelomiel sin hacer caso de Nesfatalina
y da algunas vueltas por la sala jugando con una pelota y cantando.

PELOMIEL *La-la-la, la-la-la, ya lo ví.*
La-la-la, la-la-la, mío es.

Desaparece Pelomiel.

NESFATALINA ¡Traición!
Lanza el gato fuertemente.
¡Asquerosa criatura!

Aparece Scatijeras.

SCATIJERAS ¿Me hablaba, Majestad?

NESFATALINA Tú, camarón podrido[16], te hago responsable del extranjero y de su alma íntegra y te prohíbo que le des morcilla ni ningún otro alimento de ese color.

SCATIJERAS *De rodillas ante la Reina.*
Majestad, dejarme al menos que le unte las nalgas.

NESFATALINA Está bien, pero sólo una.

Entra Pelomiel en igual forma que antes, sin hacer caso de nadie. Pasea por la pieza jugando con su pelota y cantando.

PELOMIEL *Aguilota tiene un colibrí,*
un colibrí y un bigote.
Tra, la la. Tra, la la.

Sale Pelomiel cantando, detrás de ella sale Scatijeras también cantando.

SCATIJERAS *Tra la la. Tra la la.*
¡Una nalga, nada más!
¡Tra la la! ¡Tra la la!
¡Una nalga nada más!

[*Acto II. Escena 2*]

Queda sola la Reina [*y*] *se asoma a la terraza atraída por un gran ruido. Se oyen voces y música de marimba*[17]. *Nesfatalina hace sonar un tambor y a su llamado aparece Perico verde.*

PERICO *Levantando las manos.*
¡Aúpa[18], Majestad! La ciudad entera de Cacatorres se aproxima a vuestro palacio para tomar parte en el concurso. Todos aspiran a la mano de vuestra chulísima hija, la princesa Pelomiel.

---

[16] Camarón podrido: en este caso se utiliza como una expresión ofensiva, que señala que esa persona no sirve para nada.

[17] Marimba: instrumento musical de percusión formado por una serie de tablillas de madera de diferentes longitudes, que se hacen percutir o sonar por medio de palillos o varillas de madera que tienen una pequeña bola maciza en la punta (EUM, 591).

[18] ¡Aúpa!: interjección que se utiliza para expresar sorpresa o esfuerzo (RAE).

NESFATALINA *Mirando a lo lejos con su telescopio.*
¡Chihuahua! ¡Qué multitud! ¡Hasta el presidente Alí Patas! ¿Cómo subirán el pico?

PERICO El ingeniero extraordinario del presidente, don Joaquín Chuparropa está construyendo una escalera especial de solitarias vivas[19], que solas van subiendo atraídas por el sugestivo aspecto de la boca de la cueva superior de Oripipí.

NESFATALINA ¡Ingenioso ingeniero Chuparropas!

Se oye el murmullo de la multitud todavía lejos.

PERICO Dicen que son las mismas solitarias presidenciales que miden hasta diez kilómetros de cabeza a cola.

NESFATALINA Scatijeras ha descubierto una línea ancestorial[20] directa entre las solitarias presidenciales y los originales cocodrilos sagrados de Toth[21], *excellent*[22] familias todos.

Entra don Jon von Aguilota con un colosal ramo de flores.

VON AGUILOTA ¡Reina blanca, pálida y divina luna de todos [los] cielos, incomparable Nesfatalina!

La Reina agarra espasmódicamente[23] *su corazón y su paraguas (el corazón es verdadero).*

NESFATALINA ¡El lindo piloto está temblando delante de mi persona! (*Ap* ¡Ah, Pelomiel, tus tiernos encantos de cachorro baboso [se] estrellan delante de las maduras y sabrosas caricias de tu señora madre!)

---

[19] Solitarias vivas: se refiere a las tenias, gusanos platelmintos, cuya anchura aumenta gradualmente hasta poder alcanzar varios metros de longitud. En el estado adulto vive parásito en el intestino de otro animal, al cual se fija mediante ventosas o ganchos que tienen en su parte anterior. Por lo común, la larva o cisticerco se enquista en los músculos del cerdo o de la vaca, de donde pasa al hombre u otro mamífero cuando ingiere la carne cruda de aquellos animales (RAE).

[20] Ancestorial: neologismo, se refiere al adjetivo *ancestral*, relativo a los antepasados (RAE)

[21] Toth: dios egipcio de la sabiduría, a quien representaban con la cabeza de Ibis el ave sagrada del Nilo.

[22] *Excellent* (ing.): excelentes (ID, 239).

[23] Espasmódicamente: se refiere a que «agarra sintiendo espasmos» (RAE).

VON AGUILOTA ¡Estas rosas de las altas montañas son menos fragantes que sus labios reales!

Con una agilidad sorprendente la Reina brinca encima de Aguilota [y] éste se defiende confuso.

VON AGUILOTA ¡Momentito, momentito! Majestad...
Mirando al Perico.
No estamos solos.

PERICO ¡Majestad! Que nadie la vea en esta actitud, un escándalo en la corte.

NESFATALINA *Retirándose con dignidad.*
Piloto von Aguilota, ser exquisito, le espero dentro de una hora en mis apartamentos privados.

[*Acto II. Escena 3*]

Se retira con las flores.

VON AGUILOTA ¡Puff!

PERICO ¿Qué busca usted aquí, extranjero?

VON AGUILOTA *Algo desconcertado.*
Pues... pues, nada, señor, nada. Una pura casualidad, ¿sabe usted?

PERICO (*Ap* Este sospechoso bigote colibrado[24], ¿dónde he visto esta cara?)

VON AGUILOTA *Inquieto.*
¿Qué dice usted?

PERICO Nada, nada. Estoy nada más diciendo que son muy pequeños los huevos de colibrí.

VON AGUILOTA Francamente, encuentro incomestibles los huevos de perico.

---

[24] Colibrado: neologismo, con colibríes.

PERICO *Ofendido y sarcástico.*
Los aviones ni siquiera ponen huevos.

VON AGUILOTA (*Ap* Que se retire este pájaro absurdo, me urge ver [a] Scatijeras)
En voz alta.
¿Dónde está Scatijeras? Me gustaría invitarlo a una partida de dominó.

PERICO Búscalo, pues.

VON AGUILOTA Tráigame [a] Scatijeras y le doy este cacahuate de oro.

PERICO Está bien.

Se retira.

VON AGUILOTA *Paseándose nerviosamente.*
¡Una vez que el elíxir esté en mi posesión seré el rey del mundo!

Entra Pelomiel con su pelota.

PELOMIEL ¡Mi Aguilota! ¡Oh, mi amor!

VON AGUILOTA ¡Shhh! Nos mata la Reina si descubre algo.

PELOMIEL *Jalando cariñosamente sus bigotes.*
¿Me quieres?

VON AGUILOTA ¡Ouch!

PELOMIEL ¡Tra la! ¡Tra le! Bésame, mi feroz aviador, mi tigre volador...

Entra Scatijeras.

SCATIJERAS ¿Qué es ésto?

VON AGUILOTA ¡Oh, mi queridísimo Scatijeras! ¡Siento una palpitante amistad por ti!

SCATIJERAS ([*Ap*] Una nalga nada más.)

VON AGUILOTA Pelomiel, tengo que hablar de un asunto urgente con Scatijeras. Espérame bajo el manzano azul, dulce Princesa.

[*Acto II. Escena 4*]

Sale cantando y bailando Pelomiel.

VON AGUILOTA *Mirando la distancia.*
¡Carambas![25] ¡Hay una multitud subiendo la montaña! Mira, Scatijeras.

Scatijeras se arrima por la terraza y en el acto el piloto le da un terrible trancazo en la cabeza con una botella de tequila vacía. Se cae al suelo como muerto el hombre de ciencia. Precipitadamente el piloto busca en sus bolsas. Después, con un grito de triunfo, saca la sagrada botella del Santo Cuerpo Grasoso.

VON AGUILOTA ¡Oh, Pelomiel, dama de mis sueños! ¡Melosa peluda paloma de mi alma!
¡Somos los reyes de la Creación! ¡Ahora [a] escapar con el elíxir y la Princesa! ¡Triunfo! ¡Triunfo! ¡Triunfo!

Sale corriendo con el elíxir agarrado contra su corazón.

SCATIJERAS *Con voz de ultratumba.*
¡Me muero! ¡Me muero! ¡Traición! ¡Estoy rindiendo mi fantasma![26]

Entran dos zopilotes tocando una música fúnebre con sus flautas. La luz se apaga, en la penumbra cantan los zopilotes.

ZOPILOTES *Por la culpa culpita de un guapo piloto,*
el gran Scatijeras rindió su alma.
Tra la, tra la, tra la,
por su culpa culpita,
Nesfatalina
pierde su reino
sin el Santo Cuerpo Gordo.
Tra la, tra la,
Pelomiel, palomita,

---

25 ¡Carambas!: eufemismo por ¡Carajo!, que denota extrañeza, enfado o sorpresa (RAE).

26 ¡Estoy rindiendo mi fantasma!: expresión para indicar que está muriendo.

su amor culpable
por el aviador Aguilota
es la perdición de todos.
Tra la, tra la.

[*Acto II. Escena 5*]

Salen tocando las flautas. Se apaga completamente la luz. Entra Nesfatalina.

NESFATALINA ¡Noche oscura! Esclavos, ¡traigan luz!
Silencio.
¡Aló! ¡Aló![27] ¡Esclavos!

Sale [Nesfatalina] por la otra puerta. Una luz pequeña [y] verdosa ilumina el cuerpo de Scatijeras. Encima está sentado un changuito[28] negro.

CHANGO Scatijeras, soy tu alma. Vengo de [los] bosques primordiales para ocupar tu ser.

Se oye la voz de Nesfatalina.

NESFATALINA Que traigan luces. ¡Aló! ¡Aló! El palacio está oscuro.

[*Se oye la voz de Perico.*]

PERICO Ha pasado alguna desgracia, pues sale el ejército.

Entra Perico con una vela, ve el cuerpo de Scatijeras y el chango negro.

PERICO ¡Horrores!
Da un grito agudo.

Entra Nesfatalina corriendo.

NESFATALINA ¡Fatalidad! ¡Oh, desgracia, se ha muerto Scatijeras!

Para la Reina el alma de Scatijeras es invisible.

---

[27] ¡Aló!: anglicismo proveniente del vocablo *hello!*, interjección que en este caso se utiliza para apelar a sus interlocutores.

[28] Changuito: diminutivo de *chango*, sustantivo utilizado para cualquier primate, y en particular para el mono araña (EUM, 310).

PERICO [*Habla al Chango negro.*] ¿Quién es usted, ser nocturno, peludo fantasma de las sombras?

NESFATALINA ¡El cirujano! ¡Que venga el cirujano!
Se apoya encima del científico buscando en sus bolsos, de repente da un grito horrendo.
¡La Santa botella! ¡Oh, diosa Luna! ¡Se ha desaparecido la santa botella!

Perico cae desvanecido, habla en su delirio.

PERICO ¡Ya veo todo! ¡Negra traición! ¡El criminal Aguilota asesinó a Scatijeras y huyó con la santa botella!

CHANGO *Con una risa aguda.*
Ya estoy libre de este viejo cáscara[29].

NESFATALINA ¡Ah, dulce venganza!

El chango le pincha una nalga.

NESFATALINA ¡Ay! ¡Algo me pinchó!

[*Acto II. Escena 6*]

Entra el cirujano real con un baúl de medicinas.

DR. PON FRUTA Majestad, soy el doctor Pon Fruta, su real cirujano, de la ilustre facultad de medicina de la ciudad de Cacatorres.

NESFATALINA ¡Aquí, aquí! ¡El banco de Cacatorres será suyo cuando me traiga a Scatijeras a la vida!

CHANGO *Brincando y tocando cascabeles.*
¡Ya no vive! ¡Olé! ¡Olé!
¡Ya no vive! ¡Olé! ¡Olé!

---

[29] Viejo cáscara: posible equivalente al adjetivo «canijo», utilizado popularmente en México para señalar que alguien es mal intencionado, mala persona o astuto (EUM, 210).

Se acerca el doctor Pon Fruta al cadáver de Scatijeras y murmurando profesionalmente le aplica hartos instrumentos medicinales, al cabo se levanta y habla en voz grave.

DR. PON FRUTA Majestad, el alma de este noble sabio ya se juntó a la Diosa.

NESFATALINA ¡Oh, tragedia! ¡Oh, profundo dolor, mi botella! ¡Oh, mi santa botella!

Perico suspira.

DR. PON FRUTA Majestad, ¿ofrezco mis servicios a su real Perico?

NESFATALINA ¡Sí, de veras!

DR. PON FRUTA Con mi arte vamos a saber todo de esta tragedia. ¡Hip! ¡Hip! ¡Mesmerisa![30] ¡Hable Perico!

Le hace pasos hipnóticos. Se siente el Perico en un trance.

PERICO ¡Lejano, lejano! ¡Un juego de dominó!

DR. PON FRUTA ¡Hipna, hipnosis! *Ora pro* dosis. ¡Habla, Perico!

CHANGO *Dando una cosquilla al médico.*
¡Vaya, vaya, Periquito! ¡Después te cuento todo!

PERICO El aviador Aguilota asesinó a Scatijeras y huyó con la Princesa y la sagrada botella de grasa.

NESFATALINA ¡Ay! ¡Ay! ¡Ay! ¡Me abre el corazón!
El murmullo de la multitud de Cacatorres se acerca.
¡Soy desgraciada!

DR. PON FRUTA ¡Despierta, Perico!

PERICO *Despertando.*
¿Dónde estoy? ¡Oh, triste mañana!

[30] Mesmerisa: se puede leer como la castellanización del verbo *to mesmerize*, que significa «hipnotizar». En este caso se puede leer como «hipnotízate».

NESFATALINA *Con un gesto imperial saca una trompeta de su pecho y toca tres notas.* ¡Zopilotes! ¡Ejército de ganado nocturno! ¡Sapos! ¡Zorros! ¡Murciélagos! Que vayan todos mis sujetos [a] aprehender a los criminales. ¡Antes [de] que lleguen los concurrentes del Cuerpo Grasoso!

Curtain

[*Acto III. Escena 1*]

La escena representa una pradera llena de margaritas y rodeada de árboles frutales cargados de grandes coliflores. Al fondo hay una baranda o parapeto que domina un lugar algo más bajo donde se situarán los concursantes invisibles y desde donde se arrojarán las almas. Por detrás de un árbol aparece Scatijeras sigilosamente mirando a todos lados para ver si no hay nadie; llega completamente disfrazado, la barba ya no es roja, es negra y partida en dos con las puntas hacia arriba la cara bastante amarilla y una gran trenza que cae por detrás hasta las rodillas, sobre la trenza descansa un lagarto que reposa su cabeza sobre la de Scatijeras.

SCATIJERAS ¡Qué cansado estoy! Nunca creí poder llegar hasta aquí donde me espera el dulce placer de la venganza; ante todo debo reponer mis fuerzas.
Se dirige a un árbol y arrancando un trozo de coliflor se la come. Para hacer esta escena más práctica se puede poner una de las coliflores cocida.
Todos me creen muerto. Verdad es que sin la ayuda del venerable ermitaño que robó mi cuerpo del sepulcro para hacer sobre él ciertos experimentos coronados por el éxito, ahora continuaría muerto. Con este disfraz nadie me conocerá.

Entra Perico.

PERICO ([*Ap*] ¡Hombre, un desconocido! Debe ser alguno de los concursantes que viene a ver el lugar del certamen). *Saluda cortésmente.* Buenos días, hermano, ¿qué lo trae por aquí?

SCATIJERAS Vengo a tomar parte en el concurso.
Se oyen sordos gruñidos, gritos y muchas palabras groseras, además de ruido de cadenas arrastradas.
¿Qué es eso?

PERICO Es un miserable traidor, un piloto aprovechado que purga sus penas en un calabozo ahí al lado. Fue capturado por los reales zopilotes cuando huía.

SCATIJERAS (*Ap* ¡Ah, dulce venganza!). ¿Mande[31]?

PERICO No, nada, digo que esas frutas son muy sabrosas, pero acompáñeme y muéstreme los jardines imperiales y también dónde pueda tomarme un trago de hipocrás[32], pues estoy desfallecido.

[*Acto III. Escena 2*]

Salen.

NESFATALINA *Entra muy contenta tarareando una canción.*
Esta noche mi cuerpo veo. Me está pidiendo juerga y jaleo...
Da unos brinquitos y dice:
¡Estoy elástica y estupenda!
Saca un espejo del pecho se mira y se sonríe.
La verdad es que estoy chulísima. Hoy es el gran día, en cuanto acabe con este concurso y case a la sonsa de Pelomiel haré llevar al hermoso piloto a mis apartamentos, donde después de azotarlo cruelmente con unas plumas de avestruz lo haré mío. Estoy segura que ya está arrepentido, pero ¿dónde anda el periquito? Lo necesito.

---

[31] ¿Mande?: expresión de cortesía utilizada en México para contestar a alguien que lo llama o cuando no se ha escuchado algo (EUM, 583).

[32] Hipocrás (fr. *hypocras*): bebida hecha con vino, azúcar, canela y otros ingredientes (RAE).

Llama.

PERICO Aquí estoy, señora. Andaba platicando con un interesante desconocido. Figúrese, Majestad, que lleva en una bolsa un changuito negro prisionero y unas veces es él quien habla y otras el changuito es quien traduce sus pensamientos.

NESFATALINA ¿No me digas? Es curioso pero ahora lo principal es que vayas a ver si mis reales corseteras han terminado ya mi nuevo *corset*[33] «Seducción no. 13».

Sale corriendo Perico [y] entra Pelomiel algo mustia.

PELOMIEL *Suspira.*
¡Ay, mamá!

NESFATALINA Déjate ya de suspiros, hoy serás la esposa de algún aguerrizado[34] caballero. Prepárate, hazte bella.
(Ap Realmente parece un espárrago.)

PELOMIEL Tú sabes que sólo hay uno a quien amo…

NESFATALINA *Le da una bofetada.*
¡Retírate!

Aparece el Perico con un corsé en el pico. El corsé es una magnifica pieza fabricada con dos alas de murciélago grande; tiene pechos postizos muy gruesos y bellos. Apretando uno suena una trompeta muy dulce y suave, y apretando el otro sale una vaporización de agua de colonia.

PERICO Aquí está, Majestad.

NESFATALINA ¡Ah, es soberbio! Ayúdame a probármelo.

PELOMIEL *Acercándose.*
Ay, mamá, ¿qué es eso?

NESFATALINA *Le da otra bofetada.*
Vete ya, esto no es para niñas.

---

[33] *Corset* (fr.): corsé, prenda interior armada con ballenas (varillas) usada por las mujeres para ceñirse el cuerpo desde debajo del pecho hasta las caderas (RAE).

[34] Aguerrizado: neologismo, se refiere a aguerrido, valiente, agresivo (RAE).

Sale Pelomiel gimoteando.

NESFATALINA Ven, Perico, a mis apartamentos. Voy a probarme el *corset.*

Salen.

[*Acto III. Escena 3*]

Entran dos zopilotes con el trono y comienzan a arreglar el lugar del concurso. Disponen una mesa de forma sagrada con un solo pie en forma de pata de caballo; entra el [*tecolote*][a] *y deposita sobre la mesa un rollo de pergamino donde están los nombres y la lista de los concursantes. Dejan todo preparado y se retiran. Entra Pelomiel rociando distraídamente las flores con una bomba de DDT*[35]*. Canta.*

PELOMIEL *Aguilota, mi piloto,*
olé, olé
qué triste soy.
¡Oh, Aguilota, hoy
a un desconocido me doy!
¡Olé!

Entra Scatijeras. La Princesa no le hace caso, sigue rociando las margaritas.

SCATIJERAS *Con una risa siniestra.*
¡Ja, ja, ja! La multitud está titeando[36] sus almas por tu blanca mano, Alteza.

PELOMIEL ¡*Hélas, hélas*![37] ¿Quién es usted señor?

SCATIJERAS El caballero de tus sueños, Princesa.

---

a. *En el Ms se lee* elote, *enmienda en función de la lógica del contexto; el* tecolote *forma parte de los servidores del palacio.*

[35] DDT: sustancia tóxica usada como insecticida. Sigla de dicloro-difenil-tricloroetano, marca reg. (RAE).

[36] Titeando: quizá se refiere a tanteando; medir o parangonar algo con otra cosa para ver si viene bien o ajustada (RAE). En este caso, parangonar las almas para seleccionar la más hermosa.

[37] *Hélas* (fr.): interjección de queja. En este caso puede leerse *¡Hey, hey!* (FELAR, 378).

PELOMIEL	No hay más que uno y él… ¡Oh, abismo, está perdido! *Sale llorando y con amargas lamentaciones.*
SCATIJERAS	*Sacando el changuito negro de su bolsa. Está ya disminuído al tamaño de una zanahoria.* ¡Qué feo eres! Pero no le hace, ¡ja, ja, ja! ¡Vamos a hacer un pequeño cambio! ¡Ja, ja, ja! El alma del gran Scatijeras será digna del cuerpo. ¡Maldito changuito! ¡Je, je, je! *Se arrima por la terraza, oyen [el] ruido de [la] multitud. Mariachis [y] vendedores de tacos [de] carnitas*[38] *están llenando los reales jardines.* ¡Qué gentío! Déjame escoger al que tenga el alma más hermosa. A ver, a ver… *Con una larga vista examina la multitud.* No veo nada que me parezca…

[*Acto III. Escena 4*]

Gritos horrendos se oyen de la prisión real. Aparece el pálido rostro del piloto en una ventana.

VON AGUILOTA	¡Merced, extranjero, merced!
SCATIJERAS	(*Ap* ¡Je, je, je!)
VON AGUILOTA	¡Sálvame, oh, sálvame! Socorro, dulce extranjero…
SCATIJERAS	¿Qué tiene usted? (*Ap* ¡Oh, inspiración!)
VON AGUILOTA	¡Oh, desesperación! Vendrá la Reina con corseteras nuevas, si no escapo estoy perdido. ¡Oh, oh, oh!
SCATIJERAS	Escúcheme, cuando usted quiera escapar yo le ayudo…
VON AGUILOTA	¡Oh, noble desconocido!

[38] Tacos de carnitas: comida típica mexicana, compuesta de carne de cerdo frita en su propia grasa servido en una tortilla de maíz (EUM, 220).

SCATIJERAS Pero... tiene usted que salir por la ventana al revés.

VON AGUILOTA ¡Todo, se lo prometo todo!

SCATIJERAS Está muy bien. Pero primero regáleme sus colibrados[39] bigotes...

VON AGUILOTA *Temblando.*
No sabe usted qué me está pidiendo...

SCATIJERAS *Silbando un poco.*
Las nuevas corseteras... Tra la, tra la.

VON AGUILOTA *Arrancando con desesperación sus bigotes.*
Tómelos. ¡Oh, tome mi último tesoro, son suyos!

SCATIJERAS *Arranca su barba negra de puntitas y la da al piloto tomando los bigotes colibriados*[40] *y se los pone...*
(*Ap* ¡Alegre venganza!)
Habla al piloto.
Póngase mi barba, le servirá de disfraz. Así podría usted pasar la guardia real y ganar su libertad.

VON AGUILOTA *Llorando.*
Con esta fúnebre vegetación barbuda nadie me conocerá jamás... ¡Ni mi dulcísima Pelomiel! ¡Ay! ¡Ay! Mis finos y hermosísimos bigotes...

SCATIJERAS ¡Basta! Falta poco para que comience el concurso. Espera, voy por las escaleras...
Sale y regresa en seguida con unas escaleras. Saca una gran llave de su bolsa.
¿Listo, Aguilota?
Sube las escaleras y abre la ventana.

VON AGUILOTA Diríjame... Salgo con el pie derecho...

---

[39] Colibrados: en este caso se utiliza para decir que los bigotes llevaban colibríes en las puntas.

[40] Colibriados: colibrados.

SCATIJERAS *Sacando el Cuerpo Grasoso de su bolsa.*
(*Ap* ¡Ah! Ahora, piloto seductor, primero sus bigotes... ¡Ahora su alma! ¡Pelomiel será mía!)

VON AGUILOTA *Emerge poco a poco de la ventana.*
No encuentro las escaleras.

SCATIJERA *Le frota rápidamente las nalgas y saca triunfalmente una hermosa mariposa.*
¡Bellísima mariposa! ¡Mi alma! En todo Cacatorres no se encuentra alma más hermosa.

VON AGUILOTA ¡No veo nada! ¿Qué está haciendo usted?

SCATIJERAS *Sustituyendo al chango negro en el lugar de la mariposa.*
Nada, nada. Baje usted con toda tranquilidad.

VON AGUILOTA Vengo, vengo.

SCATIJERAS *Oculta la mariposa en su pecho.*
Ahora con cuidado.

VON AGUILOTA *Emerge enteramente y alcanza el florecido pasto del jardín; con un gesto dramático escoge una margarita y la besa.*
Adiós por siempre dulce margarita en donde pisaban los pies de mi adorada Pelomiel...

Sale tapando la cara en su dolor.

[*Acto III. Escena 5*]

Scatijeras, riéndose diabólicamente, se esconde en el árbol coliflorero. Entra Nesfatalina, el Perico, Pelomiel (chupando una enorme paleta), los dos zopilotes, el cirujano real, un gato y ocho gallinas.

NESFATALINA *Con voz de trompeta imperial.*
Sujetos, aquí viene Nesfatalina con toda su corte a juzgar [a] sus miserables almas con el fin de entregar, con la mayor rapidez, [a] mi hermosísima hija...
Con una mirada venenosa a Pelomiel.
Al que tenga el alma más bella, o algo así.

Murmuración de apreciación de la multitud.

PELOMIEL *Sacando la paleta de su boca hace un ruido muy feo.*
¡Phhhhhhhut!

NESFATALINA *Ignorando la interrupción.*
Aproxímense y entreguen lo que puedan... ¡Señores, señoritas! ¡Señoras! ¡Hermafroditas! ¡Sus almas!

PERICO *Muy nervioso en voz baja.*
Pero... Majestad, ¿quién tiene el Santo Cuerpo Grasoso?

NESFATALINA *Desconcertada.*
¡Ay, carambas! Lo tenía yo hace un rato...

Se arma una confusión. Todos se acusan mutuamente y buscan en todas partes.

SCATIJERAS *Invisible en el árbol.*
¡Cheep! ¡Cheep!

PELOMIEL ¡Mira, mamá! ¡Un pajarito!

SCATIJERAS ¡Toma!

Tira la botella en el pasto. Todos se precipitan para ganarla. La agarra un zopilote. Nesfatalina se sienta otra vez en su trono.

PERICO *Asomado por el balcón.*
Majestad, se acerca el presidente Alí Patas como el primer pretendiente de la mano de la Princesa.

NESFATALINA Dígale que ofrezca la parte que corresponda al bautizo del Santo Cuerpo Grasoso.

El Perico habla con alguien que parece protestar.

PERICO Le aseguro que es así, señor presidente...

Aparecen las nalgas presidenciales y el zopilote las frota. Sale un peso[41].

NESFATALINA ¡Próximo!

[41] Peso: unidad monetaria utilizada en México y en otros países latinoamericanos (RAE).

Música de mariachis y pasan bajo la terraza centenares de nalgas. Objetos más o menos usados [se] amontonaron en el pasto: botellas vacías, dinero, algunos pollos asados, cuchillos, moscas, pelotas, ropa interior, lechugas, dientes, pedazos de periódico, instrumentos astrológicos, frijoles, cabezas destrozadas, pies, manos, globos, tacos, ruedas y una piñata[42].

PERICO ¡Pasen, pasen, señores! ¡No tengan miedo! ¡Entreguen sus almas sin cuidado! ¡Ah!, ¿cómo está usted mi General? *Recibiendo un jitomate algo pasadito*[43]. Sí, mi General, como no...

Los zopilotes y el cirujano buscan desesperadamente en el montón de almas.

PELOMIEL ¡Canta, mi corazón! No hay ni un alma que no parezca basura... ¡Que venga entonces mi divino Aguilota!

Scatijeras emerge del árbol... una estupefacción general. Pelomiel pega un grito. La Reina se levanta.

NESFATALINA ¡Tú, Aguilota!

PELOMIEL ¡Cielos, lunas y soles! ¡Mi pilota Aguilote[44]!
Se cae en los brazos de Scatijeras.
¡Mi dulce, oh mi amado bigote, bigote...!

NESFATALINA *Temblando de furor*
¡Ah, no! ¡Así no! ¡Que le pinchen las nalgas como [a] los demás! Luego veremos...
(*Ap* Diablos atigrados... ¡Será todavía mío!)

Afuera la multitud se excita gritando.

MULTITUD ¡Estafadores! ¡Gente mugrosa! ¡Regrésenos nuestras almas!

PERICO ¡Oh, sálvanos diosa Luna! ¡Una revolución!

---

[42] Piñata: figura hueca hecha con una olla de barro, o de cartón, forrada con papel de colores, que se llena de fruta, dulces, juguetes, etc., y se cuelga de un lazo para que un grupo de personas pasen una tras otra con los ojos vendados a tratar de romperla con un palo. En México tradicionalmente se rompe en la época de las posadas, aunque también es común en las fiestas infantiles (EUM, 701).

[43] Pasadito: adj. diminutivo que indica que una fruta o verdura está echada a perder o que ha perdido su consistencia (EUM, 678).

[44] Pilota Aguilote: quizá sea un juego de palabras que las autoras utilizan para hacer patente la estupefacción de Pelomiel por la repentina aparición del Piloto Aguilota.

NESFATALINA ¡Agáchate, Aguilota, y enseña tu alma!

Scatijeras presenta orgullosamente su culo al zopilote que le saca la mariposa.

DR. PON FRUTA Es el más bello de todos…

NESFATALINA *Lanza el gato negro a la cabeza de su hija.*
Tómalo entonces y que se mueran todos sus conejos y dos veces el domingo.

PELOMIEL *Se lanza en los brazos de Scatijeras.*
¡Whooopeee!

Perico empieza a lanzar las almas a la furibunda multitud que las regresan fuertemente. La escena se termina en confusión general, gritos de rabia y una salvaje batalla de almas.

Curtain

Otra versión del tercer acto[a]

[*Acto IIIB. Escena 1*]

Han pasado 25 años. Es todavía de noche pero ya se oye cantar un gallo. Un vampiro atraviesa la escena precipitadamente, comienza a nevar en la explanada rocosa de Oripipí (la nieve es una lluvia de plumas). Amanece, salen vapores del suelo todos los personajes están muy viejitos y encorvados casi en ángulo recto, a todos les han crecido diversas cosas en la espalda.

NESFATALINA *Viejecita muy doblada, apoyada en un bastón en la espalda le crece un conejo. Habla con una voz cascada.*
¡25 años hace que comenzó ese concurso y aún no se acaba! Pero según indica mi astrólogo, parece que hoy será el gran día. *Camina dando brinquitos agitados.*
Parece mentira que en estos años no haya yo perdido nada de mis atractivos...
Saca un espejo y se mira.
Soy como siempre, hermosísima, ¡Lástima ese conejito que me desfigura algo!

Entra Pelomiel jugando al aro o al diábolo.

PELOMIEL *Jamona de carnes abundantes e inocentes, algo encorvada, lleva un bastón con flores y le crece un guajolote*[45] *en la espalda.* Mamacita[46], ¿serán hoy mis esponsales? *Juega alrededor de la Reina.*

NESFATALINA *Le da un bastonazo.*
Deja esos juegos. Dale una zanahoria al conejo, estoy sintiendo hambre.

---

a. *Segunda versión, al parecer inconcluso, que Remedios Varo escribió en el reverso de las páginas del tercer acto del Ms.*

[45] Guajolote (del náhuatl huexolotl): ave doméstica de la familia de las gallináceas, es originaria de México y muy apreciada por su carne; también es conocida como pavo (RAE; EUM, 470)

[46] Mamacita: coloquialmente se utiliza en México como forma cariñosa para nombrar a la mamá.

PELOMIEL Corro a buscarla.

Sale

[*Acto IIIB. Escena 2*]

Entra Scatijeras que vive disfrazado desde hace 25 años. Lleva hermosa barba blanca, está bastante doblado, usa dos bastones, lleva dos trenzas negras con canas y en la espalda la crece un arbolito regular con alguna fruta.

SCATIJERAS *Sin ver a la Reina.*
([*Ap*] Mejor hubiera sido quedar muerto que esperar tantos años mi venganza. Las raíces de hongo que se introdujeron en mi boca cuando estaba enterrado y me volvieron a la vida no me han servido de gran cosa).
Viendo a la Reina.
¡Oh, Majestad!

NESFATALINA Extranjero, ¿vos sois de los últimos que toman parte en el concurso? ¿Cómo os llamáis?

SCATIJERAS Me llamo Tijeretas y espero complaceros.

NESFATALINA *Ríe vertiginosamente.*
Segura estoy que producirás un alma chulísima. Espero también que sea sea pequeña, pues ya no hay lugar donde almacenar tantas como tenemos.

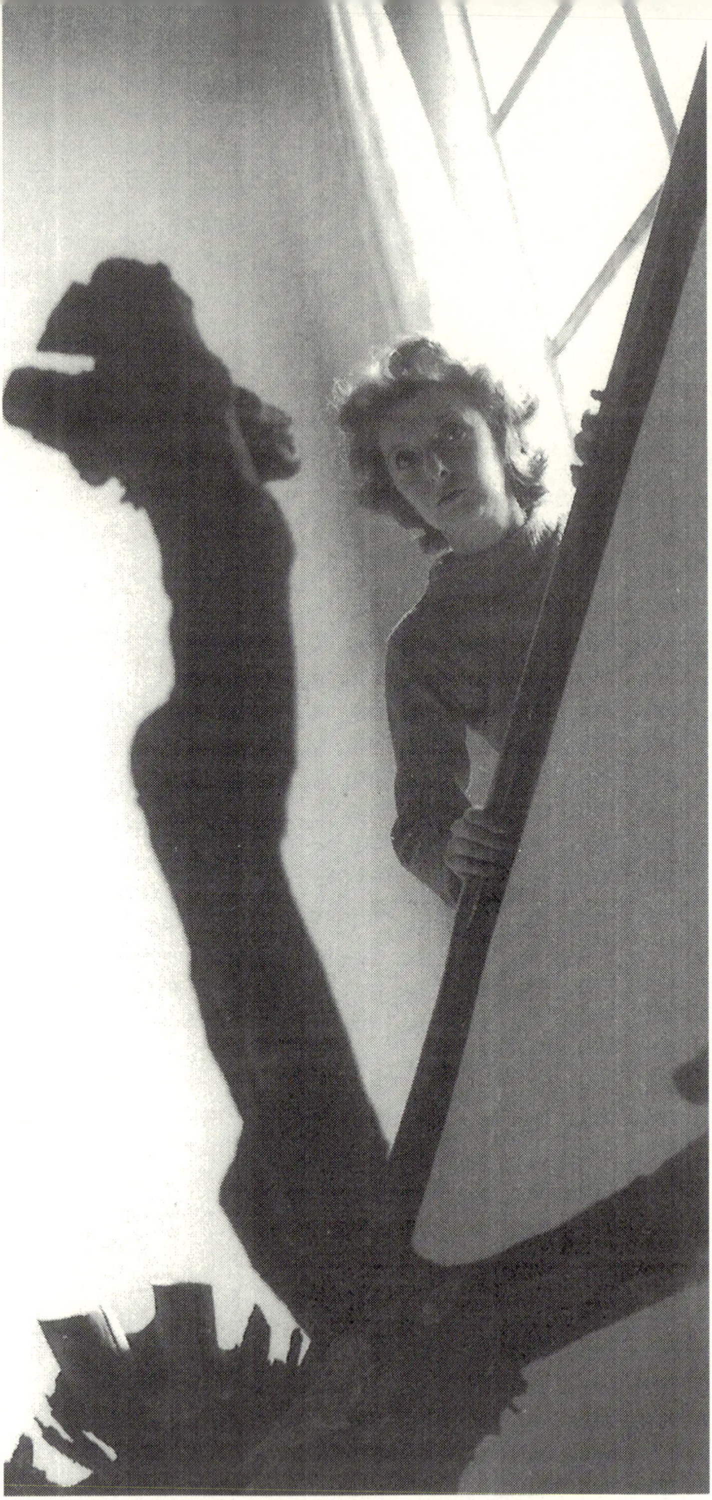

Remedios Varo, 1958 (Gruen/Ovalle 1998: 19)

PARTE III

EDICIÓN GENÉTICA DE LOS ESCRITOS DE REMEDIOS VARO

Criterios de edición genética de los escritos de Remedios Varo

1. Texto base

Se pretende, en la medida de lo posible, presentar la versión más cercana de los manuscritos conservados en el Archivo Gruen. Por ello, se introducirán solamente las correcciones imprescindibles apegándonos a los criterios siguientes:

2. Ortografía y puntuación

Se conservan, dentro de lo posible, las particularidades gráficas del texto base:

- uso de mayúsculas del autor en aquellas palabras que denotan énfasis en alguna palabra, puesto que pueden haber sido utilizadas con intención expresiva;
- puntuación espontánea de la autora –o de las autoras en el caso de la obra teatral–; y en especial, los signos de interrogación y de admiración que la(s) autora(s) suelen poner únicamente al final de la expresión y no al inicio y final, que es su uso académico tradicional, o bien, cuando incluyen dos o más signos generalmente de admiración.

Se introduce letra mayúscula al inicio de las intervenciones de los personajes y en las acotaciones.

En los fragmentos de la obra teatral escritos por Leonora Carrington, hemos sustituido el signo semejante al guión (-), que en algunas ocasiones utiliza para señalar una pausa en el texto, por una coma, cuando la palabra siguiente aparecía en minúscula; y por un punto, cuando la palabra siguiente iniciaba con mayúscula. Hemos considerado como puntos suspensivos el signo (---) con el propósito de mantener la capacidad expresiva de los signos.

3. Palabras en otros idiomas

Las palabras en otros idiomas se conservan tal y como aparecen en el texto base, sólo que se presentan utilizando cursivas.

4. Errores «culturales»

Se mantienen las palabras que muestran claramente errores idiomáticos, de género, número o fonética.

5. Supresiones/tachaduras

Se reproduce la tachadura para los casos de reemplazo, de supresión de letra, de palabra o de segmento. Ej.: *negras ~~y~~ otras ganados.* Si la secuencia tachada no es legible, se sustituirá por [__________], intentando respetar los espacios equivalentes del segmento suprimido.

6. Adiciones

Son aquellos elementos agregados al texto resultado de una modificación de relectura que denotan voluntad de autor. Utilizaremos la escritura interlineal en cuerpo menor para aquellas modificaciones resultantes, quizá, de la relectura.

7. Subrayados

Se respetan los subrayados que aparecen en el manuscrito (texto base), excepto en el caso de los personajes de la obra teatral, que se destacan con mayúsculas.

8. Notas filológicas

Contienen comentarios puntuales acerca del contexto de la variación o una interpretación de su lógica. Se señalarán en nota a pie de página, utilizando para las llamadas letras minúsculas que se reiniciarán en cada página.

9. Criterios específicos

9.1. El caballero Casildo Martín de Vilboa

En el Archivo Gruen se conservan el manuscrito de trabajo o pre-texto y el manuscrito definitivo o texto, es decir, existe un borrador y después un texto en limpio. Dado que la extensión del escrito lo permite, se dispondrán el texto en dos columnas:

- 1ª columna: proceso de escritura documentado en borrador (se definirán las convenciones particulares para cada caso).
- 2ª columna: texto en limpio (se definirán las convenciones particulares para cada caso).

Convenciones generales para la 1ª columna:

En la *secuencia* lineal en cuerpo mayor puede leerse la primera escritura documentada. Se incluyen:

a) los tachados para los casos de reemplazo o supresiones de segmentos. Ejemplo:

   audaz varón de ciencia y ~~versadísimo en el arte de clasificar los búhos parlantes ya que tantas veces fueron estos confundidos con unas raras aves verdosas que~~ tiempo ha, sospechaba la existencia de Islandia…

b) [__________] para indicar que no puede leerse la secuencia tachada; intentado respetar los espacios equivalentes del segmento suprimido. Ejemplo:

   la intrépida doncella [_____] Dulcifrís.

c) escritura interlineal en cuerpo menor: modificaciones resultantes de la relectura. Ejemplos:

   Hallábase ^entonces^ *el reino de Vilboa*
   Fue pintado este retrato por la beata Rodriga de Varo y Antequera ^que con venia de su obispo y abadesa,^ *dedicábase a este Arte, en el claustro del Convento donde…*

d) la negrita sobre la línea a continuación del tachado: sustitución al correr de la pluma. Ejemplo:

~~Habiendo capturado~~ **capturó**

e) líneas y flechas para agregados, así como para separaciones de párrafos y reordenamientos.

Convenciones generales para la 2ª columna:

a) Se utilizarán las negritas para resaltar los segmentos divergentes no documentados en los manuscritos de trabajo (adiciones, supresiones, sustituciones –desde un signo de puntuación hasta párrafos–, cambios de orden). Ejemplo:

Fue armado caballero
en el año de gracia de 1462
por su Majestad Amarraco XI

Fue armado caballero
en el año de gracia de 1462
por su Majestad Amarraco ***IX***

9.2. [El Santo Cuerpo Grasoso]

- Título del escrito

Dado que la obra de teatro no cuenta con título, se ha decidido titularla *El Santo Cuerpo Grasoso.* Este título aparecerá en letras mayúsculas y entre corchetes.

- División de la obra en actos y escenas

Con el fin de facilitar la ubicación de las anotaciones y comentarios de la obra teatral, se ha dividido en escenas. Se indicará el acto y la escena correspondiente entre corchetes y con letra cursiva.

- Acotaciones

Aparecerán todas en cursiva. Las acotaciones generales irán centradas y sin punto final, separándolas del texto con una línea en blanco antes y después. En cuanto a las acotaciones específicas para cada personaje, éstas irán entre paréntesis inmediatamente después de su entrada y con mayúscula inicial.

• Nombres de los personajes
Los nombres de los personajes que intervienen en el texto aparecen en el margen izquierdo y en mayúsculas. Se respetan los cambios en los nombres de los personajes del texto base.

• Apartes
Los «apartes» contenidos en el texto base se presentan en cursiva y entre paréntesis, iniciando con mayúscula; seguidos por la intervención del personaje también iniciando con mayúscula.

• Canciones intercaladas
Las canciones intercaladas van en cursiva.

• Otras notas específicas
En la pieza teatral, a partir del testimonio de Walter Gruen escrito en una nota adherida al manuscrito, que a la letra dice: «Este cuaderno que compré de Kati Horna, contiene una pieza de teatro escrita alternativamente entre Remedios Varo y Leonora (con su puño y letra respectivamente)», se indica entre corchetes [ ] y con letra cursiva a quién de ellas corresponde la escritura. Los criterios utilizados para identificar los diferentes segmentos son: el tipo de letra, ya que en el manuscrito el cambio de una letra a otra es evidente, y el dominio del idioma ya que en los fragmentos escritos por Leonora Carrington se presentan errores idiomáticos y anglicismos.

[El Santo Cuerpo Grasoso]

COPIA DEL CUADERNO PROPIEDAD DE WALTER GRUEN
DE UNA OBRA TEATRAL DE REMEDIOS VARO Y LEONORA CARRINGTON

Cuaderno de apuntes # 7 de Remedios Varo. Propiedad de Walter Gruen. Este cuaderno que compré de Kati Horna, contiene una pieza de teatro escrita alternativamente entre Remedios Varo y Leonora (con su puño y letra respectivamente).[a]

Cualquier parecido del publico con algun personaje, es pura coincidencia. Esta obra está hecha solamente para diversion de los actores. El Publico es puro accidente.[b]

[*Texto escrito por Leonora Carrington*]

La Reina Nesfatalina[c], Dama Blanca del Pico de Oripipi Chiki
Pelomiel, dulce paloma-palida y bellisima hija de Nesfatalina José
Don Jon Von Aguilota, intrepido piloto del Estratosfero y altas aires Jean Nicole
Scatijeras Hombre de ciencia *attaché* cultural del Corte de Nesfatalina Remedios
Perrico Verde Leonora (alma de un difunto diplomatico)
Chango Negro alma de Scatijeras.
Doctor Pon Fruta el cirujano Real.

---

a. *En el Ms, esta nota mecanografiada aparece adherida con cinta.* b. *Esta nota pudo haber sido escrita por Kati Horna.* c. *Esta relación de personajes (dramatis personae), puede leerse de la manera siguiente, por ejemplo, «La Reina Nesfatalina» corresponde al nombre del personaje; «Dama Blanca del pico de Oripipi» es una breve descripción del personaje; el nombre que aparece subrayado corresponde a la persona que representaría al personaje en la posible puesta en escena. Excepto en el caso del Perrico Verde, en que aparece el nombre de Leonora, quien lo representaría, seguido de una breve descripción del personaje.*

[Acto I. Escena 1][a]

Act I. *Scene* 1.

En el Crater del lejano y alto pico Oripipi. Hogar de la Reina Nesfatalina. Artitos murcielagos, tecolotes y mariposas negras ~~y~~ otras ganados nocturnos ambulando por los lujosos departamentos de la Reina. DEl suelao de lava arrugada sube plumas de humo. Se oiga gruñandos profundos de la misma barriga de la Tierra.

Entra Scatijeras con aspecto de conspirador, juega nerviosamente con su larga barba roja –salen de aquel cascada de pelos colorados algunas moscas grandes– impieza a mirar atentamente un frasquito que [_] tiene en mano

SCATIJERAS Elexir divino! Aceite celestial! fruta majica de mi inmensa saber! oh humanidad bestial tiembla delante este santo cuerpo grasoso!

Entra el Perrico Verde humildemente

PERRICO O! Scatijeras! Emperador de la divina Inteligencia! Tira este aceite demoniacal!

SCATIJERAS Callado asqueroso pajaro! Que sabes tu de mis invenciones divinas? Cerebro de Perriquito en un cuerpo color de lechuga!

PERRICO Gran Scatijeras, ya se los poderes de esta pequeña botella. Basta frotar las nalgas con el aceite que la alma del humano sale visiblemente del cuerpo y los dos siguen viviendo cada uno de su lado.

SCATIJERAS Callate Perrico! Oiga la llegada de la Reina!

---

a. *Se ha decidido dividir la obra en escenas a partir de los cambios de espacio y las entradas y salidas de los personajes.*

[*Acto I. Escena 2*]

Trompetas musica. Entra Nesfatalina. Impresionante Mujer. Altisima de largo pelo negro, de cara mas palida que la leche, le accopagna su Bellissima hija, Pelomiel, una Paloma blanca, abundantemente pelluda de trensas rubias. La Reina se sienta en su Trono

NESFATALINA Ho! Ho! Scatijeras! Me dijeron que acabastes ya el Santo Cuerpo Grassoso. Enseñame.

Scatijeras le intrega la botella, la Reina le destapa y lo huele

SCATIJERAS Esta ya probado, Majestad, estamos en el Triunfo Total.

PELOMIEL *(Con una risa lijera y blanca de Virgen loca*[a]*)* A que sirva esta grasa de olor de salchicha? No veo mas que liquido. Ni siquiera tiene color!

NESFATALINA Silencio hija! Pelomiel pelluda Paloma, eres mas idiota que un rabano.

PELOMIEL Si mama.

NESFATALINA Ahora bien, Pretiendes tu, Scatijeras, que este elexir produce el separicion del alma del cuerpo dejando los dos elementos vivos, visibles y en buena salud. La operación, (a bien) una delicada masaje de los regiones posteriores del cuerpo fisico. Correcto?

SCATIJERAS Si Majestad. Acabamos de hacer la prueba.

PERRICO Oh! Miseria!

SCATIJERAS Escuchame. El lunes passado, día de su Imperial Planeta, capturamos el Santo *Monssigneur*, Arzobispo de la Ciudad Cacatorres. Pensamos gozar ala vista de su Santissima alma despues de un aplicacion discreta de nuestro cuerpo grasso-sao a los *ora pro* nalgas puríssimas del *Monsigneur* Cacatorres.

a. *En Ms, la palabra* loca *se lee como un añadido, que se atribuye a Kati Horna.*

NESFATALINA O! *Altissima* idea! y como salio la alma del Santo hombre?

SCATIJERAS Pues ahora para que vea usted. Salio nada mas que una chuleta asada.

PERRICO *Confiteos Dei! Ora pro nalgas miserium, amen.*

PELOMIEL ~~Que~~ Como salio chuletas asadas del Arzobispo? de donde salio?

SCATIJERAS En todo modestia no puedo decir esos detalles a ~~la~~Su Imperial Altessa, la Princesa Pelomiel.

NESFATALINA Vete jugar con los hongos salvajes, Pelomiel.

PELOMIEL Ay! mama! Por favorcito!

NESFATALINA ¡Y que hablaba Tanto de sus almas! Entonces mi Buen Scatijeras hacemos un Concurso imperial. Mande ~~los~~ esclavos a la Gran Ciudad Cacatorres, que anuncian en todas partes que las mujeres y los hombres que tienen almas toman parte en El Real Concurso y el o ella que tiene la alma mas linda ganara el mano de mi chulissima hija Pelomiel!

TODOS O sanctissimo Cuerpo Grassoso.

Un ruido terrible. Una voz gritando «Socorro! Socorro!»

PELOMIEL Me Revienta el Corazon!

Sale el Perriquito corriendo

NESFATALINA Algo pessado se calló en nuestro Sagrado Oripipi.

SCATIJERAS Sera otra Cometa.

PELOMIEL O una estrella.

NESFATALINA O alguna cosa.

Entra el Perrico

PERRICO Se estrello un avion en la montaña. Por aquí viene el Piloto.

[*Texto escrito por Remedios Varo*]

[*Acto I. Escena 3*]

Se oye una dulcisima musica de harpa y por una ancha grieta de la roca entran cuatro zopilotes llevando una tabla de madera sobre la que viene acostado y algo desmayado un piloto largo vestido con una tunica de plumas una gran brújula en medio del pecho y un casco con aspas de molino, el bigote es grande y en cada punta está posado un colibrí

ZOPILOTE ¡Señora! aquí está el piloto, solo tiene un golpe fuerte, no ha sufrido gran daño.

Todos se acercan precipitadamente a mirar al piloto y exclaman casi al mismo tiempo

NESFATALINA ¡Un espía!

PELOMIEL *(Ruborizandose intensamente)* ¡es el! el que aparece en mis sueños

SCATIJERAS ¡Cielos! *(en voz mas baja y lleno de inquietud)* es Don Jon von Aguilota! Hay que alejar a la reina, debo verlo a solas.

PERIQUITO Preveo grandes y sombríos acontecimientos.

SCATIJERAS Majestad, dejadme que prodigue mis cuidados al piloto, pronto ~~vo~~ lo haré volver en si pero necesito que todos se alejen.

[*Acto I. Escena 4*]

Todos salen menos el periquito que se oculta dentro de la cascara vacia del huevo del gran ave roc que nació el año pasado y que sirve a Scatijeras para anotar números de telefono

VON AGUILOTA *(Suspira varias veces, canta en voz baja una cancion bretona)*

Mon mari vient de partir
A la peche en Islande
Il m'a laissé sans le sou
mais avec mon petit ..... etc

(Abre los ojos poco a poco y viendo a Scatijeras que lo mira con ojos inflamados se incorpora bruscamente y exclama) ¡Tu! ¡Tu aquí!

SCATIJERAS
Calma, baja la voz, nadie debe saber que nos conocimos en la corte del rey Prisma 1º., recuerda que fui expulsado y perseguido de aquella corte por ~~una~~ un error insignificante que cometí, debía dar al rey tres gotas del elixir de «Larga vista» y le di tres gotas del elixir de «Exuberante vegetación», debido a ~~ello~~esto he sabido que hoy crece en su espalda un florido rosal y dos maices ¿que mal hay en ello?

VON AGUILOTE
Nada de eso me interesa, no te traicionaré pero debes ayudarme, hace tiempo que mis sueños se ven turbados por la aparicion constante de una bellisima doncella, rubia, fragil y maravillosamente peluda, mis colibris familiares que ves aquí en mi bigote me han enseñado el camino para venir aquí donde segun signos infalibles se encuentra ella, la deseo y quiero hacerla mía!

SCATIJERAS
¡Ventre bleu! Ay Chihuahua! precisamente ahora que la reina ha decidido darla a quien muestre tener un alma mas hermosa despues de realizar un concurso! ¿Ves este líquido oleoso y divino? *(le muestra la botella)* tiene la propiedad de separar el alma del cuerpo y hacer los dos independientes y visibles, para ello debe frotarse en la nalga.

VON AGUILOTE
No le hace! figurate que a consecuencia de las heridas que recibí en un heroico y feroz combate (un sabio doctor que me halló desvanecido en el lugar de la lucha me curó ~~las heridas~~ injertandome en las nalgas trozos de piel de diversos animales que por allí había) poseo nalgas con piel de conejo, de caballo y de lagartija a más de mi propia piel, esto me da ventaja pues puedo producir cuatro almas!

SCATIJERAS
No está mal, pero dejame reflexionar, ya hablaremos de esto, ahora hay que presentarte a la reina.

[*Acto I. Escena 5*]

Llama, aparece un elote que recibe la orden de llamar a la reina. Nesfatalina entra majestuosamente

SCATIJERAS Señora, he aquí al piloto en buen estado.

NESFATALINA En efecto, ahora deseo saber porque ha tenido la insolencia de caer en mis tierras

(hablando aparte) ¿Será un espía? pero ¡Oh que celeste belleza la suya! siento un fuego que devora mi corazon y mis entrañas.

La princesa Pelomiel contempla la escena asomandose timidamente por la puerta

VON AGUILOTE *(Poniendo una rodilla en tierra)* Majestad, una tremenda corriente de aire me planificó contra el suelo.

SCATIJERAS Tendré que castigar a mi descuidado *valet de chambre*, siempre se olvida de cerrar bien la caja donde guardo el viento.

NESFATALINA Que sea castigado
(Aparte) ¿Pero que es este calor tan intenso dentro de mi? no puedo contenerme.
Piloto te ofrezco mi hospitalidad en el pico de Oripipi *(agitadísima)* aquí somos alegres, mira! *(cada vez mas agitada y sin poderse contener comienza una danza lubrica alrededor del piloto mientras le salen algunas llamas de fuego del pecho)*

El periquito ha salido discretamente del huevo durante la escena anterior y parte de sus plumas están erizadas de espanto

PERIQUITO *(Aparte)* Lo se todo, ¿que hacer? yo amo a la princesa pero siento gran temor de la reina, mis plumas se volveran blancas!

PELOMIEL *(Se ha ido aproximando como atraida por una fuerza oculta hacia Von Aguilota)* Tu.... solo tu....

VON AGUILOTA Ella!! *(cae desvanecido en los brazos de la reina que suspende su danza y lo recibe en su seno)*

NESFATALINA ¡Fatalidad! Pelomiel retirate nauseabunda criatura, tu presencia disgusta al hermoso extranjero
(Aparte) Merde!! creo que la ama, hay que apresurar el concurso y casarla para que se aleje de Oripipi

PERIQUITO Estoy tan transtornado que creo que voy a poner un huevo.

NESFATALINA Corro a ocuparme del concurso, que salgan ya los esclavos en busca de los aspirantes, tu Scatijeras cuida del extranjero, me respondes de el con tu cabeza.

Sale precipitadamente

[*Manuscrito con letra de Leonora Carrington*]

Escena II Acto II

[*Acto II. Escena 1*]

*La escena representa una Terraza del pico de Oripipi.
Nesfatalina se pasea de un lado a otro con gran ajitacion jalando la cola de un gato negro que lleva en sus brazos.*

NESFATALINA *(Hablando sola)* Divino Viento del sur que hasta mi lo trajo; con la ayuda de Scatijeras podre hacerlo mio. Oigo pasos, sera el?

En este momento entra Pelomiel sin hacer caso de Nesfatalina y da algunas vueltas por la sala jugando con una pelota y cantando

PELOMIEL *La-la-la, la-la-la, ya lo vi.*
La-la-la, la-la-la, mio es.

Desaparece Pelomiel

NESFATALINA !Traición! *(Lanza el gato fuertemente)* Asquerosa criatura!

Aparece Scatijeras

SCATIJERAS Me hablaba majestad?

NESFATALINA Tu! Camaron Podrido! Te hago responsable del extranjero y de su alma integra y te prohibo que le des morzilla ni ningun otro alimento de ese color.

SCATIJERAS *(De rodillas ante la Reina)* Majestad; dejarme al menos que le unte las nalgas.

NESFATALINA Está bien; ¡Pero solo una

Entra Pelomiel en igual forma que antes sin hacer caso de nadie. Pasea por la pieza jugando con su pelota y cantando

PELOMIEL *Aguilota tiene un colibri*
un colibri y un bigote.
Tra, la la. Tra, la la.

Sale Pelomiel cantando, detras de ella sale Scatijeras tambien cantando

SCATIJERAS *Tra la la. Tra la la*
un nalga, nada mas!
Tra la la! Tra la la!
Una nalga nada mas!

[*Acto II. Escena 2*]

Queda Sola la Reina se asoma a la Terraza atraida por un gran ruido. Se oyen voces y música de marimba. Nesfatalina hace sonar un tambor y a su llamado aparece Perico Verde

PERICO VERDE *(Levantando las manos)* Aupa! Majestad!
La ciudad entera de Cacatorres se aproxima a Vuestro Palacio para tomar parte en el concurso. Todos aspiran a la mano de vuestra chulisima hija, La Princesa Pelomiel.

NESFATALINA *(Mirando hasta lejos con su telescopio)* Chihuahuas! Que Multitud! Hasta el Presidente Ali Patas! Como subiran el Pico?

PERICO VERDE El Injeniero Extraordinario del Presidente, Don Joaquin Chuparropa esta construyendo una escalera especial de solitarias vivas, que solas van subiendo atraidas por el sujestivo aspecto de la boca dela cueva superior de Oripipi.

REINA Ingenioso Ingeniero Chupparropas.

Se oiga el murmuro de la multitud todavia lejos

PERRICO Dicen que son las mismas solitarias Presdenciales que llegan hasta diez kilometros de cabeza a cola.

REINA Scatijeras a descubierto una linea ancestorial directa entre las solitarias Presidenciales y los originales cocodrilos Sagrados de Toth, *excelent* familias Todos.

Entra Don Jon von Aguilota con un colossal Ramo de flores

AGUILOTA Reina Blanca, Palida y divina luna de Todos Cielos, Incomparable Nesfatalina!

La Reina agarra espasmodicamente su corazon y su paraguas (El corazon es verdadero)[a]

NESFATALINA El lindo Piloto esta Temblando delante de mi persona! *(Aparte)* Ha! Pelomiel tus tiernos encantos de cachorro bavoso estrellan delante de los maduros y sabrosos caricias de su señora madre!

AGUILOTA Estas rosas de las altas montañas son menos fragrantes que sus labios Reales!

Con un ajilidad sorprendienta la Reina brinca encima de Aguilota, este se defiende confuso

AGUILOTA Momentito! Momentito! Majestad *(mirando el Perrico)* no estamos solos.

PERRICO Majestad! Que nadie la vea en esta actitud. Un escandalo en el Corte!

---

a. (el corazon es verdadero): *adición escrita quizá por Kati Horna.*

NESFATALINA *(Retirandose con dignidad)* Piloto Von Aguilota, Ser [________] Exquisito, le espera dentro de una hora en mis apartamentos privados.

[*Acto II. Escena 3*]

(Se retira con las flores)

AGUILOTA Puff!

PERRICO Que busca usted aquí Extranjero?

AGUILOTA *(Algo desconcertado)* Pues. Pues, nada, Señor, nada. Una pura casualidad. Sabe usted.

PERICO *(Aparte)* Este sospechoso bigote colibrado, donde he visto esta cara?

AGUILOTA *(Inquieto)* que dice usted?

PERICO Nada, nada, ~~estaba~~ estoy nada mas diciendo que son muy pequeños los huevos de colibrí.

AGUILOTA Francamente entcuentro incomestibles los huevos de Perrico.

PERICO *(Ofendido y sarcastico)* Los aviones ni siquiera ponen huevos.

AGUILOTA *(Aparte)* Que se retira este Pajaro absurdo, me urge ver Scatijeras *(En voz alto)* Donde esta Scatijeras? Me gustaria invitarlo a un partido de Domino?

PERRICO Buscalo pues.

AGUILOTA Traigame Scatijeras y le doy este cacauate de oro.

PERICO Esta bien. *(Se retira)*

AGUILOTA *(Paseandose nerviosamente)* Una vez que el elexir esta en mi posesion estoy el Rey del mundo!

(Entra Pelomiel con Su Pelota)

PELOMIEL Mi Aguilota! O mi Amor!

AGUILOTA Shhh! Nos mata la Reina si descubre algo.

PELOMIEL *(Jalando cariñosamente sus bigotes)* Me quieres?

AGUILOTA Ouch!

PELOMIEL Tra la! Tra le! Besame mi feroz aviador, mi tigre volador.

(Entra Scatijeras)

SCATIJERAS Que es esto?

AGUILOTA Oh mi queridisimo Scatijeras! Siento un palpitante amistad por ti!

SCATIJERAS Una Nalga nada mas.

AGUILOTA Pelomiel, Tengo que hablar de un asunto urgente con Scatijeras. Esperame bajo el manzano azul, Dulce Princesa.

[*Acto II. Escena 4*]

(Sale cantando y bailando Pelomiel)

AGUILOTA *(Mirando la distancia)* Carambas! [__] hay un multitud subiendo la montaña! Mira Scatijeras.

Scatijeras se arrima por la terraza y en el acto el Piloto le da un terrible trancaso en la cabeza con una botella de Tequila (vacia), se calle al suelo como muerto el hombre de sciencia. Precipitadamente el Piloto busca en sus bolsas. Pues con un grito de triunfo saca la sagrada botella del santo cuerpo grasoso.

PILOTO Oh Pelomiel! Dama de mis sueños! Mielosa Pelluda Paloma de mi alma!
Estamos los Reyes de la Creacion. Ahora! Escapar con el elexir y la Princesa! Triunfo! Triunfo! Triunfo!

(Sale corriendo con el elexir agarrado contra su corazon)

SCATIJERAS *(En voz ultratumbal)* Me muero! Me muero! Traicion! Estoy Rindiendo mi fantasma!

Entra 2 zopilotes tocando una musica funebre en sus flautas. La luz se apaga, en el penumbre cantan los zopilotes

ZOP. *Por la Culpa Culpita de un guapo Pilota*
El Gran Scatijeras rindió su alma
Tra la, Tra la , Tra la
Por su Culpa Culpita,
Nesfatalina,
Pierde su Reino
Sin el Santo Cuerpo Gordo
Tra la Tra la
Pelomiell, Palomita,
Su amor Culpable
Por el aviador Aguilota
Es la perdición de Todos
Tra la... Tra la.

[*Acto II. Escena 5*]

Salen tocando las flautas. Se apaga completamente la luz. Entra Nesfatalina

NESFATALINA Noche obscura! Esclavos, Traigan luz!

Silencio

Alo! alo! esclavos!

Sale ala otra puerta. Un luz pequeño verdoso illumina el cuerpo de Scatijeras, encima esta sentado un changuito negro

CHANGUITO Scatijeras, soy tu Alma vengo de bosques primordiales por occupar tu Ser.

(Se oiga la voz de Nesfatalina)

NESFATALINA Que Traigan luces alo! alo! El Palacio esta Obscuro.

VOZ DEL PERICO Se a pasado alguna desgracia, que sale el ejercito.

Entra el Perrico con una vela, vea el cuerpo de Scatijeras y el Chango Negro

PERICO Horrores! (*Da un grito agudo)*

Entra Nesfatalina corriendo

NESFATALINA Fatalidad! O desgracia! Se ha muerto Scatijeras!

Por la Reina la alma de Scatijeras es invisible

PERICO — Quien es usted Ser Nocturno, Pelluda fanasma de los sombros?

NESFATALINA — El cirujano! Que venga el cirujano! *(Se apoya encima del scientifico buscando en sus bolsos, de repente da un grito horrendo)*
La Santa botella! O! Diosa Luna! Se ha desaparecido la Santa botella!

Perrico calla desvanecido, habla en su delirio

PERICO — Ya veo todo! Negro Traicion! El Criminal Aguilota asesinó a Scatijeras y huyo con la Santa botella!

EL CHANGO — *(Con una risa aguda)* Ya estoy libre de este viejo cascara.

NESFATALINA — HA! Dulce Venganza!

El chango le pincha una nalga

NES — Ay! algo me pincho!

[*Acto II. Escena 6*]

Entra el cirujano Real con un baul de Medicinas

CIRUJANO — Majestad, soy el Doctor Pon [___] Fruta. Su real Cirujano del Illustre Facultad de Medicina de la Ciudad de Cacatorres.

NESFATALINA — Aquí! aquí! El banco de Cacatorres es suyo cuando me traiga a Scatijeras a la vida!

CHANGO — *(Brincando y tocando cascabeles)*
Ya no vive! ole! ole!
Ya no vive! ole! ole!

Se acerca el Doctor Pon Fruta al cadaver de Scatijeras y murmurando Profesionalmente le aplica artos instrumentos medicinales, al cabo se levanta y habla en voz grave

DOCTOR PON FRUTA — Majestad, la Alma de este noble Sabio ya se junto a la Diosa.

NESFATALINA — O Tragedia! O Profundo dolor, mi botella! o mi santa botella!

El perrico suspira

DOCTOR PON FRUTA — Majestad! Ofresco mis servicios a su Real Perrico.

NESFATALINA — Si daveras!

DOCTOR PON FRUTA — Con mi arte vamos a saber todo de esta Tragedia. Hip! Hip! Mesmerisa! Hable Perrico!

Le haga pasos hipnóticos. Se siente el perico en un trance

PERICO — Lejano! Lejano! Un juego de Domino!

DOCTOR PON FRUTA — Hipna Hipnosis! Ora Pro Dosis. Habla Perico!

EL CHANGO — *(Dando una cosquilla al medico)* Vaya! Vaya! Periquito! Despues te cuento todo!

PERICO — El Aviador Aguilota Asesinó a Scatijeras y su huyo con la Princesa y la Sagrada Botella de Grasa.

NESFATALINA — Ay! Ay! Ay! Me abre el corazon!

El murmuro de la multitud de Cacatorres se acerca

Estoy desgraciada!

DOCTOR PON FRUTA — Despierta Perico!

PERICO — (Despertiendo) Donde Soy? O triste mañana!

LA REINA — *(Con un gesto imperial saca una trompeta de su pecho y Toca tres notas)* Zopilotes! Ejercito de Ganado nocturno! Zapos! Zorros! Muercielagos! Que vayan todos mis sujetos aprender a los criminales. Antes que llega los concurrentes del Cuerpo Grassoso!

Curtain

[*Manuscrito con letra de Remedios Varo*]

Acto III

[*Acto III. Escena 1*]

La escena representa una pradera llena de margaritas y rodeada de arboles frutales cargados de grandes coliflores, al fondo hay una baranda o parapeto que domina un lugar algo mas bajo donde se situarán los concursantes invisibles y desde donde se arrojarán las almas.[a]

Por detrás de un arbol aparecę Scatijeras sigilosamente mirando a todos lados para ver si no hay nadie, llega completamente disfrazado, la barba ya no es ~~negra~~ roja, es negra y partida en dos con las puntas hacia arriba la cara bastante amarilla y una gran trenza que cae por detrás hasta las rodillas, sobre la trenza descansa un lagarto que reposa su cabeza sobre la de Scatijeras.[b]

SCATIJERAS ¡Qué cansado estoy! nunca creí poder llegar hasta aquí donde me espera el dulce placer de la venganza ante todo debo reponer mis fuerzas *(se dirije a un arbol y arrancando un trozo de coliflor se la come (para hacer esta escena mas practica se puede poner una de las coliflores cocida).*
Todos me creen muerto, verdad es que sin la ayuda del venerable ermitaño que robó mi cuerpo del sepulcro para hacer sobre el ciertos experimentos coronados por el éxito ahora continuaría muerto, con este disfraz nadie me conocerá.

Entra el perico

PERICO Hombre! Un desconocido, debe ser alguno de los concursantes que viene a ver el lugar del certamen *(saluda cortesmente)* Buenos días hermano, ¿que lo trae por aquí?

SCATIJERAS Vengo a tomar parte en el Concurso.
Se oyen sordos gruñidos, gritos y muchas palabras groseras a mas de ruido de cadenas arrastradas.

---

a. *A partir de aquí, Remedios Varo escribió en el reverso de las páginas del Ms la «Otra versión del tercer acto», al parecer inconclusa, que incluimos al final de lo que se considera el primer trabajo en limpio.* b. *En el Ms, este pasaje viene ilustrado con un dibujo (ver Anexo 1).*

¿Que es eso?

PERICO Es un miserable traidor, un piloto aprovechado que purga sus penas en un calabozo ahí al lado, fue capturado por los reales zopilotes cuando huía.

SCATIJERAS *(Aparte)* Ah! Dulce venganza!

PERIQUITO ¿~~decia~~ Mande?

SCATIJERAS No, nada, digo que esas frutas son muy sabrosas, pero acompañeme y muestreme los jardines imperiales y tambien donde pueda tomarme un trago de hipocrás pues estoy ~~def~~ desfallecido.

[*Acto III. Escena 2*]

Salen

NESFATALINA *(Entra Nesfatalina muy contenta tarareando una canción)* Esta noche mi cuerpo veo Me está pidiendo juerga y jaleo... *(da unos brinquitos y dice)* ¡Estoy elastica y estupenda! *(saca un espejo del pecho se mira y se sonríe,)* la verdad es que soy chulisima, hoy es el gran día, en cuanto acabe con este concurso y case a la sonsa de Pelomiel haré llevar al hermoso piloto a mis apartamentos donde despues de azotarlo cruelmente con unas plumas de avestruz lo haré mio, estoy segura que ya está arrepentido, pero ¿dónde anda el periquito? lo necesito.

Llama

PERIQUITO Aquí estoy señora, andaba platicando con un interesante desconocido, figurese Majestad que lleva en una bolsa un changuito negro prisionero y unas veces es el quien habla y otras el changuito es quien traduce sus pensamientos.

NESFATALINA ¿No me digas? es curioso pero ahora lo principal es que vayas a ver si mis reales corseteras han terminado ya mi nuevo *corset* «Seduccion no. 13».

Sale corriendo el Perico entra Pelomiel algo mustia

PELOMIEL *(Suspira)* Ay mamá!

NESFATALINA Dejate ya de suspiros, hoy seras la esposa de algún aguerrizado caballero, prepárate, hazte bella. *(Aparte)* Realmente parece un esparrago.

PELOMIEL Tu sabes que solo hay uno a quien amo....

NESFATALINA *(Le da una bofetada)* Retírate!

Aparece el Perico con un corset en el pico, el corset es una magnifica pieza fabricada con dos alas de muercielago grande tiene pechos postizos muy gruesos y bellos, apretando uno suena una trompeta muy dulce y suave y apretando el otro sale una vaporización de agua de Colonia

PERICO Aquí está majestad

NESFATALINA Ah! es soberbio, ayudame a probarmelo.

PELOMIEL *(Acercandose)* Ay mamá ¿que es eso?

NESFATALINA *(Le da otra bofetada)* Vete ya, esto no es para niñas.

Sale Pelomiel gimoteando

NESFATALINA Ven perico a mis apartamentos, voy a probarme el *corset*

Salen

[*Acto III. Escena 3*]

Entran dos zopilotes con el trono y comienzan a arreglar el lugar del concurso, disponen una mesa de forma sagrada con un solo pie en forma de pata de caballo, entra el elote y deposita sobre la mesa un rollo de pergamino donde están los nombres y la lista de los concursantes, dejan todo preparado y se retiran

[*Manuscrito con letra de Leonora Carrington*]

Entra Pelomiel arroseando distraidamente las flores con una bomba de D.D.T. Canta.

PELOMIEL *Aguilota mi Piloto*
ole, ole
que triste soy
Oh! Aguilota hoy

a un desconocido me doy!
ole

Entra Scatijeras. La Princesa no le hace caso, sigue arroseando las margaritas

SCATIJERAS *(Con una risa siniestra)* ha! HA! HA!
LA multitud estan Titeando sus almas por tu blanca mano, Altessa.

PELOMIEL Èlas, Èlas! Quién es usted Señor?

SCATIJERAS El Caballero de Tus sueños, Princesa.

PELOMIEL No hay más que uno y el, O abismo! Esta perdido.

(Sale llorando y con amargas lamentaciones)

SCATIJERAS *(Sacando el Changuito Negro de su bolsa... esta ya disminuido al Tamaño de una zanaoria)*
Que feo eres! Pero no lo hace, ha! ha! ha! Vamos hacer un pequeño cambio! ha! ha! ha! La alma del Gran Scatijeras sera digno del cuerpo.
Maldito changuito! he! he! he!
(Se arrima por la Terraza, oigan ruido de multitud)
Mariachis, Vendedores de Tacos, carnitas. Estan llenando los Reales jardines. Qué Gentazo! Dejeme escojer el que tiene la mas hermosa alma. A ver, a ver.
(Con una larga vista examina la multitud) No veo nada que me parece...

[*Acto III. Escena 4*]

Gritos horrendos se oigan del prision Real.
Aparece el palido rostro del piloto a una Ventana

PILOTO Merced! Extranjero! Merced!

SCATIJERAS *(Aparte)* he! he! he!

AGUILOTA Salvame! o Salvame! Socorro, Dulce extranjero...

SCATIJERAS Que Tiene usted?
(Aparte) o! Inspiracion!

AGUILOTA O! Desesperacion! Vendra la Reina con Corseteras Nuevas, si no escapo. Estoy Perdido! oh! oh! oh!

SCATIJERAS Escucheme, quando usted quiere escapar yo le ayudo......

AGUILOTA O! Noble Desconocido!

SCATIJERAS PERO... tiene usted que salir por la ventana al reves.

AGUILOTA Todo! Se lo prometo Todo!

SCATIJERAS Esta muy bien. Pero primero regalame sus olibrados bigotes...

AGUILOTA *(Temblando)* No sabe usted que me está pidiendo....

SCATIJERAS *(Silvando un poco)*
Las nuevas corseteras.
Tra la, Tra la!

AGUILOTA *(Arrancando con desesperacion sus bigotes)* Tomalos, o Toma mi ultimo tesoro, son suyos.

SCATIJERAS *(Scatijeras arranca su barba negra de puntitas y la da al piloto tomando los bigotes Colibriados y se los pone...)*
(Aparte) Alegre Venganza!
(Habla al piloto) Ponga mi barba le servirá de disfrace asi podria usted pasar la Guardia real y ganar su libertad.

AGUILOTA *(Llorando)* Con esta funebre vegetacion barbudo nadie me conocerá jamas...ni mi dulcisima Pelomiel!
Ay! Ay! Mis finos y hermossismos bigotes...

SCATIJERAS Basta! falta poco que comienza el Concurso. Espera, Voy por las escaleras...
(Sale y regresa en seguida con unas escaleras. Tira una gran llave de su bolsa)
Listo Aguilota? *(Sube las escaleras y abre la Ventana...)*

AGUILOTA Dirijame... salgo con la pie derecha...

SCATIJERAS *(Tirando el Cuerpo grassoso de su bolsa)*

	(Aparte) ha! Ahora, Piloto Seductor, primero sus bigotes...ahora su alma! Pelomiel sera mia!
AGUILOTA	*(Que emerge poco a poco de la Ventana)* No encuentro las escaleras .
SCATIJERAS	*Scatijeras le frota rapidamente las Nalgas y saca Triunfalmente un hermoso mariposo)* Bellisima Mariposa! mi alma! En todo Cacatorres no se encuentra alma mas Hermoso.
AGUILOTA	No veo Nada! que esta haciendo usted?
SCATIJERAS	*(Substituiendo el Chango Negro en el lugar de la mariposa)* Nada. Nada. Baja usted con Toda tranquilidad.
AGUILOTA	Vengo, Vengo.
SCATIJERAS	*(Oculta la mariposa en su pecho)* Ahoro con cuidado.
AGUILOTA	(*Emerge enteramente Aguilota y gana el florecido pasto del jardin, con un gesto dramatico escoje una margarita y la besa)* Adios por siempre dulce Margarita en donde pisaba los pies de mi adorada Pelomiel... *(sale tapando la cara en su dolor)*

[*Acto III. Escena 5*]

Scatijeras riendose diabolicamente se esconde en el Arbol Coliflorero
Entra Nesfatalina, el Perrico, Pelomiel (chupando una enorme paleta)
Los dos Zopilotes, El Cirujano Real, un gato y ocho gallinas.

NESFATALINA	*(En Voz de Trompeta Imperial)* Sujetos, Aquí viene NESFATALINA con todo su Corte a juzgar sus miserables almas con el Fin de entregar con el mayor rapidez mi hermosissima hija, *(con una mirada venenosa a Pelomiel)* a el que Tiene la mas bella alma, o algo asi.
	Murmuracion de Apreciacion del Multitud
PELOMIEL	*(Sacando la paleta de su boca hace un ruido muy feo)* Phhhhhhhut

NESFATALINA *(Ignorando el interrupcion)* Aproximase y intrega lo que pueden… SEÑORES, Señoritas! SEÑORAS! HERMAFRODITAS! Sus ALMAS!

PERRICO *(Muy Nervioso en voz bajo)* Pero… Majestad Quien tiene el Santo Cuerpo Grassoso?

NESFATALINA *(Desconcertada)* Ay! Carambas, lo tenia yo hace un rato…

Se arma un confusion. Todos se acusan mutuamente y busca en todas partes

SCATIJERAS *(Invisible en el arbol)* Cheep! Cheep!

PELOMIEL Mira mama! Un pajarito!

SCATIJERAS Toma!

~~hecha~~ Tira la Botella en el pasto. Todos se precipitan por ganarlo. Lo agarra un zopilote. Nesfatalina se sienta otra vez en su trono

PERRICO *(Asomado por el Balcon)* Majestad! Se acerca el Presidente Alipatas como el Primer pretendiente al mano de la Princesa.

NESFATALINA Digale que ofrece el parte ~~corr~~ que corresponda al bautizo del Santo Cuerpo Grasssoso

El Perrico habla con alguien que parece protestar

PERRICO Le aseguro que es asi Señor Presidente…

Aparece las Nalgas Presidenciales y el Zopilote las frota. Sale un Peso

NESFATALINA PROXIMO!

Música de Mariachis y pasan bajo la Terraza centenares de nalgas. Objetos mas o menos usados amontonaron en el Pasto. Botellas Vacias, Dinero, algunos Pollos asados, cuchillos, moscas, Pelotas, ropa interior, lechugas, Dientes, pedazos de periodico, instrumentos astrologicos, frijoles, cabezas destrozadas, pies, manos, Globos, tacos, ruedas y una piñata

PERRICO Pasan! Pasan! Señores! No tengan miedo! Entregan sus almas sin cuidado!
Ah! Como esta usted [__] mi General? *(Recibiendo un jitomate algo passadito)* Si mi General, Como No…

Los Zopilotes ~~Pelomiel~~ y el Cirujano buscan desesperadamente en el monton de [________]Almas

PELOMIEL ~~Canta~~ CANTA mi Corazon! No hay ni una alma que no parece bassura... Que venga Entonces mi Divino Aguilote!

Scatijeras ~~baj~~ emerge del arbol... un estupefacion general. Pelomiel pega un Grito. La Reina se levanta

NESFATALINA Tu Aguilota!

PELOMIEL Cielos! lunas! y Soles! Mi Pilota Aguilote!
(Se calle en los brazos de Scatijeras)
Mi dulce! o mi amado bigote bigote.......

NESFATALINA *(Temblando de Furor)* Ah! No! Así no! QUE LE PINCHAN LAS NALGAS COMO LO DEMAS! LUEGO VEREMOS... *(Aparte)* Diablos Tigrados... Sera todavia mio!

A fuera la multitud se excitan gritando

MULTITUD Estafadores! Gente Mugroso! Regresanos nuestras almas!

PERICO O salvanos Diosa Luna! Una revolucion!

NESFATALINA Agachate Aguilota y enseña tu alma!

Scatijeras presenta orgullosamente su culo al zopilote que le saca la mariposa

CIRUJANO Es el mas bello de Todos....

NESFATALINA (*Lanza el gato Negro a la cabeza de su hija)* Tomalo, entonces y que se mueren todos sus conejos y Dos Veces el Domingo.

PELOMIEL *(Pelomiel se lanza en los Brazos de Scatijeras)* Whooopeee!

El Perrico impieza a lanzar las almas al furibundo multitud que los regresan fuertemente. La escena se termina en confusion general, gritos de rabia y un salvaje batalla de almas

Curtain

[*Manuscrito con letra de Remedios Varo*]

Otra version del tercer acto

[*Acto IIIB. Escena 1*]

Han pasado 25 años. Es todavía de noche pero ya se oye cantar un gallo, un vampiro atraviesa la escena precipitadamente, comienza a nevar en la explanada rocosa de Oripipi (la nieve es una lluvia de plumas) Amanece, salen vapores del suelo Todos los personajes estan muy viejitos y encorvados casi en angulo recto, [_] *a todos* [__] *les han crecido diversas cosas en la espalda.*

NESFATALINA *(Viejecita muy doblada, apoyada en un baston en la espalda le crece un conejo. Habla con una voz cascada)* ¡25 años hace que comenzó ese concurso y aun no se acaba! pero según indica mi astrologo parece que hoy será el gran día! *(camina dando brinquitos agitados)* parece mentira que en estos años no haya yo perdido nada de mis atractivos, *(saca un espejo y se mira)* soy como siempre hermosisima, lastima ese conejito que me desfigura algo!

Entra Pelomiel jugando al al aro o al diabolo

PELOMIEL *(Jamona de carnes abundantes e inocentes, algo encorvada, lleva un baston con flores y le crece un guajolote en la espalda)* Mamacita ¿serán hoy mis esponsales? *(Juega alrededor de la reina)*

NESFATALINA *(Le da un bastonazo,)* deja esos juegos, dale una zanahoria al conejo, estoy sintiendo hambre.

PELOMIEL Corro a buscarla.

Sale

[*Acto IIIB. Escena 2*]

Entra Scatijeras que vive disfrazado desde hace 25 años, lleva hermosa barba blanca, está bastante doblado, usa dos bastones, lleva dos trenzas negras con canas y en la espalda la crece un arbolito regular con alguna fruta

SCATIJERAS *(Aparte y sin ver a la reina)* Mejor hubiera sido quedar muerto que esperar tantos años mi venganza, las raices de hongo que se introdujeron en mi boca [_] cuando estaba enterrado y me volvieron a la vida no me han servido de gran cosa, *(viendo a la reina)* Oh! Majestad!

NESFATALINA Extranjero, vos sois de los ultimos que toman parte en el concurso? Como os llamais.

SCATIJERAS Me llamo Tijeretas y espero complaceros.

NESFATALINA *(Rie vertiginosamente)* segura estoy que produciras un alma chulisima, espero tambien que sea pequeña pues ya no hay lugar donde almacenar tantas como tenemos.

El caballero Casildo Martín de Vilboa

1ª COLUMNA: PROCESO DE ESCRITURA DOCUMENTADO EN BORRADOR	2ª COLUMNA: TEXTO EN LIMPIO
El caballero Casildo Martín de Vilboa	**El caballero Casildo Martín de Vilboa**
Fué armado caballero en el año de gracia de 1462 por su Majestad ~~Telurio~~ Amarraco XI quien así recompensó su abnegada y peligrosa cruzada en bien de la Corona y de la Santa Iglesia.	Fué armado caballero en el año de gracia de 1462 por su Majestad Amarraco **IX** quien así recompensó su abnegada y peligrosa cruzada en bien de la Corona y de la Santa Iglesia.
Hizose a la mar dicho caballero en una pequeña y fragil goleta ~~en compañía de~~ acompañado solamente por su secretaria, la intrépida doncella [_____]Dulcifrís de [______] ~~Bellamora~~ Iruña y tres [___] bellacos, ladrones profesionales escapados la vispera de unas horcas ~~de los alrededores~~ y que guarecidose habían en las entrañas del barco.	Hizose a la mar dicho caballero en una pequeña y frajil goleta acompañado solamente por su secretaria, la intrépida doncella Dulcifrís de Iruña y tres bellacos, ladrones profesionales escapados la víspera de unas horcas y que guarecidose habían en las entrañas del barco.
Erase entonces el caballero Martín de Vilboa ~~era entonces el joven~~ simplemente ~~el~~ un joven ~~ort~~ ornitólogo ~~Casildo, modesto~~ audaz varón de ciencia, ~~y versadisimo en el arte de clasificar los buhos parlantes ya que tantas veces fueron estos confundidos con unas raras aves verdosas~~ que tiempo ha, sospechaba la existencia en Islandia de unas familias de buhos parlantes. Habiendo sido arrastrada la goleta por	El caballero Martín de Vilboa era entonces un simple y modesto varón de ciencia, audaz ornitologo que tiempo ha, sospechaba la existencia en Islandia de unas familias de buhos parlantes. Habiendo sido arrastrada la goleta por vientos contrarios

1ª COLUMNA: PROCESO DE ESCRITURA DOCUMENTADO EN BORRADOR	2ª COLUMNA: TEXTO EN LIMPIO
vientos contrarios y habiendo ido a dar a unas playas ardorosas, topóse el joven Casildo con un poblado desierto multitud de buhos parlantes aunque de un color verde asaz insólito para un buho. ~~Habiendo capturado~~ capturó con ayuda de la doncella Dulcifrís, una pareja de dichos búhos ~~parlantes~~ verdosos y un buen centenar de huevos. ~~Puso aquestos huevos en una canasta bien protegidos y acomodados entre paja y ató. Distribuyó aquestos huevos en tres paquetes mezclados con paja, en tres paquetes envueltos en tres refajos que generosamente se quitó la doncella y ató cada uno de ellos a la cintura~~	y habiendo ido a dar a unas playas ardorosas, topóse el joven Casildo con un poblado desierto multitud de buhos parlantes aunque de un color verde asaz insólito para un buho. Capturó con ayuda de la doncella Dulcifrís, una pareja de dichos búhos verdosos y un buen centenar de huevos.
Afortunadamente los tres malandrines que ocultandose habían en la goleta, yacían delirantes e inmoviles presas de unas fiebres muy violentas por lo que ~~fuele~~ fácilmente pudo el futuro caballero distribuir sobre ellos los huevos de buho parlante y hacer así que fuesen empollados convenientemente. Viendose los Tres hombres enfermos Tan cerca de la muerte recitaron ~~durante todo el viaje~~ oraciones durante todo el viaje de regreso y Tal fué la influencia de estos rezos que al nacer los polluelos, hecho que tuvo lugar al avistarse las costas de las tierras vascas, ya hablaban con soltura recitando oraciones sin parar lo que desde luego hacian tambien la pareja ~~de adultos~~ de buhos adultos. ~~Encontrabase por entonces el reino de Vilboa en manos~~	Afortunadamente los tres malandrines que ocultandose habían en la goleta, yacian delirantes e inmoviles presas de unas fiebres muy violentas por lo que fácilmente pudo el futuro caballero, distribuir sobre ellos los huevos de buho parlante y hacer así que fuesen empollados convenientemente. Viendose los tres hombres enfermos tan cerca de la muerte, recitaron oraciones durante todo el viaje de regreso y tal fué la influencia de estos rezos que al nacer los polluelos, hecho que tuvo lugar al avistarse las costas de las tierras vascas, ya hablaban con soltura recitando oraciones sin parar, lo que desde luego hacian tambien la pareja de buhos adultos.

1ª COLUMNA: PROCESO DE ESCRITURA DOCUMENTADO EN BORRADOR	2ª COLUMNA: TEXTO EN LIMPIO
Hallábase entonces el reino de Vilboa en un estado de gran disipación y herejia y sus habitantes dejaban pasar hasta 4 y 5 horas sin recitar oración ninguna. Este estado de cosas [__] hacía que la Espiral Sonora de la Oración no llegase al Cielo con regularidad provocando por lo tanto muchos disturbios atmosfericos y tempestades. Pero llegado que hubo el gran ornitologo con sus buhos orantes y habiendolos distribuido por toda la región, subió de nuevo una gran Espiral en forma muy regular y mejoró ~~el tiempo~~ [___] no solo el tiempo si no que avergonzados los Vilbohitas, tomaron ejemplo de las aves y recuperaron su ~~nivel~~ alto nivel espiritual. ~~Por todo esto y para recompensar~~ Fué pintado este retrato por la beata Rodriga de Varo y Antequera que dedicabase a este Arte, con venia de su obispo y abadesa, en el claustro del Convento donde ~~vivía~~ vive retirada.	Hallábase entonces el reino de Vilboa en un estado de gran disipación y herejia y sus habitantes dejaban pasar hasta 3 y hasta 4 horas sin recitar oracion alguna. Este estado de cosas hacía que la Espiral Sonora de la Oración no llegase al Cielo con regularidad, provocando por lo tanto muchos disturbios atmosféricos y Tempestades. Pero llegado que hubo el gran ornitologo con sus buhos orantes y habiéndolos distribuido por toda la región, subió de nuevo una gran Espiral en forma muy regular y mejoró no solo el tiempo si no que avergonzados los Vilbohitas, tomaron ejemplo de las aves y recuperaron su alto nivel espiritual. Fué pintado este retrato por la beata Rodriga de Varo y Antequera que dedicase a este Arte, con venia de su obispo y abadesa, en el claustro del Convento donde vive retirada.

Anexos

ANEXO 1
BOSQUEJO BIOGRÁFICO DE REMEDIOS VARO

1908 María de los Remedios Varo y Uranga, hija de Rodrigo Varo y Cejalvo e Ignacia Uranga Bergareche, nace en Anglés, provincia de Girona (España), el día 17 de diciembre. Es la segunda hija de tres hermanos.

1916 Ingresa a colegios católicos. La familia Varo se establece en Madrid después de haber radicado en diversos lugares tanto en España como en el norte de África.

1924 Ingresa a la Academia de San Fernando en Madrid.

1930 Termina sus estudios en la Academia de San Fernando. Contrae matrimonio con Gerardo Lizárraga, un artista compañero de estudios, en una capilla de la iglesia de San Vicente, en San Sebastián.

1931 Se muda a vivir a París con Gerardo Lizárraga.

1932 Se instala en Barcelona y trabaja en la casa de publicidad Thompson. Conoce artistas de vanguardia como Esteban Francés, con quien comparte su estudio en la Plaza Lesseps, José Luis Florit y Óscar Domínguez. Se separa de Gerardo Lizárraga.

1935 Participa en una exposición de dibujos en Madrid junto con Florit. Se encuentra con Jean Marcel en Barcelona.

1936 Conoce, en medio de la Guerra Civil española, al poeta surrealista francés Benjamin Péret.

1937 Decide mudarse a París con Péret. Se relaciona con simpatizantes del grupo surrealista e inicia su etapa de experimentación con diversas técnicas surrealistas.

1938 Participa con algunas de sus obras en las revistas *Trajectoire du Rêve* y *Visage du Monde*; colabora con algunas viñetas en el *Dictionnaire Abrégé du Surréalisme*; participa en la Exposition Internationale du Surréalisme en la Galerie de Beaux-Arts de París y después en la Galerie Robert, de Ámsterdam.

1939 Gracias a Óscar Domínguez, huye de París, ocupado por los nazis, con rumbo a la zona no ocupada del sur. Se instala en Canet-Plage, cerca de Perpignan. Meses después se muda a Marsella, donde Varian Fry les brinda ayuda en la Villa Air-Bel. Se reencuentra con Péret.

1940 Participa con *Recuerdo de la Walkyria* en la Exposición Internacional del Surrealismo en México, en la Galería de Arte Mexicano dirigida por Inés Amor, y organizada por César Moro y Wolfgang Paalen.

1941 Sale de Casablanca, el 20 de noviembre, en compañía de Péret, rumbo a México a bordo del *Serpa Pinto.* Se instalan en la ciudad de México. Remedios se dedica a realizar diversos trabajos comerciales, decora muebles y trabaja como ilustradora de folletos de la casa Bayer, entre otras actividades. Se encuentra con Wolfgang Paalen, Eva Sulzer, Alice Rahon y otros artistas refugiados en México.

1942 Se reencuentra en México con Leonora Carrington.

1947 Viaja a Venezuela a visitar a su madre, a su hermano y la familia de éste. Conoce a Jean Nicole. Es muy probable que en este año haya escrito, en colaboración con Leonora Carrington, la obra de teatro. Péret regresa a París.

1949 Regresa a vivir a México.

1952 Decide unirse a Walter Gruen. Inicia lo que puede denominarse como «su etapa mexicana».

1955 Participa en su primera exposición colectiva mexicana en la Galería Diana (4 obras: *Roulotte, Simpatía, La ciencia inútil o El alquimista* y *Música solar*).

1956 Presenta su primera exposición individual en México (12 obras) en la Galería Diana, Ciudad de México; participa en la exposición Homenaje a Frida Kahlo.

1958 Participa en el Primer Salón de Arte Femenino con dos obras, *Armonía* y *Sea usted breve* (ganadora del primer premio). Diseña los sombreros y antifaces para la puesta en escena de *El gran teatro del mundo.* Viaja a Francia, ahí se encuentra con su madre y visita a Péret quien está enfermo (Péret fallece en 1959).

1959 Sufre problemas en la columna vertebral que le impiden pintar. Mientras se recupera, se dedica a la elaboración del constructo creativo *De Homo Rodans* que se convierte en su primer escrito público.

1960 Participa en la exposición Segunda Bienal Interamericana de México.

1961 Participa en la exposición patrocinada por el Ateneo Español, para ayudar a los presos políticos españoles.

1962 Presenta su segunda exposición individual (16 obras) en la Galería Juan Martín, Ciudad de México.

1963 Pinta su último óleo, *Naturaleza muerta resucitando,* y empieza otro, *Música del bosque,* que quedó inconcluso. Sufre un infarto. Muere en la Ciudad de México el 8 de octubre. Tras su muerte Walter Gruen conservó los cuadernos en los que redactó diversos relatos.

ANEXO 2

Reproducción del primer folio de *De Homo Rodans* (1965)

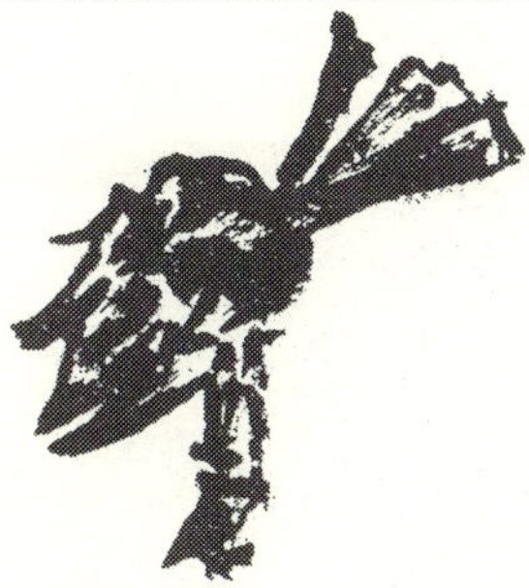

Después de leer el tratado sobre huesos lumbares debido a la erudita pluma del conocido antropólogo W. H. Strudlees, difundido por la Cofradía de Antropólogos vieneses, y de constatar cuanto daño hace y la gran confusión que añade a la ya reinante, me decido a escribir las siguientes notas.

No tengo reparo en tachar dicho tratado de lascivo e inexacto y no se que me produce más congoja si la inexactitud histórico-osea o la refinada lascivia que destila.

Antes de entrar en materia, permitidme que os recuerde aquellas palabras que el venerable y sabio cardenal Avelino di Portocarriere pronunció en el famoso concilio de Melusia "... et de fragmentus oseus lumbaris non verbalem non pensarem, conditionæ humanitas Luciférica est. Et de pensarem ou parlarem lum-

EQUIVALENCIA DE ABREVIATURAS CON LOS TEXTOS DE REMEDIOS VARO

Siglas	Título
A	Armonía
ABD	Au bonheur de dames
AMA	Ascensión al monte análogo
AOT	Apunte para obra teatral
BMT	Bordando el manto terrestre
BV	Centro del microcosmos
C1	Carta 1
C2	Carta 2
CM	Creación del mundo
CMV	*El caballero Casildo Martín de Viboa*
DDM	Días de meditación
DG	Descubrimiento de un geólogo mutante
DHR	*De Homo Rodans*
DOM	Domingo
E	Ermitaño
EF	El Flautista
EM	Enterrada en Miel
EN	Encuentro (de la página 182)
ESCG	*El santo cuerpo grasoso*
FI	Fenómeno de ingravidez
GO	*Catálogo razonado*
H	Hallazgo
HT	Hacia la torre
JK	Viajes inesperados
LC	Locomoción capilar
LCP	Los cuadros de Paalen
LCT	Encuentro (de la página 183)
LH	La huida
LR	La Revelación
LTV	La tejedora de Verona
LUN	Lunes
M	Mimetismo
MAL	El Malabarista
MSP	Mujer saliendo del psicoanalista
NQD	No quiero que despiertes
P	Personaje
PI	Planta insumisa
PPL	Paseíto por Londres
R	Roulotte
RBA	Retrato del Barón Ángelo Milfastos de niño
RICH	Retrato del doctor Ignacio Chávez
RP	Relación de personajes
RYC	Recetas y consejos...
S	Simpatía
SB	Sea usted breve
TAYN	Trigos, aceitunas...
TD	Tres destinos / Tailleur pour dames
V	Vagabundo
VA	Verdad absoluta
VI	Visita inesperada

ANEXO 3

ÍNDICE DE NOMBRES PROPIOS

NOMBRES DE PERSONAS Y PERSONAJES

Nombres de lugares ficticios y reales

Nombres relacionados con las religiones

Nombres de signos zodiacales

Nombres de objetos

Nombres de libros o tratados

ANEXO 4

ÍNDICE ANALÍTICO

RELACIONADO CON OBJETOS Y SERES FANTÁSTICOS

Relacionado con animales

Relacionado con especificaciones espaciales

Espacio DHR
Esquina LC
Estantes EN
Estero DDM
Estratosfera y altos aires ESCG
Excavaciones antropológicas DHR
Excavaciones DHR
Extensión de agua TD
Grieta ESCG
Gruta LH
Hogar verdadero y armonioso R
Hotel LCP
Inglaterra RYC
Jardín C2
Jardincito V
Jardines imperiales ESCG
Jaula VA
Lugar del certamen ESCG
Mar CMV, PPL
Mares BMT
Montañas BMT
Mundo CM, RYC
Murales CM
Muralla VA
Nido de paloma DDM
Pabellón de cancerología CM
Paisaje devastado DG
Palacio DHR, ESCG
Palapa DDM
Patio LCP
Pedestal LCT
Playa DDM
Playas ardorosas CMV
Pozo EM, MSP, VI
Pozo profundo RYC
Pradera ESCG
Puerta RYC, LCT, DDM, TAYN, NQD, ESCG, CM, V, RICH
Recoveco V
Refugio RYC
Región CMV
Ruinas DHR
Sala DOM, V
Sala enorme con muchas puertas RYC
Salón TD
Sepulcro ESCG
Suelo de mármol blanco y negro LCP
Techo TD
Templo CM
Terrasse PPL
Terraza ESCG, NQD
Tienda ABD, DDM
Tienda de campaña DDM
Tierra FI
Tierra firme TD
Tierras arcilloides DHR
Tierras vascas CMV
Toilette TAYN
Torre octogonal EF
Trampa BMT, LH
Túnel DHR
Universo P
Ventana abierta RYC
Ventana con rejas LR
Ventana LUN, LTV, LC, DDM, ESCG
Veranda DDM
Vértice E
Zaguán TAYN

Relacionados con lo textil, vestuario, accesorios, telas

Abrigo de visón LCP
Adorno TD
Barba postiza, fúnebre con vegetación barbuda ESCG
Bastón con flores ESCG

Relacionados con mobiliario

Relacionado con objetos en general

Almohada RYC
Anónimo persa DHR
Aro ESCG
Artículos de contrabando DDM, PPL
Asiento TD
Bastón DHR
Bastones DHR
Basura ESCG
Botella ESCG
Botellas vacías ESCG
Caballete LCP
Cama(s) RYC, DOM
Candil de cristal tallado RYC
Candil RYC
Carta anónima DOM
Cascabeles ESCG
Catre DDM
Cenizas TAYN
Cesto MSP
Cigarrillos C2
Cigarro DDM
Cintas TD, VA
Círculo E
Cobija RYC
Cofre DHR
Cofre tallado DHR
Cofrecillo EN
Cosa ESCG
Cosas A
Cuaderno TAYN
Cuadro CM, RICH, V, LCP
Cuarzo C2
Cuerda RICH
Diario cuneiforme DHR
Dibujo DHR, RBA
Dibujo regular RYC
Documento de gran valor histórico RBA
Documentos RYC
Escalera ESCG
Escritos DHR
Espejo TAYN, RYC, ESCG
Estatua LCT
Fósiles EF
Fotografías TAYN
Fragmento de cerámica DHR
Frasco de veneno TD
Frasquito ESCG
Globos ESCG
Grabados C1
Ladrillo RYC
Lápiz TAYN
Libro de consulta DHR
Libros de fisiología RICH
Libros V, RYC
Linterna DDM
Lista de los concursantes ESCG
Llave ESCG, RICH, V
Luces de linternas DDM
Maceta V
Madera V
Madera, trocito de AMA
Mármol LCP
Masa MAL
Materia prima RYC
Objeto DHR
Objetos A
Objetos de toilette TAYN
Oro ESCG
Palabras groseras ESCG
Palimpsestos DHR
Papel de China RYC
Papeles de identidad PPL
Papelito A
Paquete de cigarrillos DDM
Paraguas DHR
Paraguas ESCG
Paraguas ordinario DHR
Pasaportes PPL
Pedazos de periódico ESCG

RELACIONADO CON LA COMIDA: ALIMENTOS, BEBIDAS Y ENSERES DE COCINA

Lechuga ESCG
Líquido ESCG
Miel EM, RYC
Morcilla ESCG
Naranjas TAYN
Olor de salchicha ESCG
Paellas C2
Paleta ESCG
Pieles de jitomate LCP
Platito RYC
Pollos asados ESCG
Rábano ESCG
Raíz fuerte RYC
Receta RYC
Ron DDM
Sal LCP, RYC
Salsa de aceite y vinagre PPL
Tacitas P
Tacos de carnitas ESCG
Tacos ESCG
Taza RYC
Tenedor de madera RYC
Trigo en remojo TAYN
Trigo TAYN
Vapores ESCG
Vaso TD
Vino de ciruela TAYN
Yemas RYC
Zanahoria ESCG

Relacionados con plantas, árboles y flores

Almendro en flor C2
Árbol coliflorero ESCG
Árbol ESCG
Árboles frutales ESCG
Arbolito regular con alguna fruta ESCG
Daturas DDM
Flor gigantesca DG
Flor PI
Flores ESCG
Florido rosal ESCG
Hojas secas VI
Hongos salvajes ESCG
Macizo de daturas DDM
Maíces ESCG
Mandrágora RYC
Manzano ESCG
Margarita ESCG
Marihuana PPL
Mirto (planta) DHR
Pasto ESCG
Planta rebelde PI
Plantas PI
Raíces de hongo ESCG
Ramas con forma de figuras PI
Ramo de flores ESCG
Rosa V
Rosal florido ESCG
Rosas de las altas montañas ESCG
Varita DDM
Varita de almendro DHR
Vegetales PI

Relacionado con profesiones y oficios

Abadesa CMV
Actores ESCG
Antropólogo DHR
Arqueólogos DHR
Arzobispo ESCG
Astrólogo ESCG
Astrónomo FI
Attaché cultural ESCG
Aviador ESCG

Relacionados con los lazos de parentesco

Relacionado con acciones

Caricias maduras, hacer ESCG
Caricias sabrosas, hacer ESCG
Cartas, escribir C2, PPL
Cita, tener una LCT
Confesión general, pretender una TAYN
Consejos discretamente sanos, dar RYC
Consejos, dar RYC
Cortar cabezas RBA
Costumbre de escupir DDM
Danza lúbrica, bailar una ESCG
Daño, hacer NQD
Decapitar VA
Deporte, practicar DHR
Desastres, provocar DHR
Descansar DDM
Deslizamiento subterráneo DHR
Desmadre, provocar un C2
Desorden provocar un LCP, S
Despertar NQD
Disertación DHR
Ejercicios destinados a endurecer las superficies y volúmenes anatómicos femeninos, realizar DHR
Ejercicios gimnásticos, practicar RYC
Ejercicios violentos, realizar DHR
Embarcarnos PPL
Empollar huevos CMV
Encuentro, tener un EN
Enterrada en miel, estar EM
Error judicial, cometer un RBA
Estrangulación, cometer una RYC
Estudio, realizar un NQD
Experimentos, realizar ESCG
Frases injuriosas, decir DOM
Gimnasia sueca, practicar RYC
Hallazgo, tener un H
Huevo, poner un ESCG
Huida, lograr la RYC
Incesto, cometer RYC
Injusticia, cometer una RBA
Jaleo, provocar un ESCG
Juerga, irse de ESCG
Juicio, V
Llorar VA
Masaje, dar un ESCG
Masoquismo, practicar RYC
Mecanización, lograr la ABD
Meditación, practicar DDM, TAYN
Meditar DDM
Mensaje, dar un TAYN
Nevar ESCG
Notas, dictar unas DHR
Ondulación permanente, provocar una S
Reír a carcajadas DDM
Rezar CMV
Sorbitos, dar RYC
Tejer VA
Telefonear LCP
Trancazo, dar un ESCG
Violación RYC

Fenómenos de la naturaleza y el cosmos

Aire PPL, P
Alfa-Centauro RYC
Altos aires ESCG
Amanecer DDM
Astro TD
Astros RICH
Calor ESCG
Cielo CMV, ESCG
Cometa ESCG
Constelación del cangrejo RICH
Constelación RICH
Corriente AMA

RELACIONADOS CON LO SONORO Y LA MÚSICA

RELACIONADOS CON LO ONÍRICO Y CON LA HIPNOSIS

Soñar NQD
Sueño NQD
Sueño pesadísimo NQD
Sueño profundo NQD
Sueños eróticos RYC
Sueños ESCG
Sueños inoportunos RYC
Trance ESCG

RELACIONADO CON APARATOS Y MAQUINARIA

Aparato para afilar cuchillos RBA
Bomba atómica DG
Bomba de DDT ESCG
Brújula ESCG, TD
Horca CMV, RBA
Manubrio HT
Máquina TD
Máquinas electrónicas C2
Poleas TD
Ruedas ESCG
Ruedecillas ABD, RICH
Teléfono C2, DDM, ESCG
Telescopio ESCG
Tracción delantera V
Tubos de escape de las naves CM

RELACIONADOS CON EL TIEMPO

Cuatro horas CMV
Domingo ESCG
Épocas LR
Hora LR
Media noche DOM
Muralla del tiempo DHR
Reloj MSP
Relojes LR
Tiempo común E
Tiempo LR
Tiempo ordinario LR
Tres horas CMV

RELACIONADO CON LOS MEDIOS DE TRANSPORTE

Avión ESCG
Barco PPL, TD, CMV
Bicicleta DDM
Carricoche R, MAL
Coche TAYN
Goleta CMV
Locomoción V
Navecillas CM
Plataforma con ruedas LCP
Roulotte R
Timón TD
Vehículo especial LH
Vela, de barco ESCG, TD

RELACIONADO CON LO NUMÉRICO

25 metros DHR
32 ensayos DHR
50 huesos lumbares DHR
Carbón 1/3 35^3 DHR
Catorce C2
Centenar de huevos CMV
Cinco S
Dos y dos son casi cuatro PI
Fórmula matemática A
Quince C2
Tres malandrines CMV
Tres TD

Relacionado con colores

Relacionados con las formas

Relacionados con el estado físico y emocional de la persona

Relacionado con el cuerpo humano

Barba roja ESCG
Barba roja, larga ESCG
Bigote ESCG
Bigote grande ESCG
Bozo TAYN
Cabeza MAL, ESCG, MSP, S, TD
Cabezas destrozadas ESCG
Cara pálida ESCG
Carne M
Carnes abundantes ESCG
Cascada de pelos colorados ESCG
Codos RICH
Corazón ESCG, RICH
Cuerpo ESCG
Cuerpo físico ESCG
Cutis DDM, LCP
Dedo pulgar del pie RYC
Dientes ESCG
Entrañas ESCG
Espalda RYC, ESCG, TD
Estructuras óseas DHR
Falanges C2
Fémur DHR
Glándulas salivares C1
Hígado C1
Hueso/s DHR, RYC
Huesos lumbares DHR
Labios ESCG
Lágrimas LCP
Lugares posteriores RYC
Mano SB, VI
Manos ESCG
Merde ESCG
Mirada HT
Momento crucialunificante DHR
Muerte CMV, VA
Músculos duros DHR
Nacimiento RYC
Nalga/s ESCG
Necrofilia RYC
Niños DHR
Ojos inflamados ESCG
Orina C2
Pecho TD, V
Pelo MAL
Pelo negro ESCG
Peluda ESCG
Peroné DHR
Pie derecho FI
Pie izquierdo FI
Pies ESCG
Priapismo RYC
Regiones posteriores ESCG
Sadismo RYC
Saliva DDM
Seres vivos BMT
Sudor NQD
Sudor frío C2
Tejido conjuntivo DHR
Tibia DHR
Tobillo TAYN
Trenza ESCG
Trenza que cae por detrás hasta las rodillas ESCG
Trenzas negras con canas ESCG
Trenzas rubias ESCG
Uña RYC, PPL
Vértebras lumbares DHR
Voz cascada ESCG
Voz de trompeta imperial ESCG
Voz grave ESCG

Relacionado con el espíritu, el alma, lo religioso

Alma de un difunto diplomático ESCG
Alma ESCG
Alto nivel espiritual CMV

Relacionados con las personas, condiciones

Relacionados con los viajes

Viaje CMV
Viaje muy largo PPL
Viajeros H

RELACIONADOS CON LA ALQUIMIA, LA QUÍMICA, LA MAGIA, LA ELECTRICIDAD, LA MATERIA

Chispas S
Dureza absoluta DHR
Endurecimiento DHR
Galena TAYN
Herméticamente V
Iluminado DHR
Líquido ambarino C2
Lo que tiende a ablandarse DHR
Lo que tiende a endurecerse DHR
Magia terrestre P
Materia DHR
Materia inorgánica DHR
Mimetismo M
Objetividad científica DHR
Plumas de humo ESCG
Profecía DHR
Radiaciones DG
Reblandecimiento DHR
Transformación M
Transformación química CM
Transformase en sillón M
Transparente EF, TD
Trucos MAL
Velocidad P

RELACIONADOS CON EVENTOS

Concilio de Melusia DHR
Guerras RYC
Primer Movimiento DHR
Primera Actitud DHR
Segundo Movimiento DHR
Vélodrome d'Hiver DDM

RELACIONADO CON EL ESOTERISMO

Consejo superior TAYN
Enseñanzas esotéricas EF, E
Estrella de seis puntas E
Magia negra DDM
Reencarnación C2
Talismán SB
Teoría de las octavas EF
Zodiaco CM

RELACIONADO CON JUEGOS Y JUGUETES

Diábolo ESCG
Dominó ESCG
Juego DHR
Marionetas RICH
Pelotas ESCG

OTROS

Azar A
Azar objetivo A
Dinero ESCG
Destino/s TD, VA
Determinismo CM
Descubrimientos A
Evolución DHR
Imperios RYC
Hallazgos DHR
Fábulas DHR